중세 프랑스의
귀족과 기사도

콘스탄스 브리텐 부셔 지음 / 강일휴 옮김

지은이: 콘스탄스 브리텐 부셔(Constance Brittain Bouchard)

미들베리 칼리지에서 학사학위를, 시카고대학에서 석사 및 박사학위를 받았
다. 캘리포니아대학, 샌디에고주립대학을 거쳐 현재 아크론대학에서 재직하
고 있다.

대표적인 저서로는 *Spirituality and Administration: The Role of the Bishop in
Twelfth-Century Auxerre*(1979), *Sword, Miter and Cloister: Nobility and the Church
in Burgundy, 980~1198*(1987), *Life and Society in the West: Antiquity and the
Middle Ages*(1988), *Holy Entrepreneurs: Cistercians, Knights, and Economic
Exchange in Twelfth-Century Burgundy* (1991), *Those of My Blood: Constructing
Noble Families in Medieval Francia*(2001), *Every Valley shall be exalted: The
Discourse of opposites in Twelfth-Century Thought*(2003) 등이 있다.

옮긴이: 강일휴

고려대학교와 동대학원 사학과를 졸업(문학박사)했으며, 현재 수원대학교 사
학과 교수로 재직하고 있다. 『서양 중세사 강의』(공저) 등의 저서와 『중세 유럽
의 도시』, 『천년』 등의 역서가 있다.

중세 프랑스의 귀족과 기사도

2005년 10월 14일 초판1쇄 인쇄
2005년 10월 19일 초판1쇄 발행

콘스탄스 브리텐 부셔 지음
강일휴 옮김
펴낸이 • 임성렬
펴낸곳 • 도서출판 신서원
서울시 종로구 교남동 47-2 협신빌딩 209호
전화 : 739-0222·3 팩스 : 739-0224
등록 : 제1-1805(1994. 11.9)
ISBN • 89-7940-638-X 93920

신서원은 부모의 서가에서 자녀의 책꽂이로
'대물림'하기를 바라며 책을 만듭니다.

잘못된 책은 연락주세요.

중세 프랑스의
귀족과 기사도

콘스탄스 브리텐 부셔 지음 / 강일휴 옮김

STRONG OF BODY,

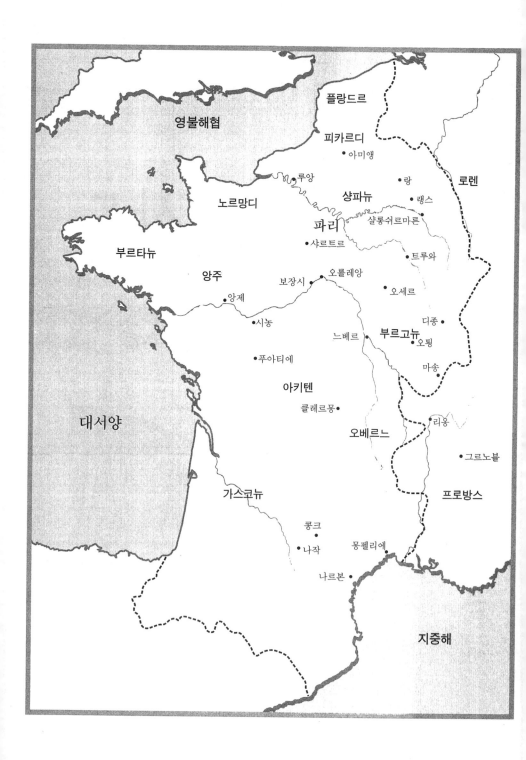

영불해협

플랑드르

피카르디
• 아미앵

• 랑

로렌

루앙

샹파뉴

• 랭스

노르망디

파리

• 샬롱쉬르마른

부르타뉴

• 샤르트르

앙주

오를레앙

• 트루와

보장시

• 오세르

• 앙제

• 시농

느베르

부르고뉴

디종 •

• 푸아티에

• 오툉

아키텐

• 마송

클레르몽•

• 리옹

오베르느

• 그르노블

대서양

가스코뉴

프로방스

콩크
•
• 나작

• 몽펠리에

지중해

• 나르본

중세 프랑스의
귀족과 기사도

CONTENTS

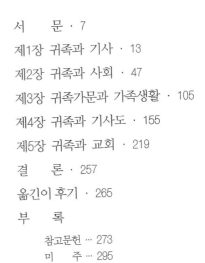

서 문

　　12세기 서사시인 「루이의 대관식The Coronation of Louis」은 이상적인 주군을 묘사하면서 "신체 강건하고 용감하고 고귀한"이라는 표현을 사용하였다.1) 중세 지배층은 자신들의 무용·용기, 그리고 고귀한 태생을 자부했다. 그들은 막강한 권력을 휘둘렀으며, 그러한 권력을 획득하고 유지하는 데 필요한 것에 대단한 관심을 보였다. 그들은 거듭해서, 특히 그들의 문학작품들 -- 거의 대부분이 용감하고 고귀한 사람들의 무용담인 -- 에서, 귀족과 기사의 이상화된 이미지를 만들어내려고 했다. 필자는 이 책에서 중세 전성기의 기사와 귀족의 지위, 그리고 당시 만들어진 그들의 이미지를 검토하려고 한다.

　　중세 지배층들, 특히 프랑스의 지배층은 지난 세대 동안 많은 연구 주제가 되어왔다. 학자들은 귀족신분의 근원, 귀족과 기사의 관계, 농촌과 도시에서의 귀족의 역할, 기사의 기원, '봉건제'의 의미, 교회개혁에서 귀족의 역할, 왕과 대귀족과의 관계 등을 재검토하고 재규정했다. 지역사와 지방사 연구들 덕택에 기존의 연대들과 정의들이 수정되었다.

이런 주제들에 대한 학자들의 이해는 현저하게 변했지만 일반 개설서에서의 서술은 그렇지 않다. 기사와 귀족에 관한 최근연구들은 아주 전문적이고 좁은 범위를 다루고 있고, 대체로 프랑스와 독일의 전문학술지에 게재되고 있다. 영어권 학자들이 이런 저작들을 항상 쉽게 접근할 수 있는 것은 아니다. 게다가 문학전공자와 역사전공자들은 서로의 연구들에 대해 모르는 경우도 있다. 중세 전성기 프랑스의 귀족을 다루는 이 책에서 필자는 나 자신의 연구들 가운데 일부를 포함한 최근의 연구들을 종합하고, 중세역사나 중세문학을 연구하는 사람들이 쉽게 접할 수 있는 형태로 중세귀족과 기사도에 대한 입문을 제시하고자 한다.

11세기부터 13세기 전반까지의 중세 전성기에 프랑스의 귀족문화가 특히 영향력이 있었다. 이런 영향력은 프랑스에 국한된 것이 아니었다. 잉글랜드에서도 1066년 노르만 정복 이후 최상층 사회에 프랑스 문화가 스며들었다. 이슬람교도를 공격하는 재정복 사업이 남부로 점차 확대됨에 따라, 그 정도는 덜했지만 스페인에서도 그러했다. 그리고 포르투갈의 초대 왕은 부르고뉴 공작의 자손이었으며, 스페인의 12세기 왕들은 부르고뉴와 마콩의 백작들의 자손들이었다. 독일의 귀족들은 그들 나름의 오랜 전통을 가지고 있었지만 이 시기에 프랑스 기사도의 많은 요소들을 채택했다.

이 책의 주요대상은 중세 전성기의 프랑스다. 그러나 필자는 경우에 따라 11세기 이전과 13세기 중엽 이후도 다루었고, 때로는 프랑스에서의 발전양상을 인접지역의 것과 비교하였다. 중세 전성기를 택한 이유는 이 시대가 필자에게 가장 친숙한 시기인데다가 기존에 충분히 관심을 기울이지 않았기 때문이다. 기사제도에 관한 대부분의 다른 연구들은 여전히 중세후기를 강조하고 있다. 그러나 15세기에서 12세기를 유추하는 것은 위험하다.

이 책에서 '프랑스'라는 용어는 그 주민들이 프랑스어를 말하는 지역을 의미하는 것으로 사용하고 있다. 따라서 이 책에서의 프랑스는 중세에 프랑스어를 사용하지 않았던 알자스 등의 몇몇 지역도 포함하는 오늘날 프랑스의 범위와 틀리다. 또 프랑스어를 사용하는 〔오늘날 벨기에의 일부인〕 플랑드르 지역을 포함했으나 프랑스어가 사용되었던 쥐라산맥 지역Jura을 포함한 일부지역들은 포함하지 않았던 중세 프랑크왕국의 범위와도 틀리다. 언어의 측면에서 분리되어 있으나 정치적으로 프랑스왕국에 속하였던 남부 프랑스는 포함되지만, 이 책에서는 남부 프랑스를 부차적으로만 다루었다.

필자는 명쾌한 정의들을 제시할 수 없고 따라서 명쾌한 정의들을 과거에 적용할 수 없다는 확신을 갖고 이 책을 썼다. 12세기 후반에 '중산계급' 등 많은 사회제도들은 몇 마디로 설명할 수 있는 것이 아니지만, 누구나 보면 알 수 있는 것이다. 마찬가지로, 중세 전성기에 귀족·기사도·봉토보유·교회 등에 대해 당시 사람들이 분명하게 인식하고 논의했음에도 불구하고 그런 것들에 대한 명쾌한 정의들은 없었다. "당시 사람들이 보았을 때 인식했던 것"이 세월이 흐름에 따라 변했고, 그래서 어떤 특정한 정의가 중세 전시기는 말할 것도 없고 이 책이 다루고 있는 250년 동안에도 적용되지 않는다는 점도 명심해야 한다.

중세귀족과 기사의 연구는 예컨대 '고전적 봉건제'가 어떤 지역에 '뒤늦게' 도달했는가, 혹은 어떤 시詩가 "궁전식 사랑의 기풍을 반영하는가" 등 다소 무익한 어의的語義的 논의에 빠져왔다. 이런 질문들은 이미 존재하고 있고 근본적으로 변하지 않는 어떤 기준들이 있어서, 이런 기준들을 바탕으로 각 지방의 정치제도나 특정시인의 작품을 비교할 수 있다는 점을 전제로 하고 있다. 그러나 중세제도들에 대한 단순한 모델들을 도출하거나 강요하기보다는, 중요하고 끊임없이 변하는 전체적 맥락에서 중세인들과 이들의 행위를 이해하려고 노력해야 한다고 필자는 믿고 있다.

이 책이 입문서이기 때문에 이 책에서 다루는 주제들을 둘러싸고 벌어진 복잡한 사학사적 논쟁들은 가급적 피하였다. 참고문헌도 중요한 것만 제시하였고, 장황한 각주를 피하기 위해 관련된 참고문헌 모두를 제시하지는 않았다. 그리고 1차자료와 2차자료도 쉽게 접할 수 있는 영어로 번역된 문헌들이 있는 경우 이런 것들을 인용했다.

이 책의 제1장은 귀족의 정의를 다룬다. 즉 귀족은 누구이며, 어떻게 인식되고 있었으며, 어떤 역할을 하였으며, 기사와의 차이점은 무엇인가 등을 다룬다. 제2장에서는 귀족과 왕, 귀족과 농민의 관계를 다룬다. 기존연구들은 농촌경제에서 영주의 역할을 자세히 다루지 않았다. 그러나 짤막하게라도 귀족의 경제기반을 논의하는 것이 중요하다. 이 장에서는 '봉건제'라는 까다로운 문제도 다룬다. 제3장은 귀족의 결혼과 생활을 포함하여 귀족가문의 구조를 다룬다. 제4장은 귀족이 읽고 영향을 받은 문학작품, 특히 기사의 행위와 사랑을 다루었던 작품들을 분석한다. 마지막 장인 제5장은 최근에 많은 학문적 관심을 끌고 있는 주제인 귀족과 교회의 상호작용을 다룬다.

필자는 대학원 시절에 1940년에 처음 출판된 시드니 페인터Sidney Painter의 『프랑스 기사도French Chivalry』라는 저서의 영향을 크게 받았다. 이 책은 페인터의 저서에 대한 경의의 뜻이 어느 정도 포함되어 있다. '중세교육협회'의 최근조사에 따르면, 그 저서는 기사도라는 주제에 관한 한 여전히 가장 많이 추천되고 있다.[2] 그러나 페인터의 저서가 출판된 뒤 60여 년이 지났고, 이 기간 동안 학자들은 귀족과 기사도를 근본적으로 새롭게 규정해 왔다.

페인터의 저서는 더 이상 그 주제에 대해 적절한 입문서가 될 수 없기는 하지만, 그 저서의 위트와 명료성으로 인해 지금도 절판되지 않고 계속 출판되고 있다. 이 책이 페인터의 저서만큼 항상 생생하지는 않을지라도, 적어도 필자는 역사의 주제 못지않게 역사의 서술도 재미있어야 한다는 페인터의 교훈을 배웠기를 희망한다.

이 책을 쓰는데 1993년도 인문학 진흥재단의 지원(FT-38322)을 받았다. 필자의 남편 밥Bob은 초고를 읽고 날카로운 질문을 하여 보다 명료하게 표현하는 데 결정적인 도움을 주었다. 이런 책이 저술될 필요가 있고 또 내가 적격자라고 설득하신 코넬대학 출판부장 존 애커만 John G. Ackerman에게 특히 감사드린다.

콘스탄스 브리텐 부셔Constance Brittain Bouchard
오하이오의 우스터Wooster에서

1. 귀족과 기사

중세귀족을 어떻게 정의할 것인가? 이는 오늘날 학자들에게 특히 어려운 문제다. 왜냐하면 중세 전성기(11~13c)의 사람들은 귀족을 정의하지 않았기 때문이다. 그들은 '귀족의 속성들'에 대해서는 상세하게 논의했지만, 사회적 단위로서의 '귀족'에 대해서는 언급하지 않았다. 보통 '귀족nobleman'으로 번역되는 중세 라틴어 노빌리스는 엄밀하게 말하면 명사가 아니라 형용사였다.* 귀족의 기준이 13세기에 최종적으로 확립되었지만, 13세기의 기준은 이전세대의 귀족들에게는 전혀 의미가 없었던 것을 바탕으로 한 것이었다. 그러나 중세귀족들은 언제나 자신들이 누구인지 알고 있었다.

　□ * 노빌리스(nobilis)는 '고귀한'이라는 의미로, 영어의 noble에 해당된다.

오랫동안 학자들은 단순하고 명쾌한 중세귀족의 정의를 제시하려고 했다. 어떤 학자는 귀족이 자유민과 정확하게 동의어였다고 주장했다. 또 다른 학자는 중세 내내 자유농민이 존재했음을 지적하면서, 귀족은 로마 원로원 귀족의 후손이나 로마 제국에 정착한 게르만 전사들의 후손으로 구성된 폐쇄적인 사회적 카스트였다고 주장했다. 어떤 학자는 귀족이 부계의 귀족혈통에 의해서만 결정된다고 말하고, 또 어떤 학자는 모계의 혈통만이 중요했다고 말한다. 또 다른 학자들은 중세 전성기 귀족들의 조상들은 상향유동한 사람들임을 지적하면서 11세기 이후의 귀족은 전적으로 새로운 집단이고, 기사나 봉건가신들과 동일시될 수 있을 것이라고 말하기도 한다.

이런 명쾌한 정의들은 모두 최근에 폐기되었다. 그 대신 학자들은 중세에 귀족으로 인정받으려면 여러 상이한 요소들을 갖추어야 했다는 점에 동의하기에 이르렀다. 분명히 귀족들은 로마제국 시대부터 연속되었지만, 귀족신분에 변화도 있었다.[1] 중세 전성기의 모든 귀족들은 몇 세기 거슬러 올라가면 평민에서 상향유동한 조상과 귀족인 조상 모두를 가졌다. 왜냐하면 매 세대마다 상향유동한 사람들이 결혼을 통해 귀족계층이 되려고 했기 때문이다.

귀족을 정의하는 데 있어서 어려움 중 하나는 귀족집단의 구성원을 지칭하는 단 하나의 중세용어가 없다는 사실이다. 사회구조에 대한 중세의 이론적 논의[이 점에 대해서는 제2장에서 자세히 다룰 것이다]에서 당시 사람들은 사회를 '귀족'과 '비귀족'으로 나누지 않았다. 물론 오늘날 역사가들이나 당시 사람들은 사료에서 '고귀한 남성'이나 '고귀한 여성'으로 지칭되는 사람들이나, 이런 용어와 관련된 '우월한', '존경할 만한', '저명한' 등의 형용사가 붙는 사람들을 귀족으로 여긴다.

　그러나 이런 용어들은 보편적으로 적용되지 않았다. '고귀한nobilis' 이라는 단어 자체도 11세기 이전에는 매우 드물게 사용되었으며, 11세기가 되어서야 이전에 더 일반적으로 사용되었던 '저명한illuster'이라는 용어를 대치하기 시작했다.2) 사료에 백작이나 공작으로 지칭되는 고위관직을 보유했던 사람들이나 '주인domnus'이라고 지칭되는 사람들은 일반적으로 '고귀한 사람'이라고 불리지 않았을 것이다. '고귀한 사람'이라는 용어는 직함으로 그 지위를 금방 알아볼 수 없는 사람들에 사용되었던 것 같다.3)

　중세귀족들의 일반적 속성들을 식별하는 것은 가능하다. 그렇다고 해서 11~12세기에 귀족들이 다른 집단과 명백히 구분되는 하나의 집단, 심지어 명백하게 정의될 수 있는 하나의 집단을 구성한 것은 아니었다. 누구를 '고귀하다'고 말하는 것은 그가 출중하고 또 출중한 가문 출신임을 의미하는 것이지, 그가 '귀족계급'의 구성원임을 의미하지 않는다.

　귀족은 나머지 사람들 위에 군림하는 사회의 소수집단인 '지배층 aristocracy'지만, 엄밀하게 말하면 '지배층'과 귀족nobility은 동의어가 아니다. 예를 들면 기사들이 10~11세기에 처음 등장했을 때 그들은 귀족으로 여겨지지 않았으나 사회의 대다수 사람들과 달랐다는 점에서 분명히 지배층이었다. 지배층이라는 용어는 오늘날 하나의 사회계급을 의미한다. 그러나 사회계급에 대한 오늘날의 인식은 14세기 이전

에는 존재하지 않았다.4)

중세인들은 어떤 명시된 기준들이 없었을지라도 귀족을 인지할 수 있었다. 적어도 9세기 이후부터 귀족들은 부·권력과 고귀한 태생의 혼합에 의해 특징지워졌다는 점에서는 학자들 사이에 합의가 이루어졌다.5) 11세기에 부유한 귀족들과 나머지 사람들 사이에는 큰 차이가 있었다. 13세기가 되면 급속히 성장하고 있던 도시들에서 일부 상인들이 상당히 축재하고 반대로 일부 귀족들은 재산을 상실했지만, 귀족은 당연히 부유한 사람이라고 여겨졌다. 또 귀족은 명령할 수 있는 권력이 있다고 여겨졌다. 즉 귀족은 중요한 관직을 가졌고, 성을 보유했고, 적어도 한 무리의 수행원들과 하인들 및 피보호인들을 거느리고 있었다. 그러나 부와 권력보다 더 중요했던 것은 귀족혈통의 소유였다.6)

귀족혈통

중세 프랑스 귀족들이 즐겨 읽었던 기사 로망스들은 항상 가문의 중요성을 강조했다. 이런 이야기들에서 영광스러운 속성들과 더불어 귀족혈통은 아무리 감추려고 해도 반드시 드러난다. 귀족의 아들인 퍼시벌*은 그의 어머니가 위험한 전사생활에서 벗어나게 하려고 그를 농민처럼 키웠지만, 그럼에도 기회가 주어지자 하룻밤 사이에 기사의 태도와 정교한 전투기술을 배웠다. 왕비 귀네비어는 몇 마디 대화를 나누어 보고는 단번에 갤러해드가 란슬롯의 아들임을 알 수 있었다.** 귀네비어는 그가 "왕가 태생이요 가장 고귀한 가문출신"인 것을 알았던 것이다.7)

□ * 퍼시벌은 크레티앵 드 트루아(Chrétien de Troyes)의 소설인 『퍼시벌: 성배이야기』의 주인공이다.
** 6세기 초에 켈트족을 이끌고 앵글로색슨족에 저항했다는 전설상의 왕인 아서왕을 다룬 이야기에 등장하는 인물들로서, 왕비는 귀네비어이며, 란슬롯은 뛰어난 기사로서 귀네비어의 연인이며, 갤러헤드는 란슬롯의 아들이다.

물론 실제로 귀족혈통은 그렇게 쉽게 드러나지 않았다. 그리고 '혈통적으로 고귀한 사람'과 '정신적으로 고귀한 사람' 사이에 항상 긴장이 있었고, 전자가 반드시 후자는 아니라는 점은 잘 알려져 있었다. 11세기 초에 주교인 아달베롱 드 랑Adalbéron de Laon은 프랑스 왕에게 다음과 같이 말했다: "고귀한 태생은 국왕과 공작들에게는 찬사의 원천이지만, 아름다움과 강건함도 중요시되어 왔습니다. 영혼의 강건함은 신체의 강건함보다 중요합니다."

동일한 감정이 거의 2세기 반이 지난 뒤 통속적인 란슬롯 이야기들의 한 저자에 의해 표명되었는데, 주인공인 란슬롯은 '호수의 숙녀'* 에게 다음과 같이 말했다: "무슨 이유로 어떤 사람들이 다른 사람들보다 고귀한지 모르겠어요. 그들이 무용을 통해서 고귀함을 얻지 않는다면 말이에요."8) 이런 상용적인 표현은 중세 전시기를 통해 반복되

었다. 그러나 아달베롱이 언급한 왕과 이 문제에 관한 한 대부분의 성
직자들처럼, 귀족들은 고귀한 태생이 "상당한 찬양"을 받을 만한 가치
가 있다고 여전히 생각했다.

□ * '호수의 숙녀'는 호수의 요정 비비안을 지칭함. 란슬롯은 비비안에 의해 호수의 궁전에
서 키워졌기 때문에 '호수의 기사 란슬롯'으로 불린다.

11세기에 처음으로 가족의 역사인 족보가 작성되기 시작했을 때,
당시 귀족들은 자신들을 영광스러운 조상들과 연계시켰다. 그리고 이
런 문학형태의 족보는 12세기에 더욱 보편화되었다.9) 귀족가문들이
이론의 여지없이 귀족혈통을 대표하는 과거의 왕들과 생물학적으로
연계되어 있음을 발견하는 것이 특히 중요했다. 주교 아달베롱은 "귀
족가계는 왕의 혈통에서 전해진다"10)고 단호하게 기술하고 있다. 샤
를마뉴의 자손들이 약 200년 동안 상당히 증가했지만, 11세기가 되어
서야 〔국왕들을 제외한〕 귀족들은 자신들이 카롤링왕가의 혈통을 이
어받았음을 밝혀 자신들이 영광스러운 가문출신임을 의식적으로 과
시하려고 했다. 프랑스의 카페왕조 국왕들은 11세기 초에는 군림한
시기가 아직은 너무 짧았기 때문에, 귀족들이 먼 과거의 영광스러운
조상들을 과시할 때 등장할 수 없었다.11)

그러나 귀족태생은 11세기 훨씬 이전부터 중요했으며, 어떤 영광
스런 귀족조상은 그가 설사 왕이 아닐지라도 여전히 고귀했다. 왕을
포함한 상층귀족들 사이에서 장기간 지속된 결혼 때문에, 12세기가
되면 실제로 대부분의 귀족들은 왕의 자손들이었다. 왕에 대한 아달

베롱의 아부적인 발언*에도 불구하고, 귀족들이 왕의 직계여야만 했던 것은 아니었으며, 왕은 가장 강력하고 중요한 귀족이었을 뿐이다. 사료가 부족하여 가계도를 작성하는 것은 어렵지만, 오늘날 학자들은 11~12세기 귀족들이 9~10세기 귀족들의 후손들이며, 또 이들 9~10세기 귀족들은 그 이전 귀족들의 자손임을 설득력있게 입증할 수 있었다.[12] 귀족가문들이 족보를 작성하기 훨씬 이전에도 영광스런 혈통은 귀족지위의 핵심요소였다.

   □ * 앞에서 인용한 "귀족가계는 왕의 혈통에서 전해진다"는 아달베롱의 말을 의미한다.

   그러나 귀족은 폐쇄된 카스트가 아니었고, 그 조상을 9세기의 백작으로 아주 그럴듯하게 추적해 올라갈 수 있었던 11세기 귀족들의 조상들 중에는 비귀족들도 많았다. 프랑스에서 귀족태생임을 주장하기 위해서는 조상들 중에 단 한 명만 귀족이었음을 증명하면 되었다. 그리고 귀족혈통은 모계나 부계를 통해서 전해졌다. 역설적으로 많은 귀족들이 이전 왕들과의 생물학적 연관을 주장 [혹은 조작]하고 있던 시기에, 다른 귀족들은 왕권이 약화되었을 때 혈통에 의해서가 아니라 무력과 능력을 바탕으로 권력을 잡은 조상들을 자랑스럽게 지적하였다.

   9세기에 세워진 카탈로니아 백작령의 기원에 관한 12세기의 전설은 이 두 유형의 조상 모두를 강조하고 있다. 즉 그 전설은 카탈로니아의 첫번째 백작이 프랑스 왕에 의해 합법적으로 임명되었다는 사실과, 위프레드Wifred the Hairy가 왕의 도움을 받지 않고 이슬람교도를 정복하여 그 백작령의 백작이 되고 독립을 인정받았다는 사실 모두를 강조하

였다.[13]

사실상 신인新人들이 유구한 귀족가문들의 여성들과 결혼함으로써 끊임없이 귀족들에 가담하고 있었다. 그들 자식들은 왕가혈통의 조상과 신인인 조상 모두를 가졌다. 제3장에서 상술하겠지만, 11세기가 되면 성주들은 자기 딸을 귀족이 아닌 부하들과 결혼시켜 이들과의 유대를 강화하려고 하는 경우가 종종 있었다. 이런 부하들은 귀족의 딸과 결혼하는 것만으로는 귀족이 되지 않았지만, 그들 자식들은 당연히 귀족혈통을 지니게 되었다. 지배층의 역사에서 하나의 전환점이 있었다는 증거로 중세 고위귀족 중에 신인들이 있었음을 지적하는 역사가들이나, 지배층은 변하지 않았다고 주장하기 위해 귀족들의 조상들이 구 혈통귀족이었음을 지적하는 역사가들은 모두 잘못된 주장을 하고 있다.

중세 전성기 귀족들은 몇 세기 이전의 지배층과 많은 연관을 맺고 있었지만, 새로운 성원들도 끊임없이 받아들였다. 귀족들은 자신들의 고귀한 태생을 강조하였지만, 그들의 조상들은 다양한 지위에 있던 사람들이었음이 가계도에서도 발견된다.[14] 중세 전성기 귀족들의 조상 가운데 적어도 몇 명은 구 혈통귀족이었고, 따라서 실제적인 목적 때문에 부와 권력이 피의 순수성보다 더 중요했다.

부와 권력

중세초기 귀족들은 매우 부유하고 강력했으며, 그 수도 아주 적었다. 7~8세기 수도원은 몇 마일에 걸쳐 산재한 재산을 단번에 교회에 기증할 수 있을 정도의 가용재산을 가진 단 한 명의 귀족에 의해 설립되었을 것이다.15) 중세 전성기 귀족들은 이전보다 수가 많았고 그렇게 부유하지 않았지만〔절대적 기준으로나 사회의 나머지 사람들과 비교해서나〕, 그럼에도 불구하고 사치품을 구입할 수 있었고, 상당한 재원이 소요되는 성을 축조할 수 있었고, 수도원에 토지를 기증하여 자신들을 위해 기도하도록 할 수 있었다. 12세기 말에 마리 드 프랑스 Marie de France가 쓴 한 시구에서, 콘스탄티노플에서 수입한 값비싼 옷감으로 감싸져 있고 팔에는 루비가 박힌 황금팔찌가 채워진 어린애는 단번에 '귀족태생'으로 인식될 수 있었다.16)

귀족들이 행사한 권력은 무력에 불과했으며 그들이 거느린 종복의 수에 비례했다. 그러나 중세귀족들은 그 대다수가 무자비했지만 그렇다고 해서 단순히 힘세고 투박한 사람들은 아니었다. 중세사회의 다른 성원들과 마찬가지로 귀족들은 법의 지배를 강력하게 믿었으며 〔그들이 법을 항상 이해하고 있었던 것은 아니지만〕 전통을 존중하였다.

권력자들이 보유한 관직은 대부분 공권력에서 비롯된 것이었다. 적어도 이론상으로 관직보유자들은 다른 귀족들과 자신을 위해서만이 아니라 피통치자들을 위해서 권한을 행사했다. 그런 권한을 지나치게 남용하면 법적 제재보다 더 가혹한 제재가 가해졌는데, 동료귀족들의 경멸이 바로 그것이었다.

중세 전시기에 많은 귀족들은 왕과 긴밀한 관계를 유지했으며, 왕가 혈통이 아닌 사람들조차도 궁전과의 연계를 통해서 권력을 얻을 수 있었다. 로마제국 말기 이래로, 왕들은 프랑스라는 국가가 형성되기 이전에도 백작들을 통해 프랑스 지역을 통치하였다. 백작〔라틴어로는 comes, 복수는 comites〕이라는 용어는 '동료companion'와 같은 어근에서 유래했으며, 초기의 백들은 왕의 신뢰받는 동료였다. 이런 부유하고 강력한 동료들이 없었다면, 사람들이 산재해서 거주하고 있었고 통신망이 미비했던 시대에 통치가 불가능했을 것이다.17) 백작이 될 수 있는 기회를 가졌던 극소수의 귀족들에게 백작의 직책은 책임만이 아니라 상당한 기회도 제공하였다. 백작에게 부여된 권력과 이런 권력이 어떻게 변했는가를 이해하면, 가장 강력했던 귀족들이 행사한 권위를 알 수 있다.

백작은 백작령이라는 행정단위의 통치자이다. 백작이 백작령을 실제로 '소유'하지는 않았지만, 중세 초의 백작은 백작령의 행정적·사법적·재정적·군사적 업무를 총괄하였다. 백작은 왕을 대신해서 법을 집행하고 통치했으며, 자신의 법정에서 죄인들을 재판하고, 왕의 세

금을 징수했고, 필요한 경우에는 군대를 소집했다.18)

백작이 다스리는 백작령은 로마제국 시대에 속주의 행정단위였던 파구스pagus에서 직접 유래한 것이다. 그래서 10세기까지도 문서들에서 백작령을 파구스라고 기록하는 경우가 종종 있었다. 로마가 도시문명이었기 때문에 로마의 행정단위들은 항상 도시에 중심을 두고 있었고, 도시의 이름을 따서 파구스의 이름이 붙여졌다. 예컨대 프랑스의 메인Maine이라는 백작령은 르망Le Mans이라는 도시를 중심으로 하는 지역이다. 여러 파구스들이 합쳐져 하나의 백작령을 형성하는 경우도 있었다. 그러나 일반적으로 로마 말기와 중세의 행정 사이에는 뚜렷한 연속성이 있었다.19)

9세기 말 혹은 10세기 초에 부백작들이 일반화되기 시작했다. 이들은 백작의 대리인으로서 활동했으나, 가끔은 보통 백작령의 일부 지역에서 독립적으로 백작과 동일한 역할을 하기도 했다.20) 거의 같은 시기에 공작(라틴어로는 dux)이라는 새로운 직함도 사용되기 시작했다. 공작은 근본적으로 매우 강력한 백작으로서, 여러 백작령을 장악하고 다른 백작들을 휘하에 두는 경우가 많았다. 공작들은 한때 카롤링왕국의 중요한 행정구역이었던 공작령에서 상당한 권위를 행사하였다. 즉 공작은 자신의 영역에서 왕과 비견될 정도였다. 라울 글라베르*의 연대기에 따르면, 11세기에 부르고뉴 공작 기욤 1세는 그 공작령에 대한 자신의 권력강화를 기념하여 '왕처럼' 대관식을 거행하였다.21)

□ * 라울 글라베르(Raul Glaber: 985?~1050)는 수도사이며 연대기와 역사서를 저술하였다. 그의 저작은 서기 1000년을 전후한 시기의 증언으로 귀중한 가치를 지닌다.

실제로 12세기 초에 아키텐 공작은 프랑스 남서지역에 있는 여러 백작령들을 장악했고, 프랑스 왕보다도 강력하였다. 노르망디 공작들은 11~12세기에 때로는 공작으로, 또 때로는 백작으로 ─ 이 두 용어들이 거의 엇바꾸어 사용될 수 있는 것처럼 ─ 불렸고, 심지어 그들이 잉글랜드의 왕이 된 뒤에도 그렇게 불렸다.22)

백작은 원래 왕에 의해 일정기간 임명된 사람으로서, 9세기까지는 왕이 마음대로 백작을 임명하고 면직할 수 있었다. 그러나 백작직이 9세기 후반부터 점차 세습되었고, 왕의 뜻에 의해서가 아니라 백작 자신의 세습권에 의해 보유되었다.23) 백작직이 세습된 뒤에도 백작들은 그 다음 세기까지도 〔중세인들은 현대사회처럼 공권과 사권을 명확하게 구분하지 않았지만〕 일종의 공권을 계속 행사했다. 9세기 중반 이후의 카롤링 왕들은 샤를마뉴나 심지어 그의 아들 루이 경건왕 시대처럼 중앙집권화된 권력을 가지지 않았고, 카롤링 왕들을 대신하여 중요한 정치적 인물들이 된 사람들은 다른 왕들이 아니라 바로 백작들이었다. 왕권이 약화됨에 따라 이러한 백작들은 왕의 명령에 따르지 않고 자신의 뜻대로 행동했고, 이전의 왕들처럼 군대를 지휘하고 수도원을 보호하고 판결을 내렸다.24)

그러나 도처에서 백작의 권력조차도 분할되기 시작했다. 1000년경이 되면 대부분의 경우 백작은 지난 5세기 동안 그 지역 모든 자유민들이 참석했던 공공법정을 유지할 수 없었다.[25] 점차 분쟁들이 백작의 법정에서 내려진 명확한 판결에 의해서가 아니라 단지 분쟁의 수준을 낮추는 협상을 통해서 흔히 해결되었다.[26] 일부지역들에서는 백작들이 다른 지역들에서보다 더 오랫동안 자신들의 기능을 유지했지만, 일반적으로 11세기가 되면 재판은 더 이상 궁극적으로 왕에 의해 임명되는 사람들의 수중에 있지 않게 되었다. 그 대신에 10세기의 백작들이 그 이전시대의 백작들이 왕의 이름으로 행사했었던 기능을 자신들의 이름으로 행사했듯이, 11세기가 되면 새로운 집단인 성주들이 백작의 이전 기능들의 상당부분을 담당하였다.

공권이 왕에서 유래하는 것으로 더 이상 여겨지지 않게 된 뒤에도, 당시의 모든 사료들에 따르면 좋은 귀족이란 선정善政을 베푸는 사람이었다. 물론 이런 견해에 함축되어 있는 의미는 대다수 귀족들이 선정을 베풀지 않았다는 것이다. 12세기에 앙주 백작인 조푸르와Geoffroy 5세의 연대기 작가는 그 백작을 "법을 사랑하는 사람이요, 평화의 유지자요, 그의 적의 정복자요, 억압받는 사람들의 조력자"라고 묘사하였다. 그러나 그 백작의 유일한 문제점은 그의 대리인들의 심각한 권력남용을 제대로 제지하지 않았다는 것이고, 따라서 그는 올바로 통치하지 못했다고 비난받았던 것이다.[27] 대다수의 사람들이 호전적인 귀족들 때문에 많은 어려움을 겪었지만, 그들에게는 이런 귀족들이 정의와 질서의 유일한 원천이었다.

기사신분과 전투

내가 이 책에서 제시한 부·권력·혈통으로 규정되는, 귀족에 대한 작업가설상의 정의operational definition는 중세귀족의 한 가지 중요한 속성을 빠뜨리고 있는데, 갑옷을 입고 검을 들고 말을 타고 전투하는 속성이 바로 그것이다. 실로 이런 시각은 오늘날의 창작물이 아니다. 12~13세기 로망스들도 이런 전투를 아주 강조하고 있다. 그러나 원래 전투는 귀족의 속성이 아니었으며, 부유하고 강력하며 그들 조상을 자랑스럽게 여기는 귀족들은 로망스가 등장하기 훨씬 이전부터 존재하였다.

로마제국 시대와 마찬가지로 보병이 주력이었던 중세 초기에는 원칙상 모든 자유민들이 국왕의 전투에 참여해야만 했다.[28] 전쟁 혹은 기병전이 귀족들의 업무가 된 것은 바로 중세 전성기이다. 이 시기에도 모든 군대에는 보병들이 있었다. 이들 보병들의 일부는 야영지를 관리하고 요리하고 말을 돌보는 일 이외에 직접 전투를 하기도 했다.

일부 역사가들은 중세 후기에서 유추해서 중세 전성기에도 기사와 귀족이 동일했다고 가정하였다.[29] 그러나 기사와 귀족이라는 용어가 14세기가 되면 거의 엇바꾸어 쓸 수 있는 것이 되었지만, 처음 등장할 때의 기사들은 이들이 섬기는 주군인 귀족과 확연히 구별되었다.[30]

다소 험악한 모습의 수염기른 기사가 경비를 서고 있는 모습.
샬롱-쉬르-마른에 있는 노트르담-앙-보 교회의 12세기 기
둥에 새겨져 있다. 이 기사는 십자가가 새겨져 있는 기다란 삼
각형 방패를 들고 있는데, 십자군을 상징하고 있는 것 같다.
이 기사는 기다란 쇠미늘 사슬 갑옷만이 아니라 쇠미늘 장갑
과 장화를 신고 있다.

현재는 기사의 역할과 지위에 대해서 대체적인 합의가 이루어지고 있다. 기사는 1000년경에 등장한 새로운 집단이었다.[31] 기사를 의미하는 밀레스milles(복수는 milites)라는 용어는 10세기 말의 사료에 처음 등장한다. 수세기 전에 그 용어는 로마의 보병들에게 적용되었다. 그러나 그 용어는 수세대 동안 사용되지 않았고, 1000년경 기록자들은 그 용어를 아주 다른 뜻으로 사용했다. 그들에 있어 밀레스는 직업전사일 뿐 귀족 자체는 아니고 귀족에 봉사하는 사람이었다. 대부분의 밀레스들은 기병으로 전투했고, 그래서 사료들은 가끔 '기병caballarius'을 밀레스와 동의어로 사용하였다. 10세기 말에 저술활동을 한 연대기 작가 리쉐Richer는 보병pedites과 밀레스(그는 equites라는 용어도 사용하고 있다)를 구분하고 있다.[32]

강조되어야 할 점은 가장 초기의 '기사들'은 하나의 동일한 계급을 형성하지 않았다는 사실이다. 왜냐하면 그들 사이에 사회적 차이가 매우 컸기 때문이다. 그들의 공통점은 전사로서의 기능이었고, 이런 기능이 일시적일 때에도 그러했다. 어떤 사람은 그의 주군이 그에게 하사한 무기를 휘두르는 동안만 기사였고, 따라서 이런 사람은 아주 단기간만 기사였다. 그리고 11세기의 '기사다움knighthood'은 12세기가 되어서야 발전한 기사도chivalry와 동의어가 아니었으며, 어떤 특정한 행동규범의 동의어도 아니었다.[33] 약탈자와 용병도 명예롭고 충성스런 전사와 마찬가지로 기사로 묘사될 수 있었다.

기사와 봉신封臣도 동의어가 아니었다. 그렇지만 별로 두드러지지

않는 배경을 가진 기병들인 기사들은 곧 중세사회의 주요요소가 되었
다. 처음부터 봉사의 개념이 기사신분 개념의 구성요소였다. 기사들
은 주군을 따라 전쟁터와 재판소에 갔고, 도시와 수도원을 순회하였
다.34)

　여러 면에서 이러한 11세기의 기사들은 그들의 주군인 귀족보다
는 농민에 더 가까웠다. 많은 기사들이 예속민이고 법적으로 비자유
민이었던 것 같다. 프랑스에서 기사와 귀족의 사회적 지위는 12세기
에 더욱 가까워졌고, 마침내 13세기가 되면 그들은 융합되어 단일집
단이 되었다. 그러나 일부지역에서는 여전히 기사들이 사회적으로나
법적으로 지위가 낮았다. 중세 말 독일에서 농노기사인 미니스테리알
레스*는 결혼하려면 농노처럼 그들 주군의 허락을 받아야만 했다. 그
들이 자기 지역에서 사실상의 귀족이 된 뒤에도 그러했다.35) 비슷한
사회적 격차가 독일에 인접한 프랑스어 사용지역에서도 지속되었다.

　□ * 미니스테리알레스(ministeriales)는 전투만이 아니라 어떤 임무나 사명(ministerium)을
　띠고 봉사하는 사람을 두루 가리킨다. 이들은 대부분 예속민 출신이었으나 귀족에 발탁되
　어 전문화된 행정기능을 수행하는 장원관리가 되거나 전투에 참가하기도 했다. 이들은
　점차 예속성을 벗고 귀족과 농노 사이의 중간계층을 형성했으며, 일부는 기사신분으로
　상승하기도 했다. 특히 독일에서는 이들이 행정적·군사적 기능을 세습하면서 독자적인
　계층을 형성했다. '가인'·'직신' 등의 용어로 번역하기도 한다.

　자신들의 주군을 위해 보병이 아니라 기병으로서 전투하고 주군에
의해 중무장된 기사들이 왜 10세기 말에 처음 등장했을까? 그 해답의
일부는 말 사육기술이 발전했다는 점과 야금술의 발달로 훌륭한 무구
와 많은 편자를 만들 수 있게 되었다는 점이다. 등자鐙子는 원래 고대

세계에는 알려지지 않았으나 10세기가 되면 서유럽에서 점차 일반화되었다. 이러한 등자로 인해서 기수가 이전보다 낙마할 가능성이 줄어들어 안정적으로 말을 타고 전투할 수 있게 되었다.[36]

기병의 장비, 그리고 이런 장비를 능숙하게 다루기 위한 훈련과 실습은 상당한 재력과 시간을 필요로 하였기 때문에 보통사람은 감당할 수 없었다.[37] 도끼로 무장한 보병은 중무장 기병의 적수가 될 수 없었다. 전쟁은 모든 에너지를 전쟁에 쏟아붓고, 귀족들의 경우처럼 스스로 무장할 여력이 있거나 기사들의 경우처럼 주군으로부터 무장을 부여받은 직업 전사들에 점차 한정되었다. 또다시 강조되어야 할 점은 고가의 기병무기들을 갖추고 전투한다고 해서 하층민 출신인 기사의 사회적 지위가 저절로 상승한 것은 아니었다는 사실이다. 왜냐하면 그 무기들은 주군의 권력과 부를 반영할 뿐이기 때문이다.

전쟁이 점차 전문화되는 모습은 랑Laon의 주교인 아달베롱이 국왕 로베르 2세에 헌정한 1020년대의 시에서도 볼 수 있다. 그는 이 시에서 사회를 싸우는 사람, 일하는 사람, 기도하는 사람이라는 세 집단으로 나누고 있다.[38] 아달베롱이 11세기 사회의 모습을 정확하게 평가하고 있는 것은 아니지만(이 점에 대해서는 이 책의 제2장에서 논의할 것이다), 그가 싸우는 사람과 일하는 사람의 기능을 근본적으로 구분되는 것으로 본 것은 주목할 만한 가치가 있다. 이전 세기에 일반적으로 세속인들은 자유민과 예속민으로 구분되었다. 아달베롱은 귀족을 따로 구분되는 집단으로 분류하지 않고 있는데, 그는 사회적 지위에 관심이 있

었던 것이 아니라 기능에 관심이 있었기 때문이다. 그는 기사와 귀족
이 모두 싸우는 사람들이기 때문에 같은 부류로 분류하고 있으며, 농
민들은 자유민이든 예속민이든 일하는 사람으로 분류하고 있다.

성城

　기사의 등장은 성의 발전과 관련되어 있다. 물론 요새지는 오랜 역
사를 가진 것으로 청동기 시대까지 거슬러 올라가며, 많은 프랑스 도
시들은 중세 초부터 성벽을 갖추고 있었다. 적어도 갈혈적으로 카스
트룸castrum이라는 용어가 방어중심지나 요새지의 의미로 사용되었
다.39) 그러나 1000년경 프랑스 도처 — 언덕, 강의 교차점, 국경지역
등 — 에서 등장하기 시작한 성은 단순한 요새지 이상의 것이었다.
　성은 중세 초에 분리되어 있었던 두 가지 기능을 결합시켰다. 즉
성은 요새지인 동시에 우아한 저택이었다. 다시 말하면 성은 전시에
사람들이 집결하는 곳인 동시에 부유하고 강력한 주인의 사적 가정이
었다. 성은 전시에만 이용된 것이 아니라 영주들의 일상적인 거주지
였다.40)
　성은 10세기 말과 특히 11세기에 프랑스 도처에서 거의 동시에 발
전하고 퍼졌다.41) 이와는 대조적으로 잉글랜드에서는 거의 모든 성

들이 1066년 노르만 정복 이후에 축조되었다. 윌리엄 정복왕은 잉글랜드에서 그의 권력을 강화하는 수단으로 성을 이용했다.42) 독일에서는 부르크Burg라는 용어가 중세나 오늘날이나 요새지, 심지어 성은 물론 도시를 의미한다. 독일에서 성이 등장한 연대는 덜 명확하다. 그러나 독일에서도 12세기가 되면 석조 성들이 일반화되었던 것 같다. 따라서 사회구조에 대한 아달베롱의 새로운 공식처럼, 성의 등장은 귀족들 ― 이전시대에 이들의 거처는 방어보다는 우아함을 강조했었다 ― 이 11~12세기에 점차 자신들을 군사지도자로 여기고 있었음을 보여준다.

우리가 흔히 머리에 떠올리는 성은 중세 전성기(11~13c)의 모습일 뿐이다. 14세기 말이 되면 화약과 대포가 발달하여 성은 취약점을 드러내게 되는데, 심지어 높이 쌓아올린 성벽조차도 포탄으로 무너질 수 있었기 때문이다. 그 결과로 높이 쌓아올린 성벽과 화살 쏘는 구멍이 더 이상 안전을 보장해 주지 않는다는 것을 인식하여, 사람들은 방어를 위하여 낮고 거대한 요새지를 축조했고, 반면에 부와 지위를 과시하려는 사람들은 큰 창문을 갖춘 우아한 성을 거주용으로 축조했다.

성들이 노르만족과 마자르족이 침략하여 폭력이 가장 빈발했던 9~10세기 동안이 아니라 이런 침략이 끝난 뒤인 11세기에 축조되었다는 점은 주목할 만하다.43) 물론 11세기에야 성이 축조된 일부 이유는 방어를 위하여 성을 축조하는 데는 상당한 시간과 공간이 필요했기 때문이기도 할 것이다. 즉 당시 사람들이 바이킹이 강을 따라 올라오

루아르 강변에 세워져 있는 보장시성. 현존하는 가장 오래된 성들 가운데 하나다. 버팀벽과 높은 곳에 있는 창문을 제외하면, 이 정방형의 석조 아성은 앙주 백작이 10세기 말에 처음 세울 때의 모습을 간직하고 있다.

는 것을 발견하고는 높은 성벽이 유용할 것이라고 판단하고 금방 성을
축조할 수는 없었을 것이다.

그러나 14세기까지 성들은 필요하면 언제나 전투용도로 사용할
수 있었지만, 축조된 성들 대다수는 치열한 전투를 위한 것이 아니었
다. 오히려 성은 권력과 권위, 그리고 심지어 안정의 상징이었다. 중
앙정부가 독일이나 잉글랜드보다 훨씬 약했던 11세기 프랑스에서, 성
주들은 재판관이었고, 전쟁지휘관이었고, 세금징수자였다. 성은 이런
권위를 가시적으로 만들었다.44)

11세기 말이 되면 귀족들이 그들 성의 이름을 자신들의 이름의 일
부로 취하기 시작했다는 점은 중요하다. 심지어 오늘날에도 언덕 위
에 있는 폐허가 된 성의 거대한 성벽은 "엄두도 내지 마라"라는 명확한
메시지를 전달하고 있는데, 성에 거주하고 있던 중세 전성기 전사들
에게 그 메시지는 더욱 명확했음에 틀림없다. 실제로 화약이 발달하
기 이전까지 성은 방어하기보다는 공격하기가 훨씬 더 어려웠으며,
그래서 대부분의 성은 한 세대에 한번 이상 공격받지 않았으며, 일부
의 성들은 공격받은 적이 전혀 없었다.

11세기의 성들 대다수는 원래 목재로 축조되었다. 특히 잉글랜드
에서 그러했다. 잉글랜드에서는 '둔덕과 바깥 벽motte and bailey' 양식이
일반적이어서, 성은 탑과 가파른 둔덕으로 구성되어 있었다. 이런 성
에서, 탑의 하층은 둔덕 밑으로 가라앉아 있었거나 탑이 먼저 건설되
고 둔덕이 그 주위에 쌓아졌기 때문에 탑의 상층을 공격하기 더 어려

언덕 위에 자리 잡고 있는 성들은 근처에 살고 있는 사람들에게 위압적인 메시지를 전달했다. 인근에 살고 있는 사람들은 성에 살고 있는 성주와 기사들이 행사하는 권력을 결코 망각할 수 없었다. 이 나작 성은 12세기에 세워진 것으로, 인근의 촌락과 계곡 위에 우뚝 솟아 있다. 아래편 왼쪽에 보이는 교구교회는 이 성과 비슷한 시기에 축조된 것이다.

웠다. 둔덕은 마른 도랑으로 둘러싸여 있었고 이 도랑을 팔 때 나온 흙더미로 쌓아올려졌다. 이 마른 도랑을 둘러싸고 있는 것이 바깥벽으로서 그 안마당에는 취사장·축사·개 사육장·창고 등의 건물들이 자리잡고 있었다. 이러한 건물들 전체는 방책으로 둘러싸여 있었다.[45]

목조 성은 석조 성보다 비용이 적게 들고 공사기간이 짧았으나 방어에 불리하였다. 프랑스에서는 석조 성들이 1000년경에 처음 등장했고, 12세기가 되면 대부분의 성들은 석조로 축조되었다. 석조 성의 중심은 가장 먼저 축조되는 부분인데, 이것이 아성牙城이다. 아성은 원래 커다란 정사각형의 3~4층탑으로서, 가능하면 천연언덕이나 둔덕 위에 위치하였다.

중세 내내 성을 축조하고 개선하는 데 거금이 들어갔으며, 11세기 혹은 12세기 초의 성들 가운데 원래 축조된 대로 오늘날까지 전해지고 있는 것은 거의 없다. 거친 자연석으로 축조된 11세기의 정사각형 탑은 12세기가 되면 매끈하게 채석된 둥근 탑으로 대체되었고, 아치 장식과 난로가 개발되고 개선됨에 따라 여기에 맞추어 재건축이 행해졌다. 그러나 성주들은 매 세대마다 여러 건물들을 끊임없이 수리하고 확장했지만, 계속해서 아성에서 지냈다. 13세기에 대형 연회실·외벽·부속성당 등이 축조되었지만 11세기의 축조된 아성은 여전히 유지되었다. 이런 아성은 그 주변건물들 위에 우뚝 솟아 있었고, 나중에 지은 건축물들이 함락되었을 때 최후의 방어거점이기도 했다.

최초의 프랑스 성들은 가장 강력한 지방영주들인 백작들에 의해 축조되었다. 그들의 백작령은 적어도 한 세기 이전부터 형성되어 있었던 것이며, 일부 경우에 이들 백작의 조상들도 한 세기 이상 계속해서 그 백작령들을 통치하고 있었다.46) 그러나 백작 이외의 사람들도 곧 자신들의 성을 축조하기 시작하였으며, 이들 성주들이 11세기에 사회의 중요한 요소가 되기 시작했다. 심지어 어떤 백작이 여러 성들을 축조했을 경우는 그 성들에 대리인들을 배치해야만 했다.

11세기 중엽이 되면, 성주들이나 이들 성주의 선조들은 백작을 섬기는 신분이었고 혈통적으로도 백작들보다 열등했지만, 성주들은 의심할 여지없이 귀족의 일원이 되었다. 많은 백작들이 자신의 충실한 종복이라고 생각했던 사람이 일단 성을 차지하자 예상치 못하게 독립적 태도를 보였기 때문에 놀랐을 것이다. 많은 성주들은 백작의 종속자로 출발했다. 백작의 세력이 약했던 지방에서는 부유한 지주들이 자신들의 영토에 성들을 축조했다.47)

프랑스의 여러 지방사 연구들로 인해 1000년을 전후한 한 세대 동안 정치구조의 변화가 있었음이 밝혀졌다.48) 흔히 1030년이 전환점으로 여겨지고 있다. 성주들의 권력이 급격하게 상승했던 것 같다. 이들이 백작이나 부백작을 대체시키면서 공권력을 장악했다. 한때 백작들이 왕의 이름으로 소유했던 공적·재정적 자산이 가장 부유한 가문들의 상속재산의 일부로 병합되었다. 성주들의 부각은 부분적으로 그들 자신의 세력과 성의 힘에 기인하지만, 대체로는 백작권력의 약화에 기인한다. 프랑스 도처에서 1000년을 전후한 30~40년 동안 백작

가문들이 위기를 겪어 백작의 권력이 약화되었고, 성주들은 이런 기회를 이용하여 권력을 차지하였다.[49]

성들은 백작의 소유든 아니든, 그리고 크든 작든[11세기의 성들은 대체로 소규모였다] 전사들을 필요로 했다. 그래서 새로 등장한 기사들이 활동할 수 있는 여지가 생겼다. 이 직업전사들은 성에 거주하면서 성주의 지휘를 받았다. 11~12세기의 많은 연대기 작가들은 탐욕스런 전사들이 인근농촌의 '가련한 사람들'을 약탈하는 행위를 성곽축조와 연관시켰다. 즉 성은 전시에는 사람들의 피신처였을 터이지만 평시에는 할 일 없는 전사들의 소굴이었고, 이들 전사들은 무료함을 달래기 위하여 폭력을 행사하는 경우가 많았던 것이다.

프랑스에서 성과 기사가 등장하던 바로 그 시기에 주교들이 기사들과 귀족들을 설득해서 무력을 갖추지 못한 사람을 해치지 않겠다고 서약하도록 한 '신의 평화' 운동이 등장한 것은 성의 안정적 효과를 보여주는 것인 동시에 당시에 프랑스 사회가 여전히 얼마나 폭력적이었는가를 보여주는 것이기도 하다. 즉 주교들이 노력할 가치가 있다고 느낄 정도로 사회가 적어도 일시적으로 평온하고 외부의 침략에서 벗어났지만, 흔히 자신들 사이의 사전私戰의 일환으로 완전무장한 기사들이 느닷없이 농민들과 상인들을 공격하는 일이 빈번해서 주교들이 어떤 조치를 취해야만 한다고 느끼고 있었다.[50]

남 프랑스에서 980년대부터 주교들이 때로는 그 지역 백작들의 도움을 받아 공의회를 개최하여 질서를 재확립하려고 했다. 이 운동을

앙제 성은 원래 앙제 백작에 의해 10세기 말에 수도로서 축조된 것이다. 13세기에 왕에 의해 접수되었고, 이 때 거대한 원형 탑들이 축조되었다. 이 탑들은 원래 방어용이었지만, 콘스탄티노플의 성벽처럼 부와 권력을 상징하게 되었다. 성 주변에 깊게 파인 해자는 현재는 정원으로 가꾸어져 있다.

단순히 세속인과 성직자 사이의 갈등으로 보아서는 안된다. 왜냐하면 아키텐Aquitaine 공작을 비롯한 일부 강력한 세속인들은 처음부터 주교들에 협력했기 때문이다.51) 오히려 이 운동은 자신들을 안정의 수호자라고 여기는 사람들 — 주로 주교들이지만 반드시 이들만은 아니다 — 과 이런 사람들이 보기에 그런 안정을 저해하는 신흥기사·성주 사이의 긴장을 반영하는 것이다.

옛 공적재판 제도의 유산들이 급속하게 사라지고 있던 프랑스 사회에서, '신의 평화' 운동은 남부지방에서 북부지방으로 전파되었다. 이 운동은 일련의 공의회들을 개최하여 기사들과 귀족들에게 비무장한 사람들과 성직자들에 대한 폭력과 약탈을 자제하겠다는 서약을 요청하는 식으로 진행되었다. 이런 서약은 과거에 남 프랑스에서 성직자들과 교회재산을 보호하고 교회가 제재권을 유지하기 위해 사용했던 서약에 그 기원을 두었던 것으로 보인다. '신의 평화'는 어떤 '기사도적 이상'을 가리키는 것이 아니다. 즉 전사들은 그들이 이전에 수락한 행동규범에 따를 것에 동의하고 있었던 것이 아니라, 새로운 기준을 받아들이도록 설득되고 있었다. '신의 평화'의 〔부분적〕 성공은 기사들과 귀족들이 새로운 구조의 안정과 질서 — 사라지고 있었거나 사라져버린 권력구조를 대체하는 — 를 창출하는 데 참여하였음을 보여주는 것이었다.52)

1030~1040년대가 되면서 프랑스 주교들은 지배층에게 무력한 사람들을 공격하지 말 것을 설득하는 데 상당한 성과를 거두었다고 판단하고, 그들의 노력을 확대하여 '신의 휴전'을 설파하여 기사들과 귀족

들에게 일주일 중에 특정일에는 휴전하여 서로 죽이지 않는다는 데 동의하라고 촉구했다. '신의 휴전'은 일요일을 평화의 날로 정하는 것을 시작으로, 여러 다른 날들과 1년 중 일정한 기간〔특히 강림절과 사순절〕에도 전쟁을 금했다. '신의 평화'와 '신의 휴전'은 결국 단일한 평화운동으로 통합되었다. 평화를 위한 집회가 매우 번성해서 11세기 말이 되면 프랑스에서 사실상 거의 모든 공의회들이, 심지어 교황이 주재하는〔예를 들면 제1차 십자군을 선포한 1095년의 클레르몽 공의회〕공의회들도 '신의 평화'를 선포하였다.

　그 운동의 시작은 사회에 대한 관점의 근본적 변화, 즉 전쟁을 일상 업무로 보는 관점에서 신의 뜻을 평화와 동일시하는 관점으로의 변화를 나타내는 것이었다. 그런 공의회들이 사회의 전반적 폭력수준을 줄이는 데 현저한 성공을 거둔 것은 아닐 터이지만〔평화운동이 절정에 달한 11세기 후반에 용병들이 서서히 등장하기 시작했다〕일부 귀족들에게 자신들이 무엇을 하고 있는가에 대해 생각하게 하고 심지어 가끔은 그들의 행동을 순화시켰다.53)

귀족과 기사

　성의 발전과 더불어 등장하였고 거의 처음부터 평화운동의 대상이 되었던 기사들은 11~12세기에 귀족이 되려고 노력하였다. 그들은 자기들이 모시는 주군의 행동과 복장을 모방하였고, 주군들이 전투하기에는 너무 늙은 뒤[아마도 30대]에 기거하는 저택의 건축양식조차도 모방하였다.

　동시에 기사들은 귀족을, 귀족은 기사를 지향하고 있었다. 기사와 귀족은 12세기에도 여전히 단일한 사회집단이 아니었다.54) 그러나 점차 그들은 많은 동일기능들을 채택하였다. 중세초기에는 특별히 귀족의 속성이 아니었던 기사들의 군사적 기능이 12세기에 귀족의 특권으로 점차 채택되었다. 성주들이 11세기 중엽 내지 말엽에 사용하기 시작한 인장에 성주들은 언제나 말을 타고 깃발이나 검을 든 모습으로 묘사되었다. 쉬제*는 12세기 중엽에 영광스러운 젊은 군주인 루이 6세에 대해 기술하면서 루이를 전투에서 언제나 앞장서는 "경이로운 검객이요 용감한 전사"라고 기술하고 있다.55)

　　□ * 쉬제(Suger)는 파리 인근에 있는 생드니 수도원 원장이었으며, 루이 6세와 루이 7세의
　　조언자로서 왕권강화에 힘썼고, 이 두 왕의 전기를 썼다.

　이 시기가 되면 귀족 젊은이의 성인식은 기사서임식이라고 일컬어졌다. 이처럼 기사들은 원래 귀족이 아니었지만, 12세기가 되면 귀족은 기사일 수 있었다. 따라서 '기사'라는 단어는 주군을 섬기는 전사와 성인이 된 귀족이라는 두 가지 의미를 지니는데, 법률문서에서는 라틴어인 밀레스miles를, 속어에서는 프랑스 고어古語인 슈발리에chevalier를 이런 의미로 사용했다. 심지어 서사시들과 로맨스들도 귀족 주인

공들을 기사라고 표현했지만, 12세기에 슈발리에라는 단어는 기마 전사의 속성들 이외의 어떤 다른 속성들을 함축하는 것으로 쓰이지 않았다.56) 라틴어로 씌어진 11세기 사료들은 말할 것도 없다.

그러나 13세기 프랑스에서 군사적 기능이 귀족의 정의에서 일차적이고 중요한 것으로 여겨졌고, 이런 귀족의 정의를 통해 기사와 귀족이 융합되었다. '기사'라는 단어가 이전에는 봉사하는 사람을 의미했었지만, 이제는 왕들조차도 자신들을 기사라고 칭했다.57) 처음으로 귀족주군들이 자신들의 묘비에 기사의 복장을 한 모습을 새겨넣었다.58) 귀족들이 자신들을 정의하는 것이 필요하다고 느낀 것이, 정치적 기반이 없거나 귀족태생이 아닌 많은 사람들이 적어도 경제적으로는 구 귀족에 도전할 수 있었을 때인 13세기였다는 점은 주목할 필요가 있다. 귀족과 그밖에 사람들 사이에 경제적·사회적 차이가 훨씬 컸을 때는 이런 정의가 필요하지 않았다.

예를 들면 결함이 없는 증명서를 가진 사람들에게만 참여가 허용된 화려한 마상시합에서 사용된 13세기의 귀족의 정의에 따르면, 귀족은 기사서임식을 거행해야만 하고, 가능하면 그의 조부와 증조부도 기사서임식을 거행했음을 입증할 수 있어야 했다. 13세기 말부터 중세 말기까지 귀족의 특징이었던 이러한 공식적인 기사서임식은 매우 정교하고 비용이 많이 드는 성년식으로서, 젊은이의 군사기술 습득을 축하하는 것이었으며 며칠 동안 계속해서 연회가 열렸다.

역설적으로 신인들을 참여하지 못하게 하려는 의도를 가진 기사서임식이 귀족들 자신들에게 경제적으로 너무 부담이 되는 경우가 많았다. 그 결과 귀족혈통을 가진 많은 사람들이 그들 전생애를 '스콰이어 squire'로 지냈다. 이 용어는 원래 기사를 보좌하는 비非귀족에게만 적용되었으나, 13세기가 되면 기사가 되기 위해 수련하는 소년을 지칭했고, 최종적으로는 혈통적으로는 기사가 될 자격이 있으나 여러 이유로 아직 기사서임식을 치르지 못한 사람을 지칭하게 되었다.[59]

이처럼 중세후기에 '기사'라는 용어가 부와 명예로운 행동이나 귀족혈통을 지칭하는 데 사용되었기 때문에, 학자들이 그 단어가 11세기에 처음 널리 퍼졌을 때도 이런 의미를 가졌을 것이라고 가정했던 것은 당연하다. 그러나 역사를 거꾸로 읽어서는 안되며, 어떤 시대에 존재했던 패턴이 그 이전시대에도 존재했다고 가정해서도 안된다. 원래 기사들은 그들이 섬기는 주군과는 매우 달랐다. 기사들이 언제나 동일했었다고 가정하는 것은 귀족계층에 들어가기 위해 수세대 동안 펼친 그들의 노력을 간과하는 것이 될 것이다.

*   *   *

중세 전성기의 귀족nobilitas은 귀족일반을 의미하는 구상명사具象名詞로서가 아니고 여러 속성들과 개인적인 제스처들의 집합으로서 볼 때 가장 잘 이해할 수 있다. '귀족'은 사회의 어떤 성원들에 분명하게 할당된 그 어떤 것이 아니었고, 또 변화없이 정의되는 그 어떤 것도 아니었다. 그것은 세월이 흐름에 따라 변화하고 번성하고 새로운 방향으로 나간 것이었다. 원래 귀족은 논란의 여지없이 사회의 강력한 부문을 구성했고 사회의 나머지 부문과 명백하게 구분되었기 때문에 귀족의 기준이나 심지어 정의를 필요로 하지 않았지만, 13세기가 되면 귀족들은 처음으로 귀족의 속성을 정하는 것이 필요하다고 느꼈다. 흥미롭게도 사용된 기준은 전투가 귀족의 자기 정의의 본래 속성이 아니었는데도 군사적인 것이었다.

중세초기의 귀족은 예컨대 자유라든가 국왕에 대한 봉사 등과 같은 어떤 단 하나의 속성과 엄밀하게 동일하지 않았고, 중세 이전의 로마 원로원 의원이나 게르만 전사귀족의 후손들만도 아니었다. 오히려 귀족을 구성한 사람들은 부·권력과 〔적어도 부모 가운데 한 명이 귀족태생인〕 귀족혈통이라는 혼합된 속성들을 가지고 있었다.

10세기 말, 11세기 초가 전환점이었다. 이 시기에 귀족계층이 팽창하기 시작했다. 공작과 백작이 그들 영역을 방어하기 위하여 성을 축조하고 그 성에 성주들을 임명했을 때, 혹은 야심적인 지방유력자가 자신의 성을 축조했을 때, 이런 성주들은 거의 즉시 귀족의 일원으로 여겨지게 되었다. 성의 확산과 더불어 기사가 처음으로 등장했다. 기사들은 기병으로서 전투하고 백작이나 성주를 섬겼던 사람들로, 처음에는 백작이나 성주들과 사회적으로 결코 동등하지 않았다.

그 이후 두 세기 동안 기사들과 귀족들은 서로를 향해 움직였고, 각각 서로의 특성을 취했다. 귀족혈통·부·권력을 가진 귀족들도 점차 자신을 위대하고 영광스런 전사이기를 바랐다. 동시에 귀족을 섬기는 기사들은 귀족들을 모방하고 심지어 귀족계층과 결혼하려고 했다. 명확한 귀족의 정의가 필요하다고 느꼈던 13세기가 되어서야 기사와 귀족이 분명히 동일해졌다.

다음 장에서 나는 중세 전성기 귀족과 기사를 사회적·제도적 맥락에서 살펴보겠다. 귀족의 규모와 귀족의 정의가 변함에 따라 귀족들 사이의 관계들이 규명되고 제도화되어야만 했다. 12~13세기에 한편으로는 왕이, 다른 한편으로는 점차 부유해진 도시민이 귀족의 지위를 위협하였다. 귀족은 부유하고 영광스럽고 고귀한 태생의 기병이어야 한다는 새로운 관념이 ─ 심지어 이런 관념이 완전히 정식화되기 이전에도 ─ 강조되었다.

2. 귀족과 사회

　중세 전성기의 귀족과 기사는 다른 지배층과 상호 작용한 것이 아니다. 그들은 왕·도시민·농민을 포함한 그들 주위에 있는 사회와 상호 작용하였다. 전인구 가운데 기껏해야 5%인 극소수만이 지배층이었지만 이들의 영향력은 상당했다. 귀족들은 지주, 법집행자, 강력한 전사, 왕의 대리인으로서 새로운 세금을 부과할 수 있는 권력을 가졌고, 다른 계층은 엄두도 내지 못할 정도로 소비하고 채용하고 구매하고 기증할 수 있는 재산을 가지고 있었다.

　중세 전성기 내내 사회구조의 변화가 귀족과 사회의 나머지 사람들 사이의, 그리고 귀족들 사이의 상호작용을 구체화하는 데 일조했다. 그러나 이런 사회구조들은 결코 법제화되지 않았으며, 사회의 기능에 대해 기술한 당시 사람들은 그들이 실제로 본 것만이 아니라 원하고 있던 것을 묘사했다. 따라서 오늘날의 학자들은 저변에 있는 사회구조, 그리고 성문화되어 있지 않았고 끊임없이 변하고 있던 규범 — 인간들의 상호작용을 제어하는 — 을 추론해야만 한다.

고등학교 교과서를 비롯하여 『타임』과 중세사 전공자가 아닌 사람들에 의한 학술논문들 등에 지속적으로 등장하는 중세 사회구조에 대한 끈질긴 신화를 타파하는 데 상당한 학술적 노력이 최근에 행해졌다. 그런 신화가 지속되고 있다는 점을 감안하면, 중세사회가 아닌 것이 무엇인가를 말하는 것부터 시작하는 편이 좋을 듯하다. 가장 중요한 점은 중세사회가 기도하는 사람, 싸우는 사람, 일하는 사람으로 구성되었다는 관점은 호소력이 있지만 중세사회는 '세 위계three orders'로 산뜻하게 구분되어 있지 않았다는 사실이다. 중세인들의 의무와 책임 그리고 관점은 환경과 상황에 의해 당연히 제한되었지만, 미리 정의된 어떤 '위계'의 자격에 의해 제한된 것은 아니었다.

아주 흥미롭게도 이런 호소력 있는 세 위계론은 11세기 초에 랑의 주교인 아달베롱에 의해 처음으로 완전하게 그 모습을 드러냈다. 그는 '기도하는 사람들'인 수도사들이 정치분야에서 '싸우는 사람들'과 대립하고 있다고 생각했고, 수도사들을 정치에서 배제시키려고 했다. 역설적으로 아달베롱 자신은 왕에게 조언하는 것이 전적으로 타당하다고 생각했다.[1]

아달베롱의 사회관이 일반화되는 데 시간이 걸렸다. 그의 관점은 사회구조에 대한 이전의 관점과 달랐다. 즉 11세기 이전에, 아달베롱보다 자신들 견해의 정확성을 덜 주장한 대부분의 이론가들은 사회를

자유민과 비자유민 두 집단으로 나누거나, 아니면 네 집단 즉 수도
사·사제·주군 및 일하는 사람으로 나누었다. 그리고 아달베롱의 사
회관은 그 이후의 여러 관점과도 상이했다. 아달베롱 이후 한 세기 뒤
에 한 이론가는 사회를 세 범주로 나누었다. 그는 주교·수도원장·
왕·백작을 상위위계에 놓고, 일반성직자·도시민·기사를 중간위계
에, 그리고 농민과 농노를 하위위계에 놓았다.

　국왕 루이 6세의 자문관이었던 쉬제는 아달베롱을 연상시키는 용
어를 사용했으나, 그가 언급하는 세 집단인 '기도하는 사람, 일하는 사
람, 가난한 사람'은 권력자·전사와 대비되는 개념이었다. 12세기 말
에 궁정사제 앙드레*는 상이한 집단들 사이에서 어떻게 사랑이 추구
되는가를 보여주기 위해 사회를 범주화하면서 다섯 집단, 즉 상층귀
족·귀족·중간계급·농민·성직자로 분류했다.[2]

□ * 궁정사제 앙드레(André le Chaplain)의 라틴명은 Andreas regis Franciae Capellanus
로서 이 책에서는 라틴명인 Andreas Capellanus을 사용하고 있으나 우리나라에서 일반
적으로 '궁정사제 앙드레' 혹은 '앙드레 르 샤플랭'이라는 이름으로 알려져 있다. 이 책에서
는 '궁정사제 앙드레'로 옮기도록 하겠다. 이 사람은 샹파뉴 백작부인인 마리의 궁정사제
로서 오비디우스의 작품을 모방하여 『사랑의 기술』 등의 작품을 썼다. 자세한 내용은 이
책 제4장의 '궁정사제 앙드레'를 참조할 것.

　그러나 아달베롱의 세 위계론은 매력적이었고, 13세기가 되면 많
은 이론가들이 그의 이론을 채택하였다.[3] 아달베롱의 세 위계론은 14
세기 초에 절정에 달했다. 이 시기에 국왕 필립 4세가 교황과의 투쟁
에서 다소 통일된 프랑스가 그를 지지하는 것이 필요하다고 느껴서
최초의 '삼부회'를 개최하여 프랑스 사회의 대표자들을 그들의 '신분

estates'에 따라 궁전에 소집하였다. 소집된 사람들은 성직자, 귀족, 나머지 모든 사람들이었다.

아달베롱의 관점은 처음 표명된 지 3세기 뒤에 프랑스 국왕통치의 조직적 요소가 되었다. 삼부회는 특별히 중요한 기구는 아니었지만 1789년 혁명까지 존속하였다. 그러나 세 위계론이 결코 보편적이지 않았음은 중세 영국의회에서도 알 수 있다. 프랑스 삼부회보다 두 세대 먼저 등장했고 통치에 있어서도 훨씬 중요했던 영국의회는 상원과 하원만으로 구성되었다. 상원위원들은 성직자와 귀족으로 구성되었다. 하원의원들Commons은 '나머지 모든 사람들'의 집단이라기보다는, 즉 그 명칭에도 불구하고 '평민common'이라기보다는, 오히려 아직 귀족의 지위까지는 상승하지 못한 부유한 상인과 기사들로 구성되어 있었다.

실제로 아달베롱이 구분하고자 한 위계들 사이의 경계들은 언제나 삼투성이 있었다. 예를 들면 교회의 지도자들과 세속사회의 지도자들은 동일한 사회집단 출신이었으며, 대다수의 수도사들도 유력계층 출신이었다. 이처럼 귀족은 '기도하는 사람들'과 중첩되어 있었고, 또 아달베롱이 세번째 범주로 분류한 '일하는 사람들'과도 중첩되어 있었다. 아달베롱의 시대에는 기사들이 귀족으로 여겨지지 않았으며, 심지어 한 세기 뒤에도 그러했다.

그러나 기사들은 단순한 '일하는 사람들'이 분명히 아니었다. 그리고 중세 전성기에 기사들은 혈통귀족들을 모방하고 또 이들과 결혼했다. 더구나 11세기 초에 '일하는 사람들'은 귀족이나 성직자가 아닌 모든 사람을 특별히 정확하게 묘사하고 있는 것이 아니었으며, 12~13세기가 되면 더욱 부정확한 것이 되었다. 아달베롱의 도식은 당시 번성하고 있던 도시의 상인과 직인을 배제한 것이었다. 도시에서 축재한 상인들은 가능하면 귀족처럼 살려고 했으며, 귀족가문의 여성과 결혼하는 경우도 있었다.

　분명히 사회는 어떤 단순한 모델이 제시하고 있는 것보다 훨씬 더 복잡했으며, 귀족들은 다른 모든 계층과 관계를 맺고 있었다. 이 장에서는 먼저 왕의 역할을 다루고, 이어서 귀족들 사이의 관계 혹은 귀족과 기사의 관계를 다룰 것이고, 흔히 '봉건제'라고 불리는 봉토소유 fief-holding 관계에 초점을 맞출 것이다. 마지막으로 귀족들이 도시사회 및 농민들과 상호작용하는 양상을 개괄하겠으며, 귀족과 교회의 관계는 5장에서 다루도록 하겠다.

귀족과 왕

　왕은 귀족의 일원이었고 다른 귀족에게 권력을 부여할 수 있었으나, 왕권은 그의 동료 귀족들의 동의로부터 나온 것이었다. 백작령이나 공작령과 마찬가지로 왕의 통치도 9세기에 뿌리를 두고 있었다.4)

왕권을 쓰고 권력의 상징인 홀을 들고 있는 이 왕은 샬롱-쉬르-마른에 있는 노트르담-앙-보 교회의 12세기 기둥에 조각되어 있다. 이 왕은 성경에 나오는 다윗 왕과 비슷하지만, 복장은 12세기의 것이다.

프랑스에서는 처음부터 12세기 말까지 왕이 선출되었다. 선거인들은 왕국 내의 가장 중요한 귀족들과 주교들이었으며, 적어도 이런 사람들이 참석한 회의에서 새로운 왕이 선출되었다. 그럼에도 왕의 직책은 급속하게 세습되었으며, 왕은 생전에 장남을 공식적으로 왕으로 선출되게 하려고 했다.

11세기부터 13세기에 이르는 시기에 프랑스 왕권이 점차 강화되었으며, 이리하여 귀족의 지위를 위협하였다.[5] 11세기의 프랑스 왕들은 정치적으로 매우 허약했다. 그러나 그들은 중요한 -- 거의 종교적인 -- 의례적 지위를 가졌고, 그 누구도 감히 왕에 도전하여 왕좌를 넘볼 수 없었다. 왕권 자체는 실제적인 정치적 이점이 없더라도 특별하였다. 즉 왕들만이 대관식을 거행했고, 그들은 구약성서의 사제적 상징주의에 물들어 있었다.

11세기 초 로베르 2세 때부터 프랑스인들은 왕이 '손대기'만으로도 연주창을 치료할 수 있다고 믿었다. 그렇지만 현실적으로 왕들은 프랑스의 유력한 공작들과 백작들의 전체 세력보다 분명히 약했고, 개개의 공작이나 백작의 세력보다 약한 경우도 있었다. 11세기의 왕들은 노르망디 공작이나 아키텐 공작, 그리고 앙주 백작들보다 더 적은 영토를 직접 통치하였고, 수도원과 주교구에서의 선거에서도 이들보다 영향력이 약했으며, 지방성주들에 의해 더 노골적으로 무시당하였다.[6]

그러나 12~13세기에 프랑스 카페왕조의 왕들은 귀족들과 경쟁하며 꾸준히 왕권을 강화했다.7) 왕이 공작과 백작에게 귀족지위를 부여한 것이 아니었기 때문에 그들의 지위를 회수할 수는 없었지만, 13세기 왕들은 자신에 봉사하는 사람들을 귀족으로 만들 수 있었고, 그럼으로써 구 귀족의 경쟁자들을 창출할 수 있었다.8) 중세 전성기에 백작령과 공작령이 분명히 세습되었고 왕이 9세기처럼 백작들을 재임명할 수 없었지만, 12세기에 왕은 백작과 공작들이 왕의 가신들임을 설득할 수 있었으며, 그럼으로써 그들에게 신서*를 강요할 수 있었다.

    * 신서(臣誓:hommage)란 가신이 주군 앞에 무릎을 꿇고 그의 손을 주군의 손 안에 넣음으로써 그가 주군의 사람(homme)임을 표현하는 의식이다. 우리나라에서는 '신종선서'·'신종서약'이라고 옮기기도 한다.

성주들이 한때 백작들만이 가졌던 사법권을 행사하기 시작한 지 얼마 안되어 왕과 왕실법정은 점점더 많은 사법업무를 담당하기 시작했다. 더구나 왕들은 백작과 공작의 군사적 봉사에 의존하지 않는 가공할 군사기구의 기반을 구축하기 시작했다. 다소 역설적으로 구 귀족들이 점차 군사적 기능에 의해 자신들을 정의하기 시작했던 시기에, 국왕은 하층민 출신의 용병을 이용하여 전쟁을 수행하고 있었다.

이처럼 11세기는 여러 면에서 프랑스 성주들이 백작과 공작으로부터 점차 독립하여 진정한 지방세력으로 자리잡기 시작한 시기였다. 그러나 11세기는 왕권이 강화되기 시작한 시기이기도 하며, 12~13세기가 되면 왕권은 전국에 영향을 미치게 되었고, 귀족의 지위와 권력은 위협받았다.

프랑스의 공작들과 백작들이 점차 국왕의 영향권 하에 들어오게 되었지만, 잉글랜드의 귀족과 독일의 제후들은 훨씬 더 독립을 유지하였다. 1215년 잉글랜드에서 귀족들은 존왕으로 하여금 「대헌장마그나 카르타」에 서명하게 하였다. 이 「대헌장」은 국왕도 법을 준수해야한다는 원칙을 규정하고 있으며, 그래서 후대의 역사가들은 이 문서를 '영국 자유의 기반'이라고 보았다. 일부 역사가들은 이 원칙의 기원을 앵글로-색슨족의 잉글랜드에서, 심지어는 앵글로-색슨족이 영불해협을 건너 브리튼 섬으로 이동하기 이전의 독일 산림에서 찾기도 했다.

그러나 그런 원칙에 직접 영향을 끼친 것은 교회법의 발전이었던 것으로 보인다. 교회법은 피고인에 대한 정당한 절차와, 지배자는 그가 설사 교황일지라도 법을 준수해야 한다는 원칙을 규정하고 있기 때문이다. 캔터베리 대주교인 스티븐 랑톤Stephen Langton은 「대헌장」의 작성에 협력하였고, 「대헌장」에 언급된 대영주들 가운데 첫번째 인물이다. 그러나 그 이후 17세기 초에 제임스 1세가 왕권신수설을 처음 주장할 때까지 영국왕권을 끊임없이 견제한 것은 주로 세속귀족들이었다.

독일에서는 제후들이 자신들의 권력을 강화할 수 있는 기회를 더 많이 가졌다. 왜냐하면 12~13세기 독일 왕은 신성로마제국의 황제이기도 했고, 따라서 제국의 또 다른 주요부분인 이탈리아의 왕으로서도 활동해야 한다고 느꼈기 때문이다. 왕이 이탈리아에 가 있어 독일에 부재중인 경우가 잦았고 황제와 교회가 빈번하게 충돌했기 때문에,

독일의 제후들은 독립적인 행동을 할 여지를 가질 수 있었다.

　그러나 제후들의 이러한 지속적 권력강화는 왕권을 강화하려는 노력이 없었기 때문만은 아니다. 왜냐하면 독일 왕들은 주어진 여건 내에서 국왕의 사법권과 통치권을 확대하는 데 최선을 다했기 때문이다. 오히려 영국의 귀족들 못지않게 독일의 제후들도 왕권과 균형을 유지할 목적으로 독립적 권력을 확립했다. 그들은 정치적 책략과 사법개혁, 성장하고 있던 경제의 이용 등을 통해 그들의 세습적인 권력중심지로부터 통치영역을 확대해 나감으로써 자신들의 존재를 과시했다. 독일 왕들 ─ 독일 제후들과 독일 왕 모두가 중요하다고 여겼던 황제의 의무에 전념하고 있던 ─ 은 프랑스 왕들이나 영국 왕들이 그들 귀족에게 장려한 것보다 더 독일귀족들에게 그들 지역의 사법권을 강화하도록 장려했다.[9]

　그렇다면 프랑스에서 중앙집권화된 강력한 국왕통치의 확립은 불가피한 것으로 볼 수 없다. 그리고 13세기에 루이 9세가 신민들의 사랑을 받았고 14세기에 그의 손자 필립 4세가 심지어 교황과의 투쟁에서도 국민의 지지를 얻을 수 있었던 프랑스에서조차도 귀족들은 정치적으로 중요한 존재들이었다. 중세 전성기와 중세 후기의 그 어떤 프랑스 왕도 대영주들의 적어도 일정한 동의없이는 통치할 수 없었고, 왕들이 강력하고 관료적인 국가를 발전시켰지만 이는 적어도 부분적으로 귀족들이 왕으로 하여금 그렇게 하도록 방치했기 때문이다.

봉토보유와 봉건제

귀족과 기사의 관계, 그리고 귀족과 왕의 관계에 있어서 가장 중요한 발전들 가운데 하나는 11~12세기에 봉토보유fief-holding가 증가했다는 사실이다. 이런 핵심제도를 이해하기 위해서는 '봉건제'라는 용어에 덧붙여져 있는 불필요한 내용들을 말끔히 제거해야 한다. 왜냐하면 검증되지 않았고 낡아빠진 가정들을 담고 있는 이 용어가 중세를 제대로 이해할 수 없게 하는 경우가 종종 있기 때문이다.

'봉건제feudalism'라는 용어는 중세 라틴어인 페우둠feudum에서 유래했기 때문에 언뜻 보기에 유용한 것처럼 보인다. 봉토fief라고 일반적으로 번역되는 페우둠은 봉신封臣이라고 불리는 사람이 봉사의 대가로 그의 생애 동안 보유하는 일정한 토지를 의미한다. 봉토는 지대地代가 아니라 충성을 조건으로 부여되는 것으로서, 봉토보유는 사회에서 소수였던 지배층만을 대상으로 한다. 봉토보유제도는 지배층이 서로 간에 맺은 동맹을 강화하기 위해 재산을 부여하는 것이 처음으로 일반화된 시기인 11세기에 발전한 것이다. 12세기에는 봉토에 수반된 서약과 복종의 양식이 점차 표준화되었다.

'봉건제'라는 용어가 의미하는 것이 중세 전성기의 봉토보유라면, 이즘-ism이라는 어미가 불행히도 매우 협소한 현상이었던 것을 암시하는 것으로 보이게 하기는 하지만 그 용어는 기꺼이 받아들일 수 있는 것이다.[10] 그러나 지난 3세기 동안 그 용어에 여러 다른 의미들이 포함되었다. 학자들과 대중매체 모두 그 용어를 매우 다양한 의미로, 서로 아주 상이하고 심지어 상반되는 의미로 사용했기 때문에, '봉건제'로 묘사될 수 있는 다양한 제도들에 대한 생산적 논의를 하는 것이 거의 불가능한 형편이다. 이미 1974년에 엘리자베스 브라운Elizabeth Brown은 '봉건제'라는 용어가 사실상 의미를 상실했다고 결론내리고, 따라서 그 용어는 학술적 논의에서 배제되어야 한다고 제안했다. 유감스럽게도 이런 타당한 제안이 아직도 완전히 받아들여지지 않고 있다.[11]

문제점들 가운데 하나는 '봉건제'가 중세용어가 아니라는 것이다. 그 용어는 17세기에 역사가들에 의해 지배층이 충성서약과 조건부 토지양도를 통해 서로 유대를 맺는 제도 — 필자가 '봉토보유'라고 즐겨 부르는 것 — 를 지칭하기 위해 만들어졌다. 그러나 그 용어가 등장한 직후부터 그 용어에 온갖 다른 의미들이 덧붙여지기 시작했다. 프랑스 혁명기에 그 용어는 '구식의' 혹은 '낡은'과 동의어로 여겨졌다. 그래서 1789년 여름에 프랑스혁명으로 구체제가 붕괴되고 귀족의 면세권이나 독점사냥터 혹은 관직매매와 같은 특권적 요소들이 폐지될 때, 국민의회 의원들은 '봉건제'를 폐지하고 있다고 선언했다. 그런 특권들 가운데 그 어떤 것도 봉건제라는 용어를 처음 만든 사람들이 묘사한 봉토와 연관이 없었다. 1789년 8월에 폐지된 특권들 중 그 어떤 것도 심지어 중세적인 것이 아니었다. 즉 그러한 특권들 모두는 중세 이후에 발전한 것이었다. 그러나 사회의 일부사람들이 갖는 특권과 봉건제를 이처럼 동일시하는 관점이 존속하였다. 대중매체가 20세기의 개발도상국들을 '봉건적'이라고 부르는 것은 바로 이런 의미로 쓰인 것이다.

그러나 '봉건제'라는 용어의 가장 큰 난제들은 19세기에 마르크스가 그 단어를 채용한 것에서 비롯된다. 지배층을 서로 연결하는 [중세 전성기부터 시작된 제도인] 사회적 제도의 한 형태라는 17세기의 원래 의미와 [사실상 중세 이후에 발전한] 법적 특권이라는 18세기 의미에, 마르크스는 세번째 의미, 즉 [로마제국 말기에 시작된] 농민들을 경제적으로 착취하는 것이라는 의미를 첨가했다.

경제력에 관한 그의 관점은 서구의 역사에서 고대 노예들에 대한 착취가 중세에 농노에 대한 착취로 대치되었다는 특정관점과 연관되어 있었다. 마르크스는 농노의 종속이 노예제보다 다소 개선된 것으로 여겼음에도 불구하고, '봉건제'는 '노예제'에 상응하는 것으로 보았다. 마르크스는 '봉건제'가 고대 말기부터 프랑스혁명까지 계속되었으며, 프랑스혁명 때 봉건제는 '자본제' 하에서의 도시 프롤레타리아에 대한 착취로 대치되었다고 보았다.

마르크스는 결코 중세사가가 아니었다. 자신들을 마르크스주의자라고 생각하는 중세사 연구자들이 빈자와 피압박자에 대한 마르크스의 관점을 채택해 왔지만, 6세기부터 18세기까지 12세기 동안 동일한 형태로 농노들이 착취당했다는 마르크스의 관점은 받아들여지지 않았다.12) 그럼에도 불구하고 마르크스가 그 용어를 사용함으로써 중세를 실제로 특징지었던 복잡하고 역동적인 사회유형을 묘사하는 데 '봉건제'라는 용어가 유용하게 채택될 수 있을 가능성이 사라져 버렸다.

혹자는 봉건제라는 용어가 이러한 매우 낡은 사회적·법적·경제적 의미로 사용한 뒤에 [1천 년 이상 별도로 발전한 제도들에 그 단어를 적용하는 것은 말할 것도 없고], 더 이상 유용하지 않기 때문에 폐기되었을 것이라고 생각할지 모른다. 그러나 20세기에도, 심지어 그 용어에 더욱 중첩된 의미들을 덧붙이면서 그 용어를 유지하려는 시도들이 거듭되었다.

'봉건제'라는 용어는 정치적 의미로 사용되어, 권력이 분산되어 많은 사람들이 독자적으로 권력을 행사하고 그래서 부유한 사람이 사실상의 정치지도자였던 체제를 묘사하는 데 사용되기도 한다. 그 빈도는 낮지만 더욱 그럴듯하게 '봉건적feudal'이라는 말은 종종 '귀족적'이라는 말과 동의어로 사용되기도 한다. 그래서 모든 성들은 '봉건적' 성이 되고, 십자군은 '봉건적' 전쟁이고, 귀족후원자들이 묻힌 수도원들은 '봉건적' 교회가 된다. 극단적인 경우 봉토보유와 지주-농민 관계 모두를 포함하는 사회를 묘사하기 위해서 '중세의'라는 단어 이외의 다른 하나의 단어가 필요하다는 전제 하에서, '봉건적'이라는 단어를 '중세의'라는 단어와 동의어로 사용되기도 한다. 그래서 우리는 '봉건

시대' 혹은 '봉건사회'라고 언급하고 있는 저서들을 볼 수 있다.13)

봉건제라는 용어가 특정형태의 정치조직, 경제적 착취의 한 모델, 사회제도, 법적 특권, 심지어 매우 애매하게 '과거의 방식들'을 의미할 수 있다면, 그 용어를 계속 사용하는 것은 그 의미를 애매하게 만들 뿐이다. 많은 중세사가들, 특히 미국의 중세사가들은 그 용어를 완전히 폐기했으며 그 용어를 프랑스 혁명이나 마르크스주의 사상을 연구하는 [적어도 이런 학자들은 자신들이 쓰는 그 용어의 의미를 알고 있기 때문에] 학자들에게 넘겨주고 이들에게 구체제의 특징은 중세사회의 특징이 아니라는 점을 상기시키려고 애쓰고 있다. 프랑스 학자들은 문제점을 인지하면서도 그 용어에 집착해 왔다. 그들은 보통 봉토보유라는 좁은 의미로는 '페오달리테féodalité'라는 용어를 사용하고, '그밖에 다른 모든 것'을 의미할 때는 '페오달리즘féodalisme'이라는 용어를 사용하기도 한다.14) 그러나 '그밖에 다른 모든 것'은 여전히 문제의 소지가 있으며, 심지어 영어에는 이 두 용어에 해당하는 단어조차 없다.

이런 다양한 어법의 유일한 공통점은 '봉건제'가 항상 경멸의 의미로 사용되었다는 것이다. 어떤 사람들이 특권을 가지는 것, 지주가 농민을 착취하는 것, 권력이 분산되어 있는 것 등은 모두 '나쁜 것'이다. 중세사회를 봉건시대라고 묘사하는 것의 이면에 숨겨진 의미는 중세는 근대만큼 좋지 못하다는 선험적인 도덕적 판단이다. 그 용어가 과거에 대한 진정한 이해와 분석에 장애가 된다고 믿기 때문에 필자는 이 책에서 '봉건제'라는 용어를 사용하지 않는다. 그러나 '봉건적인'이라는 형용사의 사용은 불가피한 것 같다. 필자는 이 용어를 특별히 봉토와 관련된 의미로 사용하도록 하겠다.

봉건제라는 용어사용의 혼란이 정리되었기 때문에, 봉토보유라는 중세의 사회적 양식을 검토하는 것이 이제 가능하다. 중세 전성기에 봉토보유는 귀족사회의 한 요소였으며, 다시 강조하지만 그것은 매우 협소한 현상이었다. 심지어 모든 엘리트들이 봉토보유에 관여되었던 것도 아니었다. 12~13세기에 봉토가 점차 일반화되었지만, 프랑스 귀족들은 그 누구로부터도 봉토로 받지 않은 토지를 여전히 소유하고 있었다. 그러한 '자유보유지allod'는 당시 종종 쓰인 표현을 빌리면 귀족들이 오직 하느님으로부터 받은 토지로 구성되어 있었다. 어떤 정치지도자에게 봉사할 것을 서약하는 관례는 봉토보다 훨씬 오래 전부터 있었으며, 봉토와 관련해서든 아니든 중세 전성기에도 계속되었다.

원래 봉토보유는 매우 특별한 것이었다. 봉토가 처음 출현했을 때 그것은 보통 이웃들, 즉 두 명의 성주들 혹은 한 명의 성주와 한 명의 기사 등이 관련되었고, 분쟁을 해결하거나 동맹을 공식화하기 위해 이용되었다.15) 처음에는 봉토보유에 왕들이 관련되지 않았다. 오히려 그것은 귀족들 사이의 일련의 관계였고, 이런 관계에서 주군은 그의 봉신보다 사회적 혹은 정치적으로 우위에 있었다. 그러나 어떤 다른 봉토가 관련될 때는 동일한 주군과 봉신이 위치를 바꾸어, 주군이 봉신이 되고 봉신이 주군이 되기도 했다.

　프랑스에서 봉신의 신서臣誓와 봉토가 11세기 초에 다소 갑작스럽게 기록에 등장하기 시작했다. 이 때는 중요한 사회변화의 시기로서, 프랑스 도처에서 백작들이 신흥성주들의 등장으로 위협받았고, 기사들이 대량으로 등장했고, 카롤링 시대의 것을 모델로 한 법정들이 사라지고 신의 평화가 시작되어 만연한 폭력을 제한하였고, 농민들에 대한 성주들의 새로운 지배형태인 공권영주제가 전파되기 시작하던 때였다.

　두 세대 전에 마르크 블로크Marc Bloch는 이러한 변화들을 인식하고, 그 변화들이 '제2차 봉건시대'의 시작을 알리는 것이라고 주장했다.16) 블로크가 '제1차 봉건시대'라고 부른 11세기 이전이 어떤 의미에서도 '봉건적'이 아니었음은 이제 확실하지만, 지난 50여 년 동안 학자들은 11세기 초가 프랑스의 사회와 정치의 역사에서 진정한 전환점이었다는 점에 동의해 왔다.17)

　10세기 말과 11세기 초에 세속인들은 기록을 별로 남기지 않았다. 따라서 세속인들 사이의 봉토보유 관계는 기록되지 않았을 것이며, 따라서 그런 관계의 정확한 기원은 여전히 알려지지 않고 있다. 봉건적 의무에 대해 알려진 가장 초기의 묘사들은 1020년경에 주교인 필베르 드 샤르트르*에 의해 기술되었다.18) 그 주교는 아키텐 공작을 위해 주군과 봉신의 의무를 서술해 줄 것을 부탁받았다. 그 주교의 서한에서 논의된 충성서약fidelity은 왕들이 수세기 동안 그의 신민들에게 요구한 충성loyalty 이상의 것이었다. 아키텐 공작이 부탁해야만 했고

그 주교가 이런 부탁에 따라 그 해답을 조사해야만 했다는 사실은 봉
토 보유가 11세기 초 프랑스 사회에서 일반적으로 인정되고 있던 체
제가 아니었음을 의미한다.

　□ * 퓔베르 드 샤르트르(Fulbert de Chartres: 970?~1027?)는 샤르트르의 신학교수로 아
　키텐 공작 기욤에 보내는 서한에서 주군과 봉신의 의무를 정의하였다.

　퓔베르는 그의 답변에서 충성서약은 두 유력자들 사이에 맺어진
동맹이라고 가정하였다. 주군은 봉토를 그의 봉신에게 부여하였다.
봉신은 그 봉토에 대한 지대를 납부하지 않지만, 주군이 봉토를 주는
것을 수락하듯이 일정한 의무와 책임을 수락했다. 퓔베르는 이런 의
무들의 부정적 측면을 강조했다. 즉 봉신은 그의 주군에 해를 끼치지
않을 것이며, 주군의 이익에 반해 행동하지 않겠다고 서약했다. 게다
가 봉신은 물질적인 것과 조언으로 주군을 도와야 하고, 주군은 봉신
을 충실히 돌봐야 한다고 퓔베르는 기술했다. 주군을 돕고 해를 가하
지 않는다고 서약함으로써 봉신은 주군의 이익에 대한 적어도 잠재적
인 위험인물에서, 경우에 따라서는 매우 현실적인 위험인물에서, 그
의 협력자로 바뀌었다.

　한때 역사가들은 로마의 피보호제clientage나 게르만족의 종사단從
士團에서는 아닐지라도, 샤를마뉴의 궁전에서 일종의 '원原봉건제proto-
feudalism'를 발견하려고 했다. 카롤링왕조의 통치제도를 묘사할 때 이
런 용어를 사용하는 것의 위험은 봉토의 등장에만 관심을 가지고 또
이것에만 중요성을 부여한다는 점이다.19) 봉토보유가 9세기에 시작

되었다는 관점은 적어도 부분적으로는 샤를마뉴와 그의 봉신들을 다룬 12세기의 서사시들에서 비롯된 것이다. 이들 서사시들에서 봉토보유를 비롯한 12세기의 제도들이 3세기 이전의 시기에 그대로 전이되었다.

주종제는 11세기에 사실상 새로운 것이기는 했지만, 주종제의 일부 요소들은 이전시대의 사회-정치적 구조들과 유사하며, 또 이것들에 뿌리를 두고 있다. 12세기 말 프랑스와 영국의 왕들이 그들의 강력한 봉신들의 충성을 강요했듯이, 9~10세기 카롤링조 왕들은 그들의 강력한 백들의 충성을 요구했다.[20] 심지어 중세 전성기의 봉토보유를 묘사하기 위해 사용된 일부용어들은 9세기에 사용된 — 다른 의미로 사용되기는 했지만 — 용어들과 같은 것이었다. 예를 들면 중세 전성기에 봉토는 경우에 따라 베네피키움beneficium이라고 불렸는데, 이 단어는 9세기에 왕이 대귀족에게 백작 등의 관직을 일시적으로 부여한 것을 묘사하는 데 사용되었던 것이다. 차이점은 베네피키움이 일시적인 것으로 여겨졌고 가끔은 왕이 몇 년 뒤 회수했는데 반해, 봉토는 상속을 상당히 전제로 해서 일생 동안 부여한 것이었다.

이와 유사하게 9세기의 왕들은 측근 수행원들과 종자들에게 바수스vassus라는 용어를 사용했는데, 이 단어는 11세기에 가신을 지칭하는 용어인 바살루스vassalus와 매우 유사하다. 물론 9세기의 바수스는 단순히 소년일 수 있고 또 후대의 봉신이 수행해야 하는 의무들은 전혀 없었다.[21]

지난 수십 년 동안 일련의 치밀한 지방사 연구들이 발표되기 이전 에는, 이전시대의 용어들이 그 이후의 시대에도 그대로 전해지되 상 이한 뜻으로 사용되는 이러한 현상으로 인해 학자들이 혼란에 빠졌다. 많은 지방사 전문가들이 '봉건제'가 그들 연구지역에 '뒤늦게' 전파되 었다고 결론 내린 뒤에야 학자들은 봉토보유가 그 어떤 지역에서도 11세기 이전에는 존재하지 않았고 9세기 봉토보유라는 구 모델은 수 정되어야 한다는 사실을 깨달았다.[22] 흥미롭게도 남 프랑스에 관한 연구들이 특히 영향력이 있었는데, 이전세대의 역사가들은 지중해 연 안이 북부지방보다 덜 '봉건화'되었다고 가정했기 때문이다.[23]

남 프랑스에서 봉토보유가 처음 확대된 것은 1020~1060년 사이 이며, 새로 등장한 강력한 성주들 사이의 전쟁이, 그리고 성주들과 백 작들 사이의 전쟁이 만성적이었던 시기에 등장했던 것 같다. 11세기 말이 되면 봉토보유는 상당히 광범하게 수용되었고 널리 퍼졌던 것 같다. 심지어 11세기 전반기에 남부, 특히 남서부 프랑스를 특징짓는 격렬한 내전이 발생하지 않은 지역에서조차 봉토보유는 거의 같은 시 기에 발전했다.

그 발전의 절정기에도 봉토보유는 오늘날 고등학교 교과서에서 흔히 볼 수 있는 산뜻한 피라미드 모양을 하고 있지 않았다. 그런데 이런 지나치게 단순화된 관점은 중세에 뿌리를 둔 것이다. 그러나 그 것은 왕이 원하는 목표를 묘사한 것이지 당시 사회의 실제구조를 나 타내는 것은 아니다. 12세기 말이 되면 왕들은 자신들이 피라미드 구조 — 모든 지배층이 왕에 직접 종속되어 있거나 왕의 가신에 종속되어 있는 — 의 정점에 놓여 있는 것을 좋아했을 것이다.[24] 그러나 왕들의 그런 목표는 실제로는 달성될 수 없는 것이었다.

중세 전성기의 서유럽 왕들 가운데 영국 왕들이 봉건적 피라미드에 가장 근접하였다. 영국 왕들은 1066년 노르만 정복으로 새로운 정치체제에서 출발할 수 있었다는 장점을 가지고 있기는 했다. 윌리엄 정복왕은 자기를 따라 노르망디에서 건너온 사람들이 잉글랜드의 토지를 자기가 부여한 봉토로 보유할 것을 고집했다. 이는 혁신적인 조치로서, 기존의 프랑스 '봉건체제'를 단순히 도입한 것이 아니었다.

프랑스의 다른 지역과 마찬가지로 당시 노르망디에서도 봉토보유는 발전하지 않았고 체계적이지도 않았다.[25] 그리고 귀족들이 왕으로부터 봉토를 보유하고 있던 중세 전성기 잉글랜드에서조차도 명쾌한 피라미드의 하부는 존재하지 않았다. 11세기에 기사들과 소지주들은 귀족이 부여한 봉토라는 정규적인 제도에 의해 조직되어 있지 않았으며, 12세기에 이런 토지의 보유자들 가운데 다수는 왕의 대봉신들을 통해서가 아니라 왕에 직접 종속되었다.[26] 더구나 왕 자신도 그의 영토와 관련해서 항상 피라미드의 정점에 있지 않았다. 즉 왕은 잉글랜드의 왕인 동시에 노르망디의 공작이었고, 12세기 중엽 이후에는 아키텐의 공작이자 앙주Anjou와 투렌Touraine의 백작으로서, 이런 영토들에 대해서는 프랑스 왕의 봉신이었다.[27]

프랑스와 독일의 왕들은 대귀족들을 설득하여 그들을 왕의 봉신으로 인정하게 하는 데 영국 왕보다 더 어려움을 겪었다. 12세기 왕들이 귀족들에 대해 이전보다 더 많은 권력을 행사할 수 있게 된 것은 주군과 봉신의 오랜 관계 위에서 이룩된 것이 아니었다. 오히려 귀족들이 왕의 봉신이 되는 것에 점차 동의했다. 왕을 다른 주군들보다 상위에 놓는 봉토의 위계개념은 프랑스의 경우 12세기 전반기에야 발전한 것 같으며, 12세기 말이 되어서야 왕은 자신의 봉토목록을 체계적으로 작성한 것 같다.[28]

프랑스의 일부 유력한 공작들과 백작들이 왕보다 더 즉각적인 성공을 거두었다. 그들은 12세기 후반부터 그들 지역의 성주들에게 위협과 압력을 가해서, 이들 성주들이 그들의 봉신들임을 인정하게 하였다.[29] 예를 들면 부르고뉴 공작은 1197년에 샬롱 백작을 설득해서 그가 자기로부터 '봉토'로서 옥손Auxonne의 성을 보유하며 그 백작이 샹파뉴 백작에게 신서를 할 경우 그 성을 상실한다는 점을 인정하도록 했다.[30] 12~13세기에 왕실의 정치이론가들이 묘사한 피라미드 사회는 현실에 바탕을 둔 것이 아니라 대체로 그들의 소망에 바탕을 둔 것이었다.

봉토보유는 지배층들 사이의 매우 개인적인 관계였다. 봉신은 라틴어 homo(사람이라는 의미) ― 왜냐하면 봉신은 주군의 '사람'이 될 것을 서약했기 때문이다 ― 에서 유래한 '신서hommage'로 알려진 의식에서 봉토를 받았다. 여성도 드물기는 했지만 신서를 했는데, 여성들이 하는 신서는 '여성신서feminage'라고 불렸다. 12세기가 되면 이런 신서의 형식이 매우 잘 확립되었다. 봉신은 무릎을 꿇고 충성서약을 했는데, 이는 주군에 대한 복종을 상징하는 것이었다. 봉신은 그의 검劍 등 어떤 상징적인 물건을 주군에게 바치거나, 아니면 주먹을 쥔 손을 주군에게 내밀었다. 그러면 주군은 자기 손으로 봉신의 손을 감쌌고 그를 끌어당겨 키스를 했는데, 이것은 그들이 궁극적으로 평등함을 상징하는 것이었다.31) 이리하여 신서의 형식은 사회적 동등자인 동시에 정치적 비 동등자인 두 사람 사이의 정교한 균형을 확립했고, 그들 가운데 한 사람은 봉토보유 계약에서 토지를 부여하고 다른 한 사람은 그 토지를 받았다.

이런 균형의 정교함은 어떤 기사나 귀족이 다른 사람으로 하여금 자신을 그의 봉신으로 받아들이도록 요구할 수 있다는 사실에서 매우 명확하게 볼 수 있다. 예컨대 두 사람이 어떤 성의 지배를 둘러싸고 분쟁이 발생하면 그들 가운데 한 사람이, 심지어 싸움에서 진 사람이 다른 사람에게 그의 봉신이 되겠다고 요청할 수 있었다. 겸손하게 이런 요청을 하면 거절하기 힘들었다. 이렇게 하여 이 사람은 봉토로 그 성을 받았으며, 다른 사람을 주군으로 인정하고 그가 최근에 싸운 사람을 부조하겠다고 약속한 대가로 그 성을 논란의 여지없이 보유했다. 12세기의 서사시인『라울 드 캉브레』에서 패배 직전에 있던 한 백작이 이 전략을 구사하여 라울에게 "당신이 원하는 어떤 조건으로든 당신의 봉신이 되겠다"고 말하였다. 이 경우 라울은 너무 화가 나 있었기 때문에 이런 제안을 고려하지 않지만, 그러나 그것은 분명히 시도해 볼 가

치가 있는 전략이었다.32)

필베르의 11세기 공식에서는 다소 애매했던 조력과 조언의 서약은 그 이후에 점차 정밀해졌다. 12세기가 되면 봉신은 1년에 40일 동안 주군을 위해 싸우고, 주군이 포로가 될 경우 주군의 몸값지불에 도움을 주어야만 하고, 주군의 장녀 결혼식과 장남의 기사서임식 비용을 분담해야 했다.33) 군사적 봉사는 봉신의 의무 중에서 가장 덜 이용된 것이었다. 즉 대다수의 주군들은 봉신들이 아니라, 함께 기거하는 기사들이나 용병들을 이용하여 전쟁을 하였다.34)

이 시기가 되면 왕들은 대다수의 대귀족들을 설득하여 이들이 왕의 봉신들임을 인정하게 했지만, 왕들은 그들이 행하는 1년에 40일의 군사적 봉사가 그리 유용하지 않다는 점을 깨달았다. 곧 왕들은 봉신들을 설득하기 시작하여 군사적 봉사 대신에 '군역대납금scutage'을 지불하게 하고, 이 돈을 이용하여 날짜에 국한됨에 없이 전투할 수 있는 직업용병을 고용하였다.35)

이런 군역대납금의 사용이 점증하고 있었음에도 불구하고 신서는 여전히 매우 개인적인 관계였다. 봉토와 신서를 주제로 하고 있는 서사시인 『라울 드 캉브레』에서, 정직한 베르니에Bernier는 라울이 "유다보다 더 사악하기는 했지만" 결국 라울은 그가 충성을 서약한 주군이기 때문에 처음에는 라울을 진심으로 모셨다. 라울이 베르니에의 어머니를 죽이고 또 베르니에를 피 흘릴 때까지 때리자, 그 때야 베르니에는 라울에 대들고 라울에 대한 자신의 충성을 부정하였다.36)

　　12세기에 봉신의 신서는 매우 일반적이었기 때문에 신서는 남녀 사이의, 그리고 신과 인간 사이의 긴밀한 감정적 유대의 상징이 되었다. 봉신이 그의 주군 앞에 무릎 꿇듯이, 어떤 이상적인 연인은 연정을 품은 여성 앞에 무릎을 꿇었다. 13세기의 『성배의 탐색』에서, 신은 퍼시벌이 '진정한 기사'인지, 그의 '주인'인 신에게 진심으로 충성하는지 확인하려고 그를 시험해 본다.[37] 이 시기에 두 손을 꼭 잡아 들어 올리고 무릎을 꿇고 기도하는 것이 표준적인 관례가 되었다. 이처럼 오늘날 기도하는 자세는 신서의식에서의 봉신의 자세에서 직접 유래한 것이었다. 그 이전에는 사람들이 서서, 혹은 팔을 앞으로 뻗고 누워서 기도했다. 이제 사람들은 봉신이 그의 주군에게 하듯이 자신들을 신에게 '바쳤다'.

　　바로 봉토 때문에 주군과 봉신 사이의 협정이 구체적인 것이 되었다. 봉토는 한 귀족의 다른 귀족에 대한 충성의 필수적 구성요소는 아니었다.[38] 그러나 프랑스의 대부분 지역에서 봉토는 12세기에 신서협정에서 중요한 역할을 하였다. 주군은 봉토를 봉신에게 주어 그의 일생 동안 보유하게 했다. 가끔 봉토는 주군이 그의 새로운 봉신에게 주는 장갑이나 이와 비슷한 물건에 의해 상징되었다. 주군은 이런 봉토의 궁극적인 소유권을 가졌지만, 봉신이 서약을 준수하는 한 봉토를 회수하거나 봉토에서 나온 수입을 거두어 갈 수 없었다. 어떤 경우 봉신은 그의 봉토의 일부를 자기 자신의 봉신에게 봉토로 수여했다. 이러한 '봉신의 봉신'을 일반적으로 배신陪臣:vavassour — 이 프랑스어

용어는 기사 이야기에서 소귀족을 지칭하는 데도 사용된다 — 이라고
한다.

어떤 기사나 귀족은 동시에 여러 주군들의 봉신이 될 수 있어서,
주군들 각각으로부터 봉토를 받고 그들에게 충성서약을 하였다. 문제
는 그가 섬기는 주군들이 서로 전쟁을 벌일 경우 누구에게 충성해야
하느냐는 것이다. 이런 문제를 해결하기 위해 '최우선 신서liege homage'
라는 개념이 생겨났다. 어떤 봉신의 주군들 사이에 분쟁이 발생할 경
우. 최우선 신서를 받은 주군이 우선권을 가졌다. 봉신은 자기에게 특
히 중요한 봉토를 준 주군에게 최우선 신서를 했을 것이다. 실제로는
주군들이 탐나는 봉토를 가지고 봉신들에게 최우선 신서를 할 것을
요청했고, 봉신들은 그런 봉토를 조건으로 여러 주군들에게 최우선
신서를 했다. 그래서 최우선 신서들도 통상의 신서들 경우에 발생했
던 것과 똑같은 문제점을 곧 야기했다.

엄밀하게 말하면 봉토는 상속되는 것이 아니었다. 신서는 개인적
관계였기 때문에 매 세대마다 갱신되어야 했다. 즉 주군이나 봉신이
죽었을 때, 사망자의 상속자가 주군 혹은 봉신의 의무를 담당한다는
강력한 전제가 있었음에도 불구하고, 새로 신서를 해야만 했다. 봉토
상속의 애매함이 『라울 드 캉브레』의 시발점을 이룬다. 이 서사시에서
황제는 캉브레Cambrai 백작령을 사망한 백작의 어린 아들이 아닌 다른
사람에게 부여했다. 젊은 라울은 이 소설 속의 황제에게 "아버지의 봉
토가 당연히 아들에게 상속되는 것은 모든 사람들이 다 아는 사실입니

다"라고 말한다. 그러나 그 황제는 "모든 사람들이 다 아는 사실"을 무시하고, 라울에게 다른 봉토를 주어 무마하려는 음모를 꾸민다! 12세기 귀족들은 왕들이 이런 짓을 할 수도 있지만, 그러나 대체로 그런 짓을 꺼린다는 점을 알고 있었다. 「루이의 대관식」은 왕의 의무를 이상적으로 묘사하면서, 훌륭한 왕은 "고아가 된 귀족아이의 봉토를 빼앗지 않는다"고 지적하고 있다.39)

　　12세기 말이 되면 〔문학작품에 등장하는 왕들이 아니라 실제의 왕들인〕 프랑스와 영국의 왕은 봉신의 상속자가 여성이거나 미성년자일 경우 봉토를 일시적으로 회수하고, 자신들이 그 봉토를 "돌보고 있다"는 명분을 내세우면서 실제로는 그 봉토를 다시 부여하는 것을 더 이상 지체할 수 없을 때까지 그 봉토에서 가능하면 많은 수입을 거두어들였다. 그러나 이런 경우에도 전제가 되는 것은 봉신의 자손이 성년이 되어 봉신의무를 수행할 수 있게 되거나 상속녀가 그런 의무를 담당할 남편을 얻으면, 즉시 그 가족의 구성원들에게 그 봉토를 다시 부여해야 한다는 것이다.

　　봉토보유는 실제로는 중세 전성기의 2~3세기 동안만 제대로 시행되었다. 중세 말이 되면 봉토보유가 쇠퇴하여 귀족들 사이의 관계에서 부차적 요소가 되었다. 14~15세기에 국왕에 충성하고 봉사하는 국왕기사단의 발전은, 봉토보유의 대가로 귀족들이 행하는 봉사가 대귀족들을 통제하려던 왕에게 더 이상 충분하지 않았음을 보여주는 것이다.40)

귀족 · 장원제 · 농촌경제

지배층이 보유한 봉토의 적어도 일부분은 경작지였다. 이런 경작지에서 농민소작인과 고용노동자, 심지어 영주의 식구들이 시장 판매나 자가소비를 위해 농사를 지었다. 로망스나 모험담에 등장하는 기사들은 농사와 거의 관계없는 것으로 묘사되지만, 실제로는 귀족의 가장 중요한 기능들 가운데 하나가 농촌경제에서 지주로서의 기능이었다. 오늘날 프랑스 학계에서는 이런 영주제를 그냥 단순히 영주제 seigneurie 혹은 토지영주제seigneurie foncière라고 부른다.

그러나 흥미롭게도 귀족들과 이들에 종속된 비非귀족의 관계는 귀족연구자들에 의해 가장 등한시된 주제일 것이다.41) 중세 전성기의 경제를 연구하는 역사가들은 농민들에서 출발하는 것을 선호했고, 농민들에게 토지를 빌려주는 귀족들에서 출발하지 않았다.42) 그러나 일상생활에서 귀족들은 전사 · 법집행자 · 기사로서의 직무보다 지주로서의 직무에 더 많은 시간을 할애했다.

귀족들은 자신에게서 토지를 빌리고 자신들을 위해 일하는 농민들과 1년 내내 정기적으로 접촉하였다. 기사문학은 농민들에 대한 동정이나 존경을 나타내기보다는 그들을 천한 존재로 묘사하고, 또 농민들을 아둔하고 상스런 존재로 특징짓고 있다.43) 그렇지만 귀족들은 농민들이 필요했다. 귀족들의 대부분 식량은 그들의 토지에서 생산된 것이었고, 그들이 의류·양념·최신무구를 구입하는 돈은 지대地代에서 나온 것이었다. 귀족들도 이런 사실을 잘 알고 있었다. 중세 전성기의 농업과 상업의 급속한 팽창은, 많은 토지를 소유하고 있었고 여러 물레방아들과 시장 그리고 통행세를 징수하는 다리 등을 관할하는 귀족들에게 직접적으로 이익을 안겨주었다. 원래 귀족들은 모험보다 농업주기週期에 더 신경을 썼을 것이다. 그러나 귀족과 농민의 관계는 단순하지 않았다.

오늘날 농민을 지칭하는 peasant라는 영어는 프랑스어 paysan에서 유래했는데, 이 단어는 단순히 농촌주민을 의미한다. 더 전문적으로 말하자면, 그 단어는 경작자, 특히 귀족을 위해 경제적으로 노동을 제공하는 경작자를 의미한다. 당시 농민들은 오늘날 정형화된, 괭이를 들고 학대받으면서 농사짓는 사람들보다 훨씬 다양한 집단이었다. 우선 모든 중세농민들이 귀족지주들과 관련을 맺고 있었던 것은 결코 아니었다. 즉 자유보유지를 소유한 농민들이 많았으며, 이들은 자신의 토지를 직접 경작했다. 더구나 성이나 장원청이 건립되어 있지 않은 촌락들도 많다. 이런 촌락의 농민들도 자신의 토지에 대한 지대와 부과금을 납부해야만 했지만, 성주들은 그들의 생활에서 일상적인 존재가 아니었다.

결국 중세의 농민들은 귀족들에 대해 상당한 양면감정을 품고 있었음에 틀림없다. 한편으로 귀족들은 찬미되고 모방의 대상이고 보호를 위해 의존해야 하는 존재였다. 다른 한편으로 귀족들은 지극히 위험한 존재였다. 오늘날 미국에서 법을 집행하는 공무원들 대다수가 부유층 출신이 아니라 노동계급 출신이지만, 일반인들은 대체로 부유층보다 빈곤층을 더 두려워한다. 중세에 일반인들은 귀족들이 자신들의 유일한 보호자이지만 반면에 자신들에 해를 입히거나 재산을 약탈하기 때문에 귀족들을 두려워했다. 대부분의 경우 영주들은 분별력없이 자신들의 차지농借地農들에게 해를 가하지 않았을 것이다. 결국 귀족들의 생활은 농민들의 에너지와 성공에 달려 있었던 것이다. 그러나 이런 고려를 했다고 해도, 어떤 영주가 다른 영주의 휘하에 있는 농민들의 경작지를 유유히 말 타고 지나는 일이 발생했을 것이다. 또 영주가 자기 농민에게 해를 가한다 해도 농민은 압도적인 권력을 가진 그 영주에 대해 근본적으로 무기력했다.

귀족들처럼 농민들도 세월이 흐름에 따라 끊임없이 변했고 달라졌다. 귀족지주와 농민들의 경제적 관계는 중세 초로 거슬러 올라가며, 그리고 대규모 농업노예를 이용하여 경작했던 로마체제의 최종적 붕괴로 거슬러 올라간다. 쇠사슬에 묶여 엄격한 감시를 받으며 일하는 노예들은 경제적으로 비효율적이었다. 이러한 노예제는 일하다 죽은 노예들을 보충할 새로운 노예들의 꾸준한 공급에 달려 있었다. 일단 로마의 정복전쟁이 막을 내리자 노예의 주요공급원이 끊겼으며, 5~7세기 대영주들은 노예노동에 의존하여 경작할 수 없었다.

기독교가 노예제 자체를 반대한 것은 아닐지라도 기독교의 전파도

노예제의 종식에 일정한 역할을 했다. 교회는 세계에서 가장 거대한 노예 사회인 로마제국에서 발전했고, 모든 인간의 평등과 우애는 내세에서만 가능하다고 전망했다. 그렇지만 교회는 노예해방의 미덕을 설교했으며, 자유민 기독교도는 노예가 되어서는 안된다고 주장했다.

중세 초에 토지를 소유한 사람들과 토지를 경작하는 사람들 사이에서 새로운 경제체제가 발전했다. 이 체제는 오늘날 일반적으로 '장원제manorialism'로 알려져 있다. 이런 형태의 경제조직을 '봉건제'라고 불러서는 안된다. '장원제'라는 용어는 그 자체의 문제점들을 가지고 있는데, 특히 중세에 기원을 두고 있지 않다는 점이 문제가 된다. 그러나 적어도 중세사가들은 자신들이 그 용어를 사용할 때 무엇을 의미하는가에 대해서는 기본적으로 동의하고 있다.

가장 기본적인 면을 살펴보면, 6세기부터 13세기 동안에 장원제 하에서 영주의 토지는 두 부분으로 분할되었다. '영주직영지demesne'라고 불리는 부분은 영주가족을 위한 식량을 생산했다. 나머지 다른 부분은 라틴어로 만수스*라 불리는 작은 단위들로 분할되었고, 이런 만수스들이 농민들에게 임대되었다. 이론적으로 각각의 만수스가 농민 한 가족을 부양할 수 있는 토지를 구성했다.44)

　□ * 만수스(mansus)는 프랑스어 manse의 발음대로 '망스'라고 옮기거나 그 의미를 살려 '농민보유지'라는 옮기기도 한다. 만수스는 이론적으로 농민의 경작지와 가옥 및 부속건물 따위를 모두 포함하여 농민 한 가족을 부양할 수 있는 경작단위다. 장원의 성격·토질에 따라 1만수스의 절대면적에는 차이가 많았다.

사람들은 노예주인을 위해 일하는 것보다 자신과 가족을 위해 더

기사를 묘사한 이 조각은 아미앵 대성당의 입구 정면에 새겨져 있는 것으로
13세기 초의 작품이다. 이 조각은 용기라는 덕목을 나타내고 있으며, 방패에
새겨져 있는 사자는 이를 강조하는 것이다. 앉아 있는 이 기사는 위협적인
존재라기보다는 악에 대항하고 약자를 옹호하는 모습을 보여주고 있다.

열심히 일하는 법이기 때문에, 농지를 보유한 중세 초 농민들은 자기들이 생산한 것을 가지고 생활하여 자신들을 재생산했다. 그럼으로써 노예주인들의 영원한 숙제였던, 노예를 먹이고 새로운 노예를 구하는 문제가 해결되었다.

영주는 자기 가족의 식량을 생산하는 영주직영지를 직접 경작하지 않았다. 장원제 초기에 노동의 일부는 영주가 거느린 솔거노예들에 의해 행해졌을 것이다. 그러나 대부분 영주들은 만수스를 경작하는 농민들이 지불하는 노동지대로 영주직영지를 경작했다. 즉 농민들은 농민보유지의 대가로 귀족영주들을 위해 일했는데, 일주일에 통상 1~2일 정도였다. 이러한 부역은 차지농 자신에 의해서 혹은 그의 아들이나 대리인에 의해서 행해졌다. 이리하여 귀족은 그의 직영지를 경작하여 식량을 생산하는 사람들을 거느리게 되었고, 이런 사람들을 부양하거나 이들에게 돈을 지불할 필요가 없었다.

여러 면에서 장원제 하의 차지농과 영주의 관계는 오늘날 아파트에 세든 사람에게 친숙한 임대인-임차인 관계와 유사했다. 물론 한가지 중요한 차이점은 세를 받는 방식에 있다. 오늘날 대다수 주인은 돈을 원한다. 중세 초의 영주는 노동을 원했다. 그러나 통상 이런 노동지대 이외에, 예컨대 1년에 몇 페니의 현금지대와 몇 부셸의 밀이나 닭 두 마리 등의 현물지대가 추가되었다.[45]

그러나 또 한가지 매우 중요한 점은 장원제에서의 지대는 오늘날 우리가 당연히 여기는 것과 달랐다는 사실이다. 그러한 지대는 영원한 것으로서, 세습되었고 변하지 않았다. 즉 어떤 사람이 그가 받은 만수스의 대가로 1년에 2마리의 닭, 1부셸의 밀, 1주일에 2일 부역을 했다면, 그는 언제나 그만큼 지불했으며 그의 후손도 똑같이 지불했을 것이다. 물론 실제로는 정확하게 이렇게 실시될 수 없었다. 왜냐하면 농민들이 후손이 없이 죽은 경우가 있었고, 이주해 버리기도 했고, 추가적인 토지를 얻기도 했고, 농민과 영주 모두 그들의 지대를 상대방이 생각하는 것보다 더 높거나 낮은 것으로 의도적으로 기억하려고 했기 때문이다.

이런 협정의 전부 혹은 대부분이 문서화되지 않았기 때문에, 설사 양측이 진정으로 정직하려고 했다고 해도 불완전한 기억 때문에 틀림없이 문제가 발생했다. 그러나 영주와 농민 모두 전통에 따랐다. 전통에 따르면, 지대를 올리면 안되며 어떤 농민의 조상이 여러 세대 동안 경작하던 농토를 그 농민에게서 빼앗아서도 안되었다.

중세농민들이 '토지에 결박'되었고, 마치 이것이 큰 불이익이었던 것처럼 서술되어 있는 구절을 종종 읽게 된다. 농민들은 타의에 의해 토지에서 쫓겨나지 않았고, 따라서 그들이 토지에 결박되었다기보다는 토지가 이처럼 그들에 묶여 있었다고도 말할 수 있다. 어떤 영주가 일부 토지를 팔거나 교회에 기증했다고 하더라도, 또 영주가 토지를 어떤 가신에게 봉토로 부여했다고 하더라도, 농민들은 그 토지와 함께 갔다. 물론 이 경우에 농민들은 이제 지대를 새 영주에게 납부했다. 이처럼 중세 초 농민들은 오늘날 차지농들이 받아들일 수 없는 강요에 종속되어 있었지만, 상당한 정도의 안전도 향유했다. 그들의 영주가 갑자기 그리고 그들의 의지와 관계없이 바뀌었을 터이지만, 그들과 자손들은 조상대대로 경작했던 그 땅에 계속 머무를 수 있다는 보상도 받았다.

장원제는 결코 보편적인 것이 아니었다. 프랑스 일부지방, 특히 남부지방에서는 장원제가 상대적으로 드물었다. 많은 농민들이 자신들의 토지를 소유했고, 많은 대영주들이 노동지대를 이용해서가 아니라 고용인을 포함한 자기 식솔들로만 토지를 경작하였다.46) 장원제가 우세하였던 지방에서조차 자신의 토지를 소유한 농민들이 항상 있었다. 더구나 자기 토지를 가지고 있으면서 어떤 영주의 만수스를 임대하는 경우나, 한 농민이 여러 영주들로부터 토지를 임대하는 경우도 있었다.

한 가족이 여러 만수스들을 보유하게 되는 경우가 있었고, 반대로 여러 가족이 한 만수스를 분할하여 보유하는 경우도 있었을 것이다. 일부 영주들은 영주직영지를 전혀 소유하지 않고 거의 전적으로 현물지대나 화폐지대로 생활했다. 그러나 귀족들이 많은 경작지를 소유하고 이 경작지의 일부를 차지농에게 임대하고 나머지 경작지는 농민들의 노동지대를 이용하여 식량을 생산하는 기본적인 장원제는 6세기부터 13세기까지 농촌 경제조직의 주요체제였다.

이러한 장원제는 생활에 필요한 식량과 사치품을 구입할 수 있는 지대를 받았던 영주들에게 분명히 유리하였다. 그러나 장원제의 조직적 측면들은 농민들을 포함하여 경제 전체에도 유리했다는 주장이 제시되어 왔다.[47] 영주들은 단순히 탐욕스런 무리들이 아니었다. 그들 역시 항상 의도적이지는 아니었을지라도 경제발전을 촉진했다. 그들은 투자할 자본이 있었기에 10~11세기에 사용되기 시작한 철제쟁기 등과 같은 기술혁신을 채택할 수 있었다. 영주직영지에서 일하면서 이런 혁신에 접한 농민들 역시 그러한 혁신적인 농기구를 구입할 필요가 있는지 결정할 수 있었고, 혹은 영주들의 것을 임대할 수 있었다. 영주는 직영지에서 그의 가족이 필요로 하는 것 이상으로 생산하고 그의 모든 농민들에게서 생산물 지대를 징수함으로써 11세기부터 성장하기 시작한 도시에 판매할 잉여생산물을 생산할 수 있었고, 그리하여 도시경제를 발전시키는 데 필요한 요소를 제공하였다.

중세 전성기에 장원제의 가장 큰 변화는 노동지대의 중요성이 12~13세기에 급속하게 감소했다는 것이다.[48] 이 시기에 영주들은 노동지대를 화폐지대로 점차 대체했다. 그래서 농민들은 더 이상 영주직영지에서 일하지 않고 그 대신 더 많은 화폐지대를 지불했다. 이런 화폐지대는 그 본래 기능의 기억을 간직하고 있었을 것이며, 따라서 예를 들면 '3월 갈퀴질' 지불이라고 불렸다. 영주는 이러한 화폐지대를 받고 노동자를 고용하여 직영지를 경작했다.

처음에는 영주와 농민 모두 이런 새로운 조치를 유리한 것으로 여겼다. 농민들은 그들의 모든 노동력을 자신들의 경작지에 집중시키는 것을 선호했고, 영주는 일하는 동안만 임금을 받는 고용노동자들이,

영주직영지에서 마지못해 일하는 농민들보다 더 믿을 만하다고 사실을 깨달았다. 고용노동에 대한 수요는 경작할 땅은 없지만 돈을 벌기 위해 일할 의지가 있는 젊은 농민들에게 기회를 마련해 주기도 했다. 당시 유럽의 농민인구가 급속하게 증가하여 일부 추산에 의하면 2배로 증가하고 있었으며, 영주들은 직영지를 경작하기 위해 노동지대의 지불을 고집할 필요가 더 이상 없었다.

그러나 이전 5세기 동안의 지대와 마찬가지로 화폐지대도 고정되어 있어서 인플레이션에 비례해서 올라가지 않았다. 이런 상황은 농민에게 유리했다. 12~13세기에 물가가 꾸준히 상승함에 따라 농민들이 지불하는 지대는 실질적으로는 떨어졌다. 그러나 이런 상황은 영주들에게는 불리했다. 영주들이 받는 지대가 실질적으로는 떨어졌으며, 특히 고용노동자들이 더 많은 임금을 요구했기 때문에 더욱 그러했다.

13세기 중엽이 되면 많은 영주들이 노동지대의 금납화金納化를 중지했으며, 심지어 일부 영주들은 화폐지대를 노동지대로 다시 바꾸려고 시도했지만 특기할만한 성공은 거두지 못했다. 그러나 이런 점에서, 농민들에게 임대된 토지와 영주직영지에서 일하는 농민들 사이에 밀접한 관계를 가진 장원제는 해체되고 있었다. 중세 말에도 귀족들은 여전히 중요한 지주들이었다.

그러나 그들은 그들 조상들이 한때 방대한 직영지를 가지고 있었던 곳에 조그만 '가정농장home farm'만을 가지고 있었다. 이 시기가 되면 귀족들은 농업주기에서 멀어지게 되었다. 즉 귀족들은 고용노동이나 노동지대에 신경 쓰지 않고 그 대신 지대로 사는 것에 만족했다. 그럼에도 중세의 상당시기 동안 그들 주위의 경직지에서 수확된 생산물은 그들의 주요 관심사였다. 그것들 일부는 그들 자신의 식량으로 소비되고 나머지는 판매되어 필요한 물건을 구입하는 데 사용되었다.

농노제

중세 전반기의 영주-농민 관계의 또 다른 요소는 농노제였다. 농노는 법적으로 비자유민이고 일반적으로 농민이었다. 모든 농민들이 농노는 아니었지만 중세 전반기에 농민들 가운데 상당수는 농노였다. 하나의 법적 조건인 농노제가 장원제라는 경제조직 안에 분명히 포함되어 있기는 했지만, 농노제가 기본적 혹은 규정적 요소는 결코 아니었다. 즉 노동지대와 그밖에 다른 지대를 지불하는 사람이 농노이든 자유농이든, 장원제의 경제적 기능은 기본적으로 동일했다. 이미 앞에서 지적했듯이 11세기 이전에 가장 중요한 구분들 가운데 하나는 자유민과 비자유민 사이의 구분이었다. 어떤 사람은 분명히 예속되지 않은 (오늘날 집을 빌린 사람들이 인신적 예속 신분이 아니듯이) 차지농이 될 수 있었다. 그러나 농민들의 입장에서 볼 때 그들이 예속민이

냐 자유민이냐는 분명히 중요한 문제였다.49)

'농노serf'라는 단어는 라틴어 세르부스servus에서 나온 것인데, 세르부스는 로마인들이 노예를 지칭하는 데 사용한 단어이기도 하다. 그러나 강조되어야 할 점은 중세 농노제는 고대 노예제와 상당히 달랐다는 사실이다. 노예는 그의 주인의 '자의적인' 의지에 종속되어 있었으며, 주인의 모든 명령에 따라야만 했다. 노예는 가축처럼 거래되었다. 로마제국 시대에 사람들은 마치 오늘날 버릇 나쁜 개를 때려죽여도 벌을 받지 않듯이 노예를 때려죽여도 벌을 받지 않았다. 반면에 농노는 완전한 인간으로서, 중세 서유럽에서 기독교 공동체의 일원으로 인정받았다. 농노는 팔리거나 자의적으로 죽임을 당하지 않았다. 농노의 의무들은 매우 무겁고 굴욕적인 것이었지만, 농노는 자의적으로 다루어지지 않았으며 영주가 농노의 의무들을 멋대로 증가시킬 수 없었다.

프랑스에서 농업노예제는 6세기에 대부분 사라지고 장원제로 대치되었다. 새로운 노예들이 유입되지 않았기 때문에 노예들이 해방되거나 도망가면 대체할 노예들이 없었다. 노예제는 가사家事부문에서 가장 오래 존속했다. 8세기까지도 가사노예들에 대한 언급이 가끔 등장하며, 앞에서 지적했듯이 그들은 영주직영지에서 일했을 것이다. 그러나 압도적으로 일반적이었던 형태의 예속은 농노제였지 노예제가 아니었다.50)

농노제의 본질은 어떤 사람의, '신체주인'에 대한 개인적·종속적 관계였다. 이런 종속은 태생적인 것이었다. 어떤 사람이 다른 사람에게 세습적으로 종속되는 것은 농노의 의지가 자유롭지 못했음을 의미했다. 명심해야 할 점은 농노의 신체주인, 즉 태어나면서부터 농노가 종속되었던 주인은 농노가 토지를 빌린 영주일 수도 있고 아닐 수도 있다는 사실이다. 중세 초기의 일부 농노들은 노예의 후손이었다. 또다른 농노들은 로마제국 말기에 원래 자유민이었으나 어떤 상황에 의해 그리고 영주에 의해 예속신분이 된 사람들의 후손이었다.51)

　이론적으로는 노예제와 농노제를 구분할 수 있지만, 실제로는 양자가 언제나 혼합되어 있었다. 13세기부터 농노제의 속성을 명확하게 규정하려는 시도가 있었다. 그러나 이런 시도는 농노제가 등장한 뒤 수세기가 지난 뒤, 즉 농노제가 널리 퍼진 뒤에 행해진 것이다. 중세 초의 사료들을 분석해 보면 당시 사람들은 농노들을 알아볼 수 있었고 어떤 일반적 속성들이 대부분의 농노들에 적용되었지만, 중세 초 귀족의 경우처럼 농노에 대한 명확한 정의는 없었다는 점을 알 수 있다.

　예속적 지위는 종종 사법적 의무를 동반하기는 했지만, 어떤 사람이 그의 신체의 주인에게 농노이기 때문에 지불하는 특별한 지대나 부과금은 없었다. 농노 신체의 주인이 그의 영주이기도 했다면, 그 농노는 동일면적의 만수스에 대해서 자유민보다 더 많은 지대를 납부해야 했지만 항상 그러했던 것은 아니었다. 예속민의 지위는 다양했는데, 이런 다양성은 부분적으로 어떤 사람이 어떻게 농노가 되었던가에 달려 있었다. 즉 예속민이 노예의 후손인가, 아니면 원래 자유민이었으나 생계를 위해 필요한 토지의 대가로 어떤 영주에게 탁신하여 그의 농노가 된 사람의 자손인가에 달려 있었다. 성직자들은 농노는 자유의지를 가질 수 없기 때문에 성직자가 될 수 없다는 점에 동의했지만, 농노들은 유럽의 여러 지역마다 다르게 다루어졌다. 농노의 주인들은 대체로 귀족들이었다. 그러나 자유농도 농노들을 소유하여 그들에게 일을 시켰으며, 심지어 농노가 농노를 소유했던 예들도 있다.52)

많은 지역들에서 농노는 인두세를 지불했다. 이런 인두세는 농노가 매년 영주에게 1~2페니를 지불하는 것으로서, 경제적 의미는 미미했지만 상징적 의미는 매우 컸다. 많은 지역들에서 그러했듯이 농노가 그의 목에 로프를 감고 무릎으로 걸어와서 그런 인두세를 지불하는 경우는 특히 그러했다. 신체의 주인들은 대체로 그들 농노의 상속을 규정했고, 그의 농노가 자유농이나 다른 농노와 결혼하려면 주인의 허락을 받아야 했고 일반적으로 돈을 지불했다.53) 영주들은 농노제의 속성인 세습적 종속이 다른 영주들에 귀속되거나 완전히 사라질 것을 우려했다. 한편 농노주인이 농노신부에 대해 '초야권初夜權: first- night rights을 가지고 있었다는 일반적인 믿음은 근거가 없는 것으로, 19세기 빅토리아 시대 사람들의 의해 대중화된 신화에 불과하다.54)

장원제에 속하지 않은 농민들이 있었듯이, 중세 전반기에 농노가 아닌 농민들도 있었다. 최근의 연구들에 의하면, 카롤링 시대에 왕실이나 백작의 궁전에서 전투를 담당했던 사람들 가운데 다수가 기존의 학설과는 달리 귀족들이 아니라 주로 농업에 종사하던 사람들이었다. 자유농들은 카탈로니아 — 이곳에서 10세기에 개척자들이 최근에 이슬람의 지배에 들어간 지역에 정착했다 — 등과 같은 국경 지역에서 특히 일반적이었다.55)

□ 카탈로니아(Catalonia)는 스페인 동남부 지역이다.

이처럼 명확하지도 않았고 결코 보편적이지도 않았던 농노제가 중세 전성기에 이르러 프랑스에서 근본적으로 사라졌다. 5세기 동안 중세사회의 한 부분이었던 농노제가 11세기 말부터 12세기 초에 북 프랑스에서 급속하게 소멸하였다. 세르부스servus와 안킬라ancilla[이 단어는 '하녀'라는 의미인데, 세르부스의 여성형으로 흔히 사용되었다] 등의 용어들이 12세기 초 프랑스의 사료들에서 자취를 감추었다. 그 이후 농민은 단순히 '남자homo'나 '여자femina'라고 불렸다.56) 인두세와 결혼세도 사라졌다.

11세기 말에 농노제가 사라진 것은 놀라운 일로 보일 수도 있다. 왜냐하면 일부지역들의 예들은 지방영주들이 권력을 강화함에 따라 11세기 초에 농노제가 더 일반화되고 있었음을 시사하고 있기 때문이다.57) 농노제 종말의 주요원인은 이 시기에 도시경제가 시작된 것과 특히 농노 자신들의 의지였다. 농노들은 이제 불명예스러운 예속신분을 더 이상 감수하려고 하지 않았고, 예속신분에서 벗어날 방법을 찾았다. 일부 농노들은 새로이 팽창하고 있던 도시로 도망쳤으며, 또 다른 일부 농노들은 아무도 기억하지 않기를 바라면서 조용히 자유민 행세를 하였다. 플랑드르 지방 중에 급속하게 도시화하던 지역에서 1120년대에 상당히 부유해진 어떤 농노가족은 자유민 행세를 할 수 있었다. 그 가족의 구성원들이 자신들의 예속신분이 발각되는 것이 두려워서 플랑드르 백작*을 살해했다고 전해지고 있다.[58] 눈에는 덜 띄지만 더 흔했던 것은 농노들이 돈을 지불하여 예속신분에서 벗어나는 것이었다. 1년에 몇 페니의 인두세를 받는 것에서 경제적 이익을 별로 얻지 못하고 있던 영주는 일반적으로 한 번에 목돈을 받고 그의 농노를 기꺼이 해방시켜 주었다.

□ * 이 플랑드르 백작은 샤를 선량 백작(Charles le Bon)을 지칭한다. 1127년 부뤼주의 생토나티엥 성당에서 암살당했다.

그러나 간과해서는 안될 점은 농노제가 북 프랑스에서는 사라졌지만 잉글랜드, 남 프랑스 국경지역, 독일에서는 정도의 차이는 있지만 존속했다는 사실이다. 12세기에 왕실법정이 모든 자유민에게 개방되어 있던 잉글랜드에서, 소송에서 이기는 가장 좋은 방법은 상대방이 실제로는 농노이고 따라서 소송당사자가 될 수 없다는 점을 입증하는 것이었다. 카탈로니아에서는 9~10세기에 그 곳에 정착한 이래로 자유민이었던 농민들이 13세기 초에 처음으로 농노신분으로 전락했다. 즉 농민들이 돈을 지불하여 자신을 되살 수 있지 않는 한, 많은 농민들은 '보호한다'는 명분으로 최근에 부활된, 노예들의 구속을 규정하고 있는 로마법을 시행하려는 영주들에 대항해서 그들의 자유를 지킬 수 없었다.

독일에서는 '농노기사serf-knight'인 미니스테리알레스ministeriales 사이에서 농노제가 가장 현저하게 존속했다. 그들은 13~14세기 내내 프랑스의 기사들이 처음에 가졌던 종속적 신분을 유지했고, 사실상 이전의 프랑스 기사들보다 더 종속적이었다. 이러한 미니스테리알레스들은 강력하고 부유해져 그들 지역에서 사실상의 귀족들이 된 경우에도 "신체에 있어서는" 계속해서 그들 주인들에 예속되었으며, 주인의 허락이 있어야만 결혼할 수 있었다.59)

공권영주제Banal Lordship

11세기 프랑스에서는 농노제가 그 이전시기보다 더 쉽게 종식될 수 있는 여건이 마련되어 있었다. 자유농과 예속농의 구분이 이미 애매해졌기 때문이다. 위에서 언급했듯이 이 시기 사람들은 세속사회가 예속민과 자유민이 아니라 싸우는 사람과 일하는 사람으로 구분되어 있다고 생각하기 시작했고, 모든 농민들의 이러한 동일집단화로 농노들이 자유농을 모방하려고 시도할 수 있었다. 농노와 자유농의 구분이 애매해지고 있었다는 가장 분명한 표지들 가운데 하나는 공권영주제banal lordship*의 등장이었다.

□ * 방(ban, 라틴어로는 bannum)이란 원래 전투에서 수장의 명령권을 의미했던 것으로, 게르만왕국 초기에는 이것이 제약권·징벌권을 포괄하면서 왕권의 기본속성이 되었으며, 샤를마뉴 치세에서는 왕권 혹은 공권 일체를 포괄하는 개념이 되었다. 이러한 방은 카롤링 시대에는 왕을 대리하는 공작·백작 등에 위임되었는데, 왕권이 약화되면서 1000년을 전후한 시기부터 성주 등 일정영역의 지배자가 이런 방을 장악하였다. 방을 바탕으로 하는 영주제라는 의미의 seigneurie banale(영어로는 banal lordship)이라는 용어는 조루주 뒤비(Georges Duby)가 처음 사용하였고, 지금은 영어권이나 우리나라에서도 두루 사용되고 있다. 이 용어는 '공권영주제', '방 영주제' 등으로 번역되고 있는데, 여기서는 '공권영주제'라는 역어를 택하였으며, 방은 '공권'으로 옮겼다.

공권영주제는 11세기에 성주들이 행사한 새로운 형태의 권위였다. 그것은 백작들의 권력이 약해지고 성들이 도처에 축조되고 봉토보유가 일반화되고 있던 시기에 발전하였다. 공권영주제는 범죄자들을 재판하고 적에 대항하여 방어를 주도하는 것, 경제적 독점 등 백작들이 10세기 말까지 행사했던 사법적·정치적 권력들을 포함한다. 따라서 공권영주는 자신의 법정에서 그 지역 농민들을 재판하고, 그들에게 '관습부과조'* — 본질적으로는 보호세에 불과했다 — 를 부과하고, 다리에서 통행세를 부과하거나 자신의 물레방아에서만 곡물을 빻게 하였다.[60]

□ * 관습부과조(customary dues)는 그 기원이나 정당성에 관계없이 오랜 관행을 통하여 관습으로 굳어진 부과조를 지칭한다.

그 이전에는 영주가 된다는 것이 그의 차지농들에게 지대와 부과조를 징수하는 경제적 권리를 갖는 것을 의미했지 어떤 명령권을 갖는 것을 의미하지는 않았다. 중세 초에는 백작들과 재판관들만이 이러한 정치적·사법적 권력을 가졌다. 1000년을 전후한 수십 년 동안 백작 권한의 분해와 더불어, 제1장에서 지적했듯이 새로운 유력성주들 역

시농성. 12세기부터 15세기까지 끊임없이 재건축되고 새로운 건물들이 추가로 건축되었다. 이
성은 도시와 루아르 강 지류인 비엔강을 내려다보고 있다. 정사각형 버팀벽을 갖춘 바깥
성벽은 이 성에서 가장 오래된 부분이다. 프랑스의 앙리 2세와 영국의 리처드는 이 성에서
임종을 맞았고, 약 250년 뒤에 잔 다르크가 황태자를 만난 곳도 바로 이 성이다.

시 그들의 지역에서 공권bannum의 권리, 즉 명령권을 행사하기 시작했다. 카롤링 시대의 대장원들이 축소되거나 농노제가 사라짐에 따라 영주들이 불리하게 되었을 때, 진취적인 영주들은 이전에 수입을 거둔 지역보다 훨씬 더 넓은 지역의 공권영주가 됨으로써 손실을 만회할 수 있었다.61)

공권영주들이 농민들이나 수도원들에 요구했고 때로는 타이유taille라고도 불리는 '관습부과조〔라틴어로는 consuetudines〕'는 영주들의 상당한 부수입이 될 수 있었다. '관습부과조'는 공권영주가 그 수취자격을 갖는 부과조나 세금이라는 기술적 의미를 가지고 있음에도 불구하고, 그 용어는 매우 일반적으로 '나쁜 관습malae consuetudines'으로 나타났다. 이 '나쁜 관습'이라는 용어는 10세기 말에 신의 평화운동이 전개되었을 때 이 운동이 반대하는 것을 특징짓는 데도 사용된 것이다. 지대 이외의 부과조, 특히 자의적인 부과조를 강요하는 권리가 남용되었다. 모든 귀족이 공권영주가 된 것은 아니지만, 성을 소유한 사람들 거의 대다수는 공권영주가 되었으며, 이들은 거느리고 있는 기사들에 힘입어 자신들의 요구를 강요했다.62)

공권영주들 및 이들이 주민들에게 요구한 관습부과조와 관련해서 특히 눈에 띠는 것은, 이런 관습부과조들이 그들 자신의 차지농들과 종속민들에게만 부과된 것이 아니라 이전에는 그 누구에게 그 어떤 종류의 부과조도 결코 지불하지 않았던 자유민인 자유지 보유농을 포함하여 일정지역에 거주하는 모든 사람들에게 부과되었다는 사실이다.63) 이런 종류의 지역적 권위는 새로운 것이었다. 그 이전에 그런 권위와 비교할 수 있는 유일한 것은 궁극적으로 왕에게서 나왔다. 그리고 성주들의 권리들 가운데 어떤 것들, 예컨대 사법권은 공적인 것으로 여겨졌지만, 물레방아를 독점하는 것을 동일범주에 놓기는 어려울 것이다. 하여튼 공적인 것과 사적인 것의 오늘날 구분은 11세기 지배층에게는 별 의미가 없었을 것이다.

농민들에 있어서 이런 공권영주제 대두의 가장 중요한 결과는 한편으로는 토지를 빌리지 않은 영주에게도 부과금을 지불해야만 했다는 것이고, 다른 한편으로는 공권영주제 이전에는 농민들 중에 자유민과 비자유민이 있었는데 이제는 모든 농민들의 신분이 동일해졌다는 것이다. 예속에서 벗어나는 것을 더 쉽게 한 것이 역설적으로 바로 이런 사태전개였다.

귀족들의 입장에서 볼 때, 공권영주제의 최대장점은 새로운 수입과 권위를 가질 수 있었다는 것이었다. 그리고 흥미롭게도 공권영주제로 인하여 지배층은 그런 권리들을 가진 사람들과 그렇지 못한 사람들로 새롭게 구분되었다. 인플레이션과 사치품의 소비증가 때문에 고정된 지대로 생활하는 많은 귀족들이 경제적 어려움을 겪고 있던 12세기에, 공권영주들은 통행세와 독점시설물의 강제사용료를 인상함으로써 그들의 수입을 늘릴 수 있었다. 이런 강제징수금에는 전통적인 제한이 전혀 없었기 때문이었다.64)

귀족과 경제적 팽창

공권영주제는 급속하게 성장한 11~12세기의 농업경제로부터 지배층이 이익을 얻어내는 유일한 방법은 결코 아니었다. 또 다른 추세가 지역농민들에게 더 과중한 강제징수금을 부과하려는 공권영주의 유혹을 상쇄시켰다. 일부 영주들은 미경작지에 농민들을 이주시켜 개간하는 것을 장려하기 위하여 낮은 지대와 자유특허장을 제시하기 시작했다. 방대한 황무지를 개간하는 것은 농민들에게는 기회를 제공했고, 과거에 그런 황무지에서 어떤 것도 얻지 못했던 영주에게는 수입을 가져다주었다.

12세기는 산림이 대규모로 개간되고 습지가 간척되었던 시대다. 이것이 기존의 정주지들 사이에 있는 지역들이 식민되었기 때문에 오늘날 '내적 식민internal colonization'이라고 알려진 과정이다. 플랑드르의 습지가 개간되고 배수구와 제방이 축조된 것이 바로 이 시기였다.65) 산림개간이 상당히 진행되었기 때문에, 수도원장인 쉬제Suger가 생드니St. Denis에 프랑스 최초의 고딕양식 교회로 일반적으로 여겨지고 있는 새로운 교회를 지을 때인 1140년경에 그가 들보용으로 사용할 키 큰 나무들을 발견한 것이 기적이라고 여겨질 정도였다.66)

영주들은 '외적 식민external colonization', 즉 농민들이 방대한 미정착지로 이주하는 것도 장려했다. 독일 제후들은 농민들이 제국에서 인구가 상대적으로 적은 지역으로 이주함에 따라 이익을 얻었고,67) 독일 농민들은 폴란드 등의 지역으로 계속 이주했다. 수세기 뒤에 폴란드의 촌락에는 원주민 외에도 이렇게 이주한 독일 농민들의 자손들도 포함되어 있었기 때문에, 제1차 세계대전 때 협상자들은 민족을 바탕으로 명확한 경계선을 그을 수 없었다.

영주들은 자기 영토에 농민들이 정착하는 것을 장려하기 위해 저율의 지대地代 ─ 저율의 지대라도 땅을 놀리는 것보다는 훨씬 나았다 ─ 와 자유특허장 등과 같은 유인책을 제시했다.68) 12세기 후반기가 되면 어떤 영주가 소위 '신도시'를 건설하는 것은 흔한 일이 되었다. 이런 '신도시' ─ 오늘날의 기준으로 보면 이것은 도시라기보다는 촌락이었다 ─ 는 도시계획을 갖추고 있었고, 모든 새로운 차지농들을 위한 집터들이 마련되었다. 그리고 그 곳에 정주한 농민들은 영주나 영주대리인으로부터 상대적으로 자유롭다는 점이 문서로 보장되었다. 그곳의 농민들은 상대적으로 낮은 지대를 지불하였고 노동지대는 없었으며, 상당한 자치권도 가졌다.

물론 영주들의 이런 제안으로 인해서 기존 거주지에서 불행했던 농민들은 살던 곳을 떠나 새로운 곳으로 이주할 수 있었다. 이 시기가 되면 농민들이 예속신분에서 상당히 벗어나 있었기 때문에 영주들은 농민들의 뜻에 반해 그들을 강제로 머무르게 할 수 없었다. 농민들을 계속 머물게 하여 지대를 받을 수 있는 최선의 방법은 영주들이 농민들에게 가능하면 최소한으로 양보하면서도 농민들의 조건을 개선하는 것이었다.

영주들과 차지농들은, 개간사업을 하거나 확대되고 있던 시장에 판매할 새로운 곡물을 경작함에 있어서, 서로의 이익을 위해 경제적으로 다양하게 협력했을 것이다. 가장 일반적인 협력형태 가운데 하나는 영주와 농민이 확대된 포도주 시장을 위한 새로운 포도밭을 조성하는 데 드는 비용과 노력을 분담하는 '공동경작complant'이었다. 영주는 토지·농기구·종자를 제공하고, 농민은 포도가 자라서 수확할 수 있을 때까지 몇 년 동안 노동력을 제공했다. 포도가 수확되기 시작하면, 농민들은 계속해서 포도나무를 돌봤고 농민과 영주가 이익을 공평하게 나누었을 것이다.[69] 이런 체제는 농촌경제가 성장하던 시대에 영주와 농민이 협력할 필요가 있었음을 잘 보여주는 한 가지 예에 불과하다.

중세 전성기의 귀족은 도시경제가 급속하게 성장하던 시기에 살고 있었다. 앞에서 지적했듯이 도시의 팽창으로 농촌영주들의 잉여생산물을 판매할 수 있는 주요시장이 생겼다. 그렇지만 프랑스 귀족들은 장원에서 생산된 잉여농산물과 원료의 소비자로서, 그리고 그들이 구입하는 사치품의 공급자로서, 도시의 상인들과 직인들을 필요로 하였지만, 다른 한편으로 그들을 달갑지 않게 여겼다. 12세기의 도시시장의 팽창과 증가는 농촌귀족들에게 기회이기도 했지만, 농촌귀족들이 도시를 통해 벌어들인 돈이 다시 도시경제로 흘러 들어갔기 때문에 위협이기도 했다.

덧붙여 말하자면 중세에 '도시'*라는 용어는 단순히 대규모 집락의 의미로 사용된 것이 아니었다. 엄밀하게 말하면 '도시'는 주교가 거주하는 곳이었으며, 중세 전성기에 가장 번창한 프랑스의 상업도시는 로마제국 말기 이래의 주교도시였다. 도시를 농촌과 구별하는 것은 주민수라기보다는 상설시장의 존재였다. 지방촌락 수준에서도 일정한 상업활동이 행해지고 있었지만, 도시는 상설적인 상업활동이 행해지던 교차로로서 구매자와 판매자 및 원격지 상품들이 집중되는 곳이었다.

□ * 영어의 시티(city)나 프랑스어의 시테(cité)는 라틴어 키비타스(civitas)에 해당된다. 로마제국 시대에 키비타스는 도시만이 아니라 그 인근 농촌지역을 포함한 하나의 행정단위였다. 한편 교회는 로마제국의 조직을 모방하였기에 대부분의 키비타스에는 주교좌가 설치되었다. 따라서 중세에 키비타스는 주교좌가 있는 도시 즉 주교도시였다. 키비타스는 대개 성벽으로 둘러싸여 있었다. 그러나 '상업부활'로 주민이 증가하면서 성벽 안에 모든 주민들을 모두 수용할 수 없게 되자 성벽 바깥에도 거주지가 생겼고 — 이 새로운 거주지를 라틴어로는 suburbium, 프랑스어나 영어로는 faubourg라고 한다 — 경우에 따라서는 옛 성벽을 허물고 신 거주지까지 둘러싸는 새로운 성벽이 축조되어 보다 확대한 도시가 등장했다. 이런 경우에는 키비타스[혹은 시티]는 구도시를 의미한다. 이처럼 중세에 키비타스[시티]는 문맥에 따라 다양한 의미를 가지고 있었다.

이런 상업 때문에 농촌에 식량이 떨어졌을 때조차도 도시에는 식량이 있었다. 갈베르 드 부뤼지*는 12세기 초 플랑드르 농촌의 기근을 묘사하면서, 많은 사람들이 '빵을 살 수 있는' 도시로 가려고 했다고 기술하고 있다.[70]

□ * 갈베르 드 부뤼지(Galbert de Bruges: 1075~1128)는 플랑드르 백작의 공증인으로 일하면서 플랑드르의 연대기를 썼다.

    프랑스 귀족들이 즐겨 읽은 로망스와 서사시는 도시민을 아주 드
물게만 언급하며, 도시민을 주인공으로 등장시키지 않는다. 그런 문
학작품에 등장하는 도시민들은 경멸스럽거나 전혀 믿을 수 없는 존재
로 묘사된다. 일반적인 주제는 귀족의 관대한 아량과 상인의 교활한
탐욕을 대비시키는 것이다.71) 물론 귀족들이 보기에 부유하다는 것
은 그 자체로는 찬미할 만했지만, 어떻게 부자가 되느냐 하는 것이 상
당히 중요했다.

    그러나 북 프랑스의 영주들은 남부유럽 영주들보다 이런 주제에
대해 훨씬 보수적이었던 것 같다. 이탈리아에서는 귀족들은 물론 심
지어 주교들도 12세기 이후 시장 경제에 적극적으로 참여했다. 연대
기 작가인 오토 폰 프라이징*은 조카인 독일황제와 함께 1150년대에
이탈리아를 방문했다. 이 두 사람은 당시 상업으로 부유해진 이탈리
아 기사들에 깊은 인상을 받았고 또 그런 기사들을 경멸했다. 프로방
스에서는 12세기 초가 되면 모든 도시들에 기사가문들이 거주했는데,
이들은 상업활동을 전혀 반대하지 않았다.72) 그러나 북부유럽에서는
귀족들이 상업을 통해 축재하는 것을 경멸했고, 심지어 부유한 상인
들도 자신들의 지위에 만족하지 않고 기사의 속성들을 모방했다.73)
전통적인 지대와 농업 및 약탈이 귀족들에게 더 적절한 재원으로 여겨
졌다.

    □ * 오토 폰 프라이징(Otto von Freising:1111~1158)은 독일황제 프리드리히 바바롯사의
      삼촌으로서 프라이징의 주교를 지냈다. 중세의 가장 중요한 역사철학서로 꼽히는 『두 도
      성의 역사』를 비롯하여 『황제 프리드리히 바바롯사의 행적록』 등을 저술했다.

귀족들이 도시를 의혹의 눈으로 본 한가지 이유는 도시가 농촌의 장원제와 영주제의 체제에서 다소 벗어나 존재하고 있었다는 점이다. 귀족들 중에는 도시에 토지를 가진 사람도 있었을 것이다. 그러나 12세기 초에 프랑스에서, 이탈리아에서는 그 이전시기부터, 도시들이 자치를 시도하기 시작했다. 귀족들의 부가 주로 지대와 농산물에서 나왔던 반면에 도시의 부는 주로 수공업과 상업에서 나왔다. 중세도시들은 상업 중심지로서는 아주 성공적이었다. 그래서 역사가들은 중세도시를 마르크스주의적 의미로 '봉건제의 바다'에 떠 있는 '자본주의의 섬'으로 묘사하기도 했다.[74]

12세기의 도시민들은 새로 건설된 촌락 ─ 자유 특허장을 부여받은 ─ 의 주민들보다 더 자치를 원했다. 일반적으로 이런 도시민들은 '코뮌commune'을 조직했다. 코뮌은 일반적으로 부유한 남성도시민들만이 참정권을 가진 구성원이 될 수 있었지만, 일종의 공화정 형태의 정부였다.[75] 일반적으로 자치를 선언하는 것만으로는 충분하지 않았다. 즉 촌락의 농민들처럼 도시민들은 대체로 그 지역의 백작이나 매우 강력한 공권영주인 기존지배자들이 그들의 코뮌을, 물론 적절한 금전을 대가로 승인하게 할 필요가 있었다. 예를 들면 1150년대에 부르고뉴 지방에서 베즐레Vézelay의 도시민들이 베즐레 수도원장의 공권영주제에서 벗어나서 자치적인 코뮌을 설립하려고 시도했을 때〔이 시도는 결국 성공하지 못했다〕네베르Nevers의 백작은 그 도시민들을 지지하였다.[76]

도시민들은 자치를 인정받기 위해 세속영주 외에, 그들의 도시가 주교도시일 경우에는 주교에게도 접근하였다. 그러나 일반적으로 프랑스 주교들은 코뮌을 인정하기를 매우 꺼렸다. 이와는 대조적으로 주교들이 적극적으로 상업활동에 참여한 이탈리아에서는 주교들이 그다지 꺼리지 않았다. 12세기까지 프랑스 주교들은 그들의 대성당이 소재하고 있는 도시들을 자기들의 도시들이라고 여겼고, 이들 주교들처럼 그 도시들을 자신들의 도시라고 생각하는 그 지역 백작들과 자주 마찰을 빚었고, 또 도시민 단체에 자치를 부여하지 않으려고 했다.77)

주교들이 경계하는 데에는 충분한 이유가 있었다. 북 프랑스의 도시인 랑Laon에서 12세기 초에 〔아달베롱 이후 한 세기 뒤의 주교인〕한 주교가 처음에는 코뮌의 설립에 동의했다. 그러나 그가 갑자기 마음을 바꾸자 며칠에 걸친 소요와 살인이 발생하였고 그 주교 자신도 살해당했다.78)

반면에 백작들은 종종 그들 도시의 코뮌을 주교에 대항하는 동맹으로 여겼으며, 기꺼이 자치특허장을 수여하였다. 예를 들면 샹파뉴 백작들은 12세기 후반에 그들 영역에 있는 코뮌 구성원들에 의해 잘 운영된 정기시장들fairs*의 덕을 톡톡히 보았으며, 그 정기시장들의 치안유지에 협조하는 한편 통행세와 판매세를 징수하였다.79) 이런 샹파뉴 백작들은 전사의 용기와 품위로 자신들을 정의하기를 좋아했던 귀족들이 ― 실제로 샹파뉴 궁전은 12세기 궁정예절의 중심지로 여겨지고 있었다 ― 중세 전성기에 경제성장의 적극적 참여자도 될 수 있었음을 보여준다.

□ * 우리나라에서는 '정기시', '대시'라는 역어를 사용하기도 한다. 정기시장은 보통 연 1회 정해진 기간에 개최되었으며, 그 기간은 3일에서 6주일에 이르기까지 다양하였다. 정기 시장에서는 원격지로부터 다양한 상품이 도입되어 도매로 거래되었으며, 이곳에서 거래 된 상품이 각 지방에 소매로 거래되었다.

*   *   *

귀족들이 상당한 영향력을 행사했던 중세사회는 정적인 사회가 전혀 아니었고 중세 전성기에 급속하게 변했다. 중세이론가들이 사회의 여러 '위계들orders'을 몇 세대 뒤에도 일반적으로 통용될 수 있게, 혹은 그럴듯하게라도 정의하는 데 겪었던 어려움은 사회가 얼마나 급속하게 변하고 있었던가를 보여주는 것이다.

프랑스 왕들은 강력한 백작들과 공작들에 대해 반半신정적 권위 — 인정되고 있었지만 경우에 따라서는 애매한 — 를 가진 주군에서 상당한 정치적·사법적 권위를 가진 지도자로 바뀌었다. 아달베롱이 기도하거나 싸우지 않는 모든 사람을 '일하는 사람들'로 범주화했을 때인 11세기 초에는 사회에서 그 존재가 미미했던 도시민들과 상인들이 11~13세기에 그 수나 재력에서 상당히 성장하여 이들 가운데 부유한 사람들의 지위는 하층귀족의 지위와 견줄 수 있을 정도가 되었다. 그 상당수가 농노였으며 자유민이건 예속민이건 모두 노동지대를 지불했던 농민들이 13세기 초가 되면 모두 자유민이 되었다. 이들 대부분이 노동지대에서도 해방되었고, 영주는 고용노동을 이용하여 직영지를 경작했다. 이러한 농민들이 생산한 잉여농산물로 인해서 도시들이 급속히 성장하고 상업이 발전하여 귀족은 원하는 사치품을 구할 수 있게 되었다. 상업으로 인해서 귀족들은 그들 조상들이 결코 가질 수 없었던 상품들을 가질 수 있었으며, 또 그들 조상들과는 달리 현금지출도 해야만 했다.

이 시기 동안 귀족들도 변했다. 이미 제1장에서 언급했듯이 역설적으로 국왕들이 하층민 출신의 용병들을 이용하여 전쟁하고 귀족에 봉사하는 기사들이 귀족들을 모방하고 귀족의 딸들과 결혼하고 있던 바로 그 시기에, 귀족들에 의한 귀족의 정의는 새로이 군사적 성격을 띠었다. 지배층 사이에서 봉토보유는 사회적·개인적 상호작용의 비교적 정교한 체제로 발전하였다. 이런 체제에서 점점 더 많은 영주의 토지가 그의 개인적인 것이 아니라 누군가로부터 부여된 봉토로 여겨지게 되었다. 아주 강력하고 야심만만한 영주들은 그들 자치농들로부터 지대와 부과조를 단순히 징수한 것이 아니라 자신들 영역에서 공권을 독점하였고, 금전을 대가로 코뮌을 인정하였고, 개간사업에 적극적으로 참여했다.

귀족들의 지위가 다른 귀족들의 야망에 의해서 아니라 위로는 왕에 의해 아래로는 상인과 기사들에 의해 위협받고 있던 변화하는 사회에서, 대부분의 사람들은 무엇보다도 가족에 의존하였다. 필자는 다음 장에서 귀족가족의 구조와 기능을 살펴보도록 하겠다.

3. 귀족가문과 가족생활

　　중세귀족들은 가족을 통해 자신들의 정체성을 찾았다. 영광스런 조상은 영광스런 지배층의 핵심적 속성이었다. 정혼, 교회에의 기증, 재산매매 등처럼 현대사회에서라면 사사로운 일들이 중세에는 가족구성원들의 관여와 동의로 행해졌다. 그러나 귀족가족을 논의할 때 명심해야 할 점은 귀족가족이 불변하는 단위가 아니며, 가족은 동일한 개인들에게도 그들 생애의 여러 시기에 따라 그 구성이 상이했으며, 중세귀족들은 현대사회와는 다른 기반에서 가족을 규정했다는 사실 등이다.

가족과 가족의식

　　가족family이라는 용어는 다양한 의미를 내포하고 있기 때문에 신중하게 사용해야 한다. 현대어법에서 가족은 아버지·어머니·아이들로 구성되는 핵가족을 의미하거나, 인척과 근친을 포함하는 다소 불특정 사람들의 집단을 의미한다. 중세 라틴어에는 이런 의미의 단어가 없다. 중세인들은 핵가족 단위로 사는 경향이 있었다. 그러나 이런 단위를 지칭하는 단 한 단어로 된 용어는 없다.

중세 라틴어 파밀리아familia는 가족을 의미했던 것이 아니라, 친족은 물론 하인들이나 수행원들도 포함하는 가구household를 의미했다. 귀족들이 자기 친족을 묘사하는 일반적 용어는 '혈족consanguinei'이었다. 그러나 이러한 '혈족'은 엄격하게 혈연으로 연결된 사람들을 지칭하는 것으로서 결혼을 통해 연결된 인척in-laws은 배제되었다. 중세귀족들에게 중요한 단위는 '씨족', 즉 일반적으로 부계父系를 통해 혈연으로 연결되고 특정한 공간과 시간의 범위 안에 존재하는 집단이었다.[1] 내가 일반적으로 '가족'이라는 용어를 적용시키는 것은 바로 이런 집단이다.

중세 귀족가족이 가족 자체를 인식하는 방법은 시간이 흐름에 따라 변했다. 심지어 같은 시기에도 개개의 종족lineage이 상정한 '가족구조'에 대한 단일한 기준이 없었다. 가족구조는 가족 자체의 기억, 족보, 수도원에의 기증, 작명과 상속의 유형 등을 포함하는 많은 종류의 증거들에서 추론되어야 하기 때문에, 현대역사가들은 중세귀족들이 어떻게 자신들이 속한 가족집단을 인식했는가에 대해 의견이 반드시 일치하지는 않았다.

　　귀족가족이 중세에 얼마나 부계적이었는가에 대해서 특히 논란이 많다. 중세 전성기(11~13c)에 귀족들은 부계에 입각해서 자신들의 정체성을 확인하는 것을 선호했다는 점에는 이론의 여지가 없다.2) 역사가들이 논쟁을 벌이는 부분은 이것이 11세기의 새로운 현상이냐, 아니면 귀족들은 항상 부계혈통을 통해 정체성을 찾았느냐 하는 것이다.3) 이 문제는 어떤 고정된 혹은 광범하게 수용된 친족기준 — 귀족들이 의도적으로 따랐고 또 그 자체가 변화를 겪은 — 이 없기 때문에 복잡해진다.

　　귀족들은 심지어 중세 초에도 남계의 조상들에 중요성을 부여했던 것 같다. 그러나 9~10세기의 혼란기에 그들이 좋아했었을 부계가문을 유지하는 것이 매우 어려웠다. 왜냐하면 아버지들이 살아남은 아들들을 갖지 못했거나, 적어도 그들의 손자를 둘 정도로 오래 산 아들들을 갖지 못했기 때문이다.4)

　　비록 필자를 포함하여 일부 역사가들은 부계가족 의식이 서기 1000년 이전 적어도 수세기 동안의 규범이었다고 주장하고 있지만, 명심해야 할 점은 장남을 다른 아들들보다 우선시하는 장자상속은 11~12세기가 되어서야 규범이 되었다는 사실이다. 이 때도 장남이 거의 모든 재산을 상속하고 그의 동생들은 거의 혹은 전혀 상속받지 못하는 것이 불변의 규칙은 아니었다.5)

　　11세기에 수도사가 되었던 기사인 에를위엥Herluin의 「전기」에 따르면, 노르망디 공작이 에를위엥의 아버지의 모든 재산을 에를위엥의 동생들이 아니라 에를위엥이 가지도록 했는데, 이는 에를위엥이 장남이어서가 아니라 "진정한 귀족의 자질을 더 가졌기 때문"이었다.[6] 윌리엄 정복왕의 장남이 윌리엄을 계승해서 노르망디 공작이 되었지만, 윌리엄을 계승해서 영국왕이 된 사람은 그의 둘째아들이었다. 그렇지만 적어도 상속재산의 일부라도 상속받을 수 있을 것이라는 이전시대의 모든 아들들이 가졌던 기대는 중세 전성기에 엄격하게 억제되었다.

중세 초부터 11세기까지 귀족의 역사를 일별해 보면, 귀족들이 어떻게 가족을 인식했는가를 더 쉽게 이해할 수 있다. 왜냐하면 그들은 전보다 더 명료하게 가족을 규정했기 때문이다. 일반적으로 어떤 가족이 그 지역 수도원에 기증하는 일이 이전보다 11세기에 훨씬 더 일반화되었는데, 이러한 기증은 조상과의 동일화를 촉진했다. 기증은 언제나 기증자 친족의 영혼을 위해 행해진 것이며, 귀족가족들이 세대를 거듭하여 동일한 수도원들에 기증했고 종종 그 수도원에 함께 매장되었기 때문에, 그들과 수도원의 관계는 가족의 정체성을 보다 명백하게 만드는 도구가 되었다.[7]

부계 가족의식이 증가하고 있었다는 명확한 표지들 가운데 하나는 부계명cognomen〔복수형은 cognomia〕, 즉 두번째 이름이 점차적으로 채택된 것이다. 로마제국 붕괴 이후 사람들은 통상 하나의 이름만을 가졌다. 그러나 그의 부친이 예컨대 단순하게 밀로Milo로 불렸던 사람의 11세기 자손들은 이제 '밀로 느와이에Milo of Noyers'로 불렸을 것이다. 이런 현상은 다른 계층들보다 귀족들 사이에서 먼저 발전하였다. 일반적으로 농민들은 14세기가 되어서야 두번째 이름을 가졌다.

일부의 경우 두번째 이름의 기원은 별명이었을 것이다. 즉 11~ 12세기의 브랑시옹Brancion의 영주들은 모두 통상 '그로수스Grossus'라고 불렸다. 그러나 대부분의 경우 두번째 이름은 지명에서 유래한 것으로서, 그 가족이 소유한 성城의 명칭과 연관되어 있었다. 성이 11세기의 신흥 유력성주 가족들이 자신들을 조직하는 본거지가 되었을 때, 성의 명칭은 어떤 한 개인의 정체성을 나타내는 가장 분명한 방법이 되었다. 그러나 강조해야 할 점은 설사 친족들이 모두 동일한 두번째 이름을 사용했을지라도 이러한 두번째 이름이 본래적 의미의 성姓: family name이 아니었다. 12세기의 어떤 세대世帶 내에서, 기사들부터 성주에 이르기까지 모든 사람들이, 그들이 친족관계든 아니든 동일한 두번째 이름을 사용했다. 그렇지만 그 가족들 가운데 한 명이 다른 성城으로 이주하면 일반적으로 그는 그의 두번째 이름을 바꾸어 새로운 성의 명칭을 두번째 이름으로 사용했을 것이다.8)

두번째 이름은 하나로 된 '개인이름given name'의 사용이 줄어들던 시기에 일반화되었다. 9세기에는 상당히 다양한 개인이름들이 일반적으로 사용되었다. 그러나 11세기 말이 되면 개인이름만 사용하는 빈도가 현저하게 줄었다.9) 따라서 두번째 이름은 어떤 사람을 그의 성城 및 친족과 관련시키는 데는 물론, 그를 예컨대 모두 '위그'라는 하나의 이름만 붙여진 다른 사람들과 구분하는 데 있어서도 중요했다. 그 이전에는 왕들이 흔히 그러했듯이 친족의 이름을 따서 작명하기도 했지만, 일반적으로 아버지 이름의 한 음절만을 취하거나 여러 친족들의 이름들로부터 따온 여러 음절들을 조합하여 작명하였다. 예를 들면 8세기 말에 테오드릭Theoderic과 알다나Aldana라는 귀족부부 사이에서 태어난 아이들은 테오디노Theodino와 알바나Albana라고 작명되었다.10) 가족들은 수세대 동안 하나의 동일한 이름만을 반복하여 사용하지는 않았을 것이며, 이런 관례는 이름의 유사성을 바탕으로 가계도를 작성하려는 오늘날의 학자들을 상당히 좌절시켰다. 그러나 11세기 이후 귀족은 통상 그들 친족·주군, 심지어 롤랑 등과 같이 문학작품에 등장하는 유명한 이름을 따서 자식들에게 이름을 지어주었다. 물론 친족 이외의 사람들의 이름을 따서 작명하는 것은 불굴의 계보학자들에게 또 다른 문제를 야기한다.

성城 자체만이 아니라 성의 명칭도 아버지에서 아들에게 상속되었는데, 이런 성의 확산은 제2장에서 지적했듯이 봉토보유의 확산을 동반했다. 봉토보유는 결코 보편적이지는 않았지만, 아버지가 이전에 행하던 봉신의무를 떠맡을 수 있는 단 한 명의 지정된 남성상속자의 중요성을 강조하는 것이었다. 일반적으로 아버지가 죽었을 때 성년이 되었을 가능성이 가장 높은 것은 바로 장남이었다. 이렇게 하여 두번째 이름은 남계男系와 연관 맺게 되었다.

그러나 두번째 이름이 채택되고 있을 때조차도, 중세 전성기 귀족에게 '개인이름given name'은 여전히 중요했다. 일반적으로 '개인이름'은 특히 어떤 아이를 그의 친족들과 관련 맺기 위해 선택되었다.11) 부모가 첫번째 이름을 선택할 때 따르는 '규칙'은 없었지만, 일부 패턴들은 찾아볼 수 있다. 소년은 특히 그들 부계친족의 '개인이름'을 따서 작명되었다. 장남을 작명할 때 가장 일반적으로 선택되는 것이 친조부의 '개인이름'이었다. 둘째아들은 그의 부친과 친조부의 이름이 다를 경우 부친의 '개인이름'을 따서 작명되었다.

따라서 성주의 경우 두 가지 '개인이름'이 한 대 걸러 번갈아 등장하는 가계도가 등장할 수 있었다. 왜냐하면 어떤 성주가 자기 장남의 이름을 자기 아버지, 즉 장남의 친조부의 이름을 따서 작명했기 때문이다. 그런데 아버지와 아들의 '개인이름'이 같을 경우 단 하나의 '개인이름'이 수세대 동안 장남상속자들에게 붙여졌을 것이고, 그 이름은 그 가족의 정체성에 대한 감정에 매우 중요하게 되어 장남이 죽으면 차남이 그 이름으로 개명했을 정도였다.

이런 일이 11세기 후반부의 인물인 아키텐 공작 기욤 8세에게 발생했다. 그는 기욤 6세와 기욤 7세의 동생이었고, 기욤 7세처럼 원래는 기욤이 아닌 귀Gui라는 '개인이름'을 가졌었는데, 공작령을 상속받게 되자 기욤으로 개명했다. 몽펠리에의 영주들[이들도 통상 기욤으로 작명되었다]은 개명하기를 원하지 않아서 1178년에 사망한 영주 기욤은 그의 아들 모두를 기욤이라고 작명했다.12)

중세 전성기의 사람들은 동일한 이름을 가진 여러 영주들을 구분하기 위해 아무개 몇 세라고 할 때 사용하는 몇 세의 숫자를 정규적으로 사용하지 않았기 때문에 [예컨대 아키텐 공작 기욤 8세의 경우처럼 이름에 붙는 몇 세라는 숫자의 대부분은 오늘날 역사가들이 붙인 것이다) 가족들은 세대를 구분하기 위한 다른 방법을 찾아야만 했다. 그렇게 하는 일관된 방법은 없었다. 예를 들면 그 계승자들이 통상 기욤이라고 작명된 두 강력한 가문인 12세기의 네베르Nevers 백작들과 앞에서 언급한 몽펠리에 영주들은 아주 다른 방법을 사용했다. 전자의 경우 '베들레헴에 묻힌 기욤'의 경우처럼 각자는 그들이 묻힌 곳에 기반하여 구분되었고, 후자의 경우는 어머니의 이름에 의해 구분되어 예컨대 '시빌Sybil의 아들 기욤'이라는 식으로 구별되었다.13)

한 아들이 성직에 입문할 예정이면 부모는 이미 성직에 몸담고 있는 그의 숙부의 이름을 따서 그의 이름을 지었을 것이다. 이처럼 우리는 근본적으로 동일한 가문이 세속계와 성직계 모두에 있는 것을 볼 수 있다. 다만 성직계의 경우 지위와 이름이 아버지에서 아들로가 아니라 숙부에게서 조카로 전해졌다. 아들이든 딸이든 아이들의 이름을 지을 때, 대부분의 경우 부모는 그들이 알고 있었던 사람들의 이름 — 일반적으로 먼 조상이 아니라 조부모나 숙부와 숙모의 이름 — 을 택했다.14)

그러나 새로운 남성이름들이 계보에 들어갈 수 있었고 또 실제로 들어갔다. 장남이 후사없이 사망하고, 차남이 장남의 이름을 취하여 개명하지 않았다면, 차남의 이름이 이후세대에게는 주요이름이 되었을 것이다. 그리고 어떤 남성이 어떤 여성과 결혼했는데 장인이 자신보다 훨씬 강력했을 경우 그 남성은 자기 장남조차도 친족에서가 아니라 처가에서 이름을 따서 작명했을 것이며, 차남의 경우는 특히 더 그 랬다. 여러 지역에서 강력한 영주를 섬기는 기사들은 모두 그 영주의 이름을 따서 자식의 이름을 지었을 것이며, 그 영주에게 자식의 대부 가 되어달라고 부탁했을 것이다.15) 몇몇 역사가들이 특정지역에서 이름의 유사성을 바탕으로 가계도를 작성하려고 시도했지만, 이처럼 어떤 한 영주와 그를 섬기는 사람들이 동일한 이름을 사용했기 때문에 그런 시도들은 믿을만한 것이 될 수 없다.16)

가족단위는 탄생·사망·결혼 등으로 끊임없는 변했고, 모두 동일 한 목적을 공유하는 개인들로 구성되는 경우는 드물었다. 사실 대부 분의 경우 귀족의 재산은 상속받은 가산이고 형제들은 그런 상속재산 을 두고 경쟁했다. 그래서 형제들은 종종 서로를 적으로 여겼다. 심지 어 아버지와 아들도 적어도 잠재적인 경쟁자였다. 아들은 아버지가 상속재산을 교회에 기증해 버리지 않을까 우려했다.

11~12세기 많은 젊은 상속자들은 그들의 아버지들이 임종할 때 수도원에 기증한 재산을 즉시 반환받으려고 했다. 한편 아버지들은 그의 아들들을 잠재적인 반란자로 여겼다. 예를 들면 카롤링 왕들은 자신들이 살아있을 때는 아들들을 결혼하지 못하게 했는데, 아들들이 결혼을 통해 그들 인척들과 확고한 동맹을 맺어 세력을 가진 인물로 변할 수 있기 때문이었다.17) 심지어 12세기에도 아들이, 그가 상당한 재산을 가진 상속녀와 결혼하지 않는 한, 그의 아버지 생전에는 결혼 하지 않는 경우가 많았다.

가족의 구성원은 새로운 식구들이 등장하기 때문에 장기적으로나 비교적 단기적으로나 다양했다. 이 점에서 여성의 지위는 특히 흥미를 끈다. 왜냐하면 여성들은 그의 생애 동안 그가 태어난 가족의 성원에서 그가 결혼한 가족의 성원으로 변했기 때문이다. '씨족'이 남성지향적이었기 때문에 아내는 그 남편에게는 여전히 일종의 아웃사이더였다.18)

여성의 이러한 지위는 귀족들이 딸을 작명할 때 택한 이름에서 아주 생생하게 볼 수 있다. 심지어 부계명이 채택되기 시작한 이후에도 개인이름이 어떤 사람의 정체성의 중요한 일부분이었기 때문에, 개인이름은 결코 경솔하게 선택되지 않았다. 일반적으로 장녀의 개인이름은 친조모의 개인이름을 따서 작명되었고, 외조모의 개인이름을 따서 작명되는 경우는 매우 드물었다. 어떤 여성이 자신의 개인이름을 따서 한 딸의 개인이름을 짓는 경우도 있었지만, 이는 꽤 큰 가족의 막내딸의 경우에 국한되었을 것이다.

아들들보다는 딸들이 문서들에 상대적으로 덜 등장하기 때문에 딸들의 개인이름을 추적하는 것이 그만큼 더 어렵다. 그러나 여러 사료들을 검토하면 일정한 작명유형을 알 수 있다. 몽펠리에의 영주인 위그가 1172년에 유언장을 작성했을 때 모든 자식들을 언급하였는데, 흥미로운 점은 그의 장녀가 친조모의 개인이름을 따서 시빌Sybil로, 그리고 둘째딸은 그녀 고모의 개인이름을 따서 위렐마Willelma라고 작명된 반면에, 그의 다섯 딸 중에 그 누구도 그들의 어머니의 개인이름을 따서 작명되지 않았다는 사실이다.19) 아내는 시가媤家에 매우 이질적인 존재여서 남편이 아내의 개인이름을 따서 딸의 이름을 짓는 것을 꺼렸기 때문에, 처가 친족들, 예컨대 장모는 그들 부부의 딸들의 첫번째 이름의 원천이 결코 아니었다는 점은 놀라운 일이 아니다. 주요 예외들은 아내가 남편보다 훨씬 우월한 가문출신일 경우였다.

아내는 그의 생전에 상당한 지위변화를 겪었다. 결혼한 여성은 남편과 인척들에 의해 그 가족의 아웃사이더로 여겨지다가 아들에 의해 그 가족의 중요성원으로 여겨지기 때문이다. 일반적으로 아들은 어머니의 개인이름을 따서 자기 장녀를 작명하였다. 따라서 한 여성의 개인이름은 보통 한 세대를 건너뛰어 등장했다. 즉 어떤 여성은 자기의 개인이름을 따서 딸들을 작명하지 않았지만 그의 아들들은 어머니의 개인이름을 따서 자기 딸들을 작명했기 때문에, 그녀에게는 자기의 개인이름을 가진 여러 손녀들이 있었다.20)

귀족의 가족생활

중세 전성기에 귀족아이들의 성장과정은 매우 상이했지만 처음 6~8년 동안의 그들 경험은 상당히 유사했다. 귀족 어머니들이 직접 수유하는 경우는 드물었다. 그 대신 적당한 유모를 택했고, 유아는

1~2년을 유모와 보냈다. 젖을 뗀 귀족아이들은 어머니에게서 기본교육을 받았고, 종종 어머니나 가정교사에게 간단한 읽기와 쓰기를 배웠다. 스코틀랜드의 성녀 마거릿Margaret — 그녀의 『전기』가 1110년경에 저술되었다 — 은 자녀교육에 세심한 주의를 기울였다고 칭송되었다. 링컨Lincoln의 주교인 위그는 그르노블 근처에서 성장할 때 8세가 지나서 읽기를 배웠고, 그 때 성주인 그의 아버지가 그를 성직에 입문시키기로 결심했다고 회고하였다.21) 일반적으로 딸들은 결혼할 때까지 가정에서 교육받았다.

고등교육을 받은 귀족소녀들도 있었다. 훗날 피에르 아벨라르*의 연인이 된 엘로이즈는 성당 참사회원인 숙부로부터 '문자교육', 즉 라틴어를 배웠다. 그 숙부가 그녀를 가르치기 위해 기꺼이 돈을 써서 가정교사로 아벨라르를 입주시켰다. 아벨라르에 따르면 그녀는 "여성으로는 보기 드물게 문학에 소질이 있었으며," 아벨라르는 미모 못지않게 이런 재능 때문에 그녀에 반했던 것 같다. 엘로이즈의 고등교육은 예외적이었다. 그러나 부유한 여성들은 적어도 초보적인 읽기와 쓰기를 배웠던 것 같다.22) 성년이 되어 수녀가 된 부유한 여성들은 성직에 입문했을 때 「시편」을 낭독할 수 있을 수준의 라틴어를 이미 알고 있었다.

□ * 피에르 아벨라르(Abelard: 1079~1142)는 기사가문 출신으로 파리의 노트르담성당학교에서 학업에 전념한 뒤 신학연구를 시작하여 당시 신학이 가장 융성하던 랑에서 수학하기도 했다. 파리로 돌아와 강의하고 곧 노트르담학교의 정식교수로 임명되었으나, 엘로이즈와의 연애사건으로 그녀의 숙부인 퓔베르에 의해 거세당하는 불운을 겪기도 했다.

부유한 중세 여성들은 유모를 고용하였다. 대영 박물
관에 소장되어 있는 이 그림은 13세기에 한 귀족 부인
이 유모로 채용할 여성이 충분한 젖이 나오고 있는가
를 조사하고 있는 모습을 묘사하고 있다.

그러나 귀족여성들의 주요기술들은 문자 이외의 분야에 있었다. 가장 특별한 여성기술은 바느질이었다. 실을 잣는 데 사용되는 실톳대는 오래 전부터 여성의 상징이었으며, 소설 속에 등장하는 훌륭한 여성은 으레 바느질하고 자수하는 데 많은 시간을 썼다. 게다가 제대로 교양교육을 받은 소녀는 노래하고 악기를 연주할 수 있었다.[23] 그러나 가정관리 기술이 귀족소녀의 교육에서 가장 중요한 부분이었다.

이와는 반대로 소년들은 일반적으로 6~8세 사이에 집을 떠나 다른 곳에서 유년시절을 보냈다. 부모 입장에서 중요한 것은 아들을 기사로 키울 것인가 성직에 입문시킬 것인가를 결정하는 것이었다. 제5장에서 다루겠지만, 중세 성직자들 가운데 적지 않은 수가 귀족출신들이었는데, 성년귀족의 약 20%가 성직자가 되었던 것으로 추산되고 있다. 귀족출신 성직자들의 절대다수는 어릴 때 성직자 교육을 받기 위해 성당 학교나 수도원에 보내졌다. 명심해야 할 점은 귀족소녀들은 중세 말 이전에는 성직에 입문하는 경우가 드물었다는 사실이다. 중세 전성기에 대다수의 수녀들은 성년이 된 뒤에 수녀원에 들어간 여성들이었고, 그들 중 많은 수가 과부였다. 그러나 어린 나이에 수녀가 될 경우, 그 나이는 소년이 성직에 입문하는 것과 같은 나이인 6~8세였다.[24]

어떤 소년이 교회가 아니라 세속세계에서 평생을 지내기로 결정되었다 하더라도, 대체로 그 가족은 그 소년을 집에서 내보냈다. 소년은 일반적으로 아버지의 성城이 아닌 다른 성에서 — 가끔은 숙부의 성에서 ─ 기사와 기사도의 수련을 받았다. 예컨대 어떤 백작은 자기 영역 성주들의 아들들을 모아서 수련시켰는데, 그들의 장기적인 충성을 확보하려는 목적으로 그렇게 했다.

이런 패턴은 많은 문학작품에 반영되어 있다. 12세기 마리 드 프랑스Marie de France의 『시집』에 실려 있는 첫번째 시의 주인공은 기게마르Guigemar인데, 이 사람은 유력한 성주의 아들로서 "그의 부친이 그 소년과 헤어지는 것을 참을 수 있게 되자마자" 이웃에 있는 왕에게 보내 수련을 받게 했다. 이 왕은 그 소년이 성장하자 기사로 서임했다. 『라울 드 캉브레』의 주인공인 라울이 프랑스의 세네샬*이 되자, 그 지역의 모든 유력영주들이 "그들 아들·피보호자·조카·사촌 등"을 라울에게 보내 수련을 받게 했다.[25]

　* 세네샬(sénéschal)는 지방에서 왕권을 대행하고 국왕의 수입을 관장하는 관리다.

귀족 젊은이들은 아버지의 주군의 성에서 수련을 받지 않을 경우, 자기 숙부의 성에서 수련을 받았을 것이다. 이 점에서 외갓집이 중요해졌다. 왜냐하면 일반적으로 어떤 젊은이가 기사수련을 받을 때, 외숙부가 숙부보다 선호되었기 때문이다. 이런 현상은 그의 숙부는 그의 아버지의 잠재적 경쟁자요, 또 그의 상속재산의 잠재적 경쟁자였다는 사실에 부분적으로 기인하였다. 더구나 장남만이 성城을 상속받았고, 따라서 그의 동생들은 그들 조카들(형의 아들들)이 수련 받을 수 있는 자신들의 성을 소유하지 못하였을 것이다.

대부분의 귀족결혼에서 신랑이 신부보다 훨씬 연상이었기 때문에 어떤 젊은이가 성년이 되었을 즈음에 그의 부친과 숙부들은 죽었을 수도 있지만 훨씬 젊은 외숙부들은 여전히 건재하였다. 서사시와 소설들에서 종종 외숙부들은 아버지-아들의 유대보다 더 긴밀하고 특별한 유대를 그의 외종질들과 가졌다. 『롤랑의 노래』에서 샤를마뉴가 가장 사랑하고 신뢰하는 전사인 주인공 롤랑은 샤를마뉴의 누이의 아들이며, 『라울 드 캉브레』에서 주인공인 라울은 황제 루이의 외종질이다. 『트리스탄과 이졸데』에서 트리스탄은 왕의 외종질이었기 때문에 왕에 대한 충성이 매우 강했고, 그의 이런 충성심은 왕비 이졸데에 대한 그의 사랑과 갈등을 일으키게 된다. 트리스탄은 "나의 모든 무기들은 왕을 위해 사용하기로 서약한 것이다"라고 이졸데에게 말하는데, 그들이 감시당하고 있다는 것을 눈치채고 왕에 대한 트리스탄의 충성심은 변함이 없다는 것을 보여주려는 장면에서 이런 대사가 등장한다.26)

　문학작품에서 외숙부는 충성과 존경을 불러일으키는 인물인 반면에, 의붓아버지들은 언제나 의심스러운 존재다. 예를 들면 『롤랑의 노래』에서 배신자인 가늘롱은 주인공 롤랑의 의붓아버지다. 실제생활에서도 의붓아버지는 적어도 양면감정을 불러일으켰음에 틀림없다. 의붓아버지는 어머니의 애정에 있어서 어떤 소년의 단순한 경쟁자가 아니라, 흔히 그 소년의 상속재산에 위협적인 존재였다. 젊은 과부와 결혼하는 것은 상속녀와 결혼하는 것만큼이나 힘을 갖기 때문에 ― 그녀가 아이들을 위해 관리하던 토지들에 대해 권한을 이제 새로운 남편이 행사할 수 있으므로 — 적어도 문학작품들에서 의붓아버지가 의붓아들을 제거하려고 하는 것은 당연하다.

기사수련은 중요한 문제였다. 소년이 습득한 기술은 일단 그가 어른이 되면 전쟁에서 사용되었고, 마상시합이라는 모의 전투에서 끊임없이 다듬어졌다. 프랑스의 기사들과 귀족들이 잘 훈련되고 장비를 갖춘 전사들이었다는 점에는 의심의 여지가 없다. 그들의 적들조차도 그런 점을 인정하였다. 그러나 체력이 약하거나 집중력이 부족한 소년은 그런 기술을 완벽하게 습득하기 위해 반복되는 훈련을 견디기 어려웠다. 국왕 루이 6세를 찬미하는 전기를 쓴 쉬제Suger는 자신은 심지어 12·13세 때에도 대부분의 소년들과는 달리 "놀기를 좋아하지 않았고", "무기를 가지고 훈련하는 것을 등한시하지 않았다"고 기술하였다. 물론 이 말이 함축하는 바는 다른 소년들은 그랬다는 것이다.27)

젊은이 교육의 상당부분이 전쟁 및 궁전활동과 관련된 것이었지만, 젊은이는 그의 모친이 어릴 때 그에게 가르쳐 준 것보다 훨씬 수준 높은 읽기와 쓰기를 배우는 것이 바람직하다고 여겨졌다. 11세기부터 많은 귀족 젊은이들이 미래의 성직자들을 양성하는 교회학교나 참사회 소속 사제들이 운영하는 학교에 다녔다. 이처럼 성직자가 될 의향이 없는데도, 심지어 수도원과 연관이 없는데도, 귀족 젊은이들은 젊은 수도사들이 받는 교육의 적어도 일부를 받았다.

물론 모든 젊은 유력자들이 읽기와 쓰기를 배웠던 것은 아니었다. 11세기에 벡Bec 수도원을 세운 에를위엥Herluin은 30대 말에 수도사가 되기로 결심하고서야 알파벳을 배웠다. 그러나 그의 시대에도 젊은 유력자들은 글자를 알고 있었으며, 이런 점은 클뤼니 수도원장이자 에를위엥보다 약간 연하인 위그의 예에서도 찾아볼 수 있다. 성주였던 위그의 아버지는 그를 세속세계에서 평생 활동하게 할 생각을 하였음에도 불구하고, 위그는 공부를 위해 그의 위대한 숙부가 주교로 있는 지방인 옥세르Auxerre의 성당학교에 보내졌다. 문법을 배우고 신학에 접하면서 젊은 위그는 집에서 도망쳐서 수도사가 되기로 결심했다.[28]

위그 이후 두 세대 뒤에 클레르보의 베르나르Bernard of Clairvaux의 부모는 그가 기사가 되기를 바랐다. 그러나 그는 샹틸롱Chântillon에 있는 재속참사회 소속 수도원에서 라틴어 교육을 받았고, 그 교육으로 인하여 그는 12세기의 가장 뛰어난 라틴어 문장가가 될 수 있었다.[29] 12세기에 베르나르가 원장으로 있던 시토수도회의 수도사들이 된 많은 젊은 기사들은, 그 당시 젊은 기사들이 접할 수 있는 일반적 유형의 교육이 없었다면 그리 쉽게 성가대 수도사들이 될 수 없었을 것이다. 이처럼 그들은 수도사들이 되기 이전에 종교생활에 필요한 라틴어의 상당부분을 이미 습득하고 있었다.

12세기 말에 대학이 발전하기 이전까지는 좋은 학교가 별로 없었지만, 귀족부모들은 교육을 중시했다. 아벨라르 등의 12세기 초 유랑학자들은 지적 훈련을 받을 만한 곳이 흔치 않은 상황에서 훌륭한 지적 훈련을 받을 수 있는 원천으로서 환영받았다. 부모들은 어떤 학교나 학자에 접할 수 없었기 때문에 이용가능한 모든 것을 활용했다. 예를 들면, 11세기에 기베르 드 노장*은 소년기에 유랑 학자들을 접할 수 없었음을 유감스럽게 회고하였다. 그는 어떤 무능한 성직자에게 기본 교육을 받았다.30) 그러나, 이런 무자격자들이 접할 수 있는 유일한 교사들이기는 했지만, 귀족부모들은 그들의 아들들 -- 심지어 성직자가 되지 않을 아들들이라도 -- 이 고전 교육을 받는 것을 중요시했다.

□ * 기베르 드 노장(Guibert de Nogent: 1053~1124)은 센강 남쪽에 있는 노장의 노트르담 수도원의 원장으로서 역사서·회상록 등을 썼다.

기사수련을 위해 구성된 젊은 귀족들의 집단은 귀족들의 사회적 동질성에 중요했다. 젊은이들은 전쟁기술·읽고 쓰기, 그리고 12세기 말이 되면 예의범절과 심지어 춤이나 악기연주를 배우는 것 외에도, 성년이 되면 줄곧 동료가 될 다른 젊은이들과의 개인적 유대도 쌓았다. 중세귀족들은 같이 수련했던 사람들과 함께 전쟁터에 가거나, 십자군에 참여하거나, 수도원에 입문했다.

젊은 지배층의 기사수련과 공식교육은 대체로 10대 중반에서 후반이 되면 끝났다. 서사시 『라울 드 캉브레』의 주인공인 라울은 15세 때 황제에 의해 기사서임을 받았다.31) 12세기 말이 되면 라울 같은 젊은 귀족들은 기사서임식이라고 부르는 성년식을 거쳤다. 기사서임식은 앞에서 지적했듯이 매우 정교하고 비용이 많이 들었다. 그래서 주군들은 관례적으로 그의 봉신들에게 장남의 기사서임식 비용의 일부를 부담하라고 요구하였다. 잔치·게임·마상시합·기량과시가 며칠 동안 계속되었다.

많은 젊은 귀족들은 일단 기사가 되고 사회에서 일익을 담당할 준비가 되어 있어도 사회에서 활동무대를 쉽게 발견할 수 없었다. 그들은 자신들의 부친들이 생존해 있는 한 조상전래의 성城을 떠맡을 수 없었으며, 육체적으로 절정에 달한 시기에 집에 머물러 있는 것은 즐거운 일이 될 수 없었다. 아직 영주권을 포기할 준비가 전혀 되어 있지 않은 아버지들과 혈기왕성하지만 마음이 편치 않은 아들들 사이에서 마찰이 자주 발생했을 것이다. 물론 성주에 봉사하는 기사의 아들은 아버지처럼 성주에게 봉사할 수 있었지만, 성주의 아들은 선택의 여지가 더 적었다.

이 시대에 어떤 사람들은 '젊은이juvenis(복수는 juvenes)'로 알려졌다.32) 엄밀하게 말하자면 '젊은이'는 나이가 젊기 때문이 그렇게 불린 것이 아니었다. 왜냐하면 어떤 사람이 정착해서 영주로서 통치를 담당하기 이전에는 그가 40대가 되어도 '젊은이'이기 때문이다. 차남 이하의 아들들은 기껏해야 형으로부터 약간의 재산을 봉토로 받았고, 이런 봉토도 그들이 죽으면 형의 아들들에게 귀속되었다. 차남 이하의 아들들은 형이 이만큼이나마 관대하지 않으면 평생 '젊은이'로 지냈다.

서유럽의 '젊은이들'은 전사로서 국지전局地戰에 참가했고, 십자군 병사들의 대다수가 이런 사람들이었을 것이다. 마리 드 프랑스의 작품에서 주인공인 귀게마르는 기사서임을 받자마자 "명성을 좇아 전쟁과 분쟁이 잦았던" 플랑드르로 떠났다.33) 규율이 엄격한 교단들은 신입수도사로 어린이들이 아니라 스스로 판단할 수 있을 정도로 나이가 든 사람들을 원했는데, 그런 교단으로 출가한 사람들의 상당수가 바로 '젊은이'들이었다. 십자군에 참가하거나 수도원에 입문하지 않은 '젊은이들'은 마상시합에 참여하면서 세월을 보냈다. 그들은 무리를 지어 돌아다니며 농촌을 공포에 떨게 하기도 했다. 보다 못한 그 지역 주교나 부모들에 의해 제지당할 때까지 그들은 그렇게 했다. 12세기의 가장 유명한 '젊은이'는 윌리엄 마샬이다. 그는 차남이었고, 순회 마상시합에서 명성을 날렸으며, 말년에 잉글랜드의 섭정이 되었다.34)

십자군

십자군 원정은 중세 전성기 프랑스에서 언제나 다소 애매한 위치를 점하였다. 십자군은 교황들과 주교들에 의해 장려되었고, 〔프랑스 국왕들인 루이 7세와 필립 2세를 포함하여〕 독실한 영주들과 따분해하고 있던 '젊은이들'에 의해 열렬히 수용되었다. 그러나 아들들을 잃지 않을까 걱정하던 부모들은 물론이고, 심지어 가끔은 자신들의 가장 믿음직한 후원자들이 자신들을 떠나 동방으로 가는 것을 두려워한

수도사들도 십자군 원정에 반대했다. 클뤼니 수도원장은 보죄Beaujeu
의 영주가 제2차 십자군에서 귀향한 것을 환영하였고, 성직자·빈자
들·농부들·고아들·여성들 등 '평화'를 갈망하는 모든 사람들은 그가
귀향해서 자신들을 보호해 주게 되어 기뻐했다고 기술하였다.35)

  1095년에 시작된 제1차 십자군은 유일하게 군사적으로 성공을 거
둔 원정이었다 ― 당시에는 그 누구도 이를 깨닫지 못하기는 했지만.
프랑스 기사들과 귀족들은 옷에 십자가를 새기고 신의 명령을 따르고
있다고 믿었으며, 난파·질병·굶주림, 그리고 그들의 동맹자라고 여
겼던 비잔틴제국의 비우호적인 태도 등의 어려움을 극복하고 결국 성
지에 도착했다. 이 곳에서 놀랍게도 그들은 4세기 동안 이슬람교도가
차지하고 있었던 예루살렘을 정복했고, 그 곳을 중심으로 하는 기독
교 왕국을 세웠다. 그들은 대체로 프랑스 행정을 모델로 해서 이 왕국
의 통치 제도들을 갖추었고, 중동의 군사기술보다는 유럽의 군사기술
에 의거하여 곧 성들을 축조하기 시작했다.36) 오늘날 시리아에 남아
있는 크락Krak성은 중세 전성기 프랑스 성의 모습을 잘 보여주는 대표
적인 예들 가운데 하나다.

  십자군 병사들은 [오늘날 제1차·제2차 등으로 숫자가 매겨지는
대규모 원정들 사이에 있던 소강상태의 시기를 포함하여] 다음 3세대
동안 지속적으로 동방을 향해 떠났다. 특히 1147년의 제2차 십자군
원정은 프랑스와 독일의 왕들이 지휘했고 1189년의 제3차 십자군 원
정은 프랑스·영국·독일의 왕들이 지휘했지만, 12세기 동안 예루살

렘의 라틴왕국은 꾸준히 쇠퇴하였다.37) 1187년에 예루살렘이 함락되었다. 그래서 제3차 십자군 원정이 감행되었지만 결국 성공하지 못했다.

심지어 예루살렘의 라틴왕국이 존속하고 있던 시기에도, 본국들에서 사람들은 십자군 원정이 구원을 얻는 방법들 가운데 특히 위험한 방법이며, 부와 권력에 이르는 길도 분명히 아니라는 점을 점차 깨닫고 있었다. "스트레스에 시달리고", "체력이 완전히 고갈된 채" 제1차 십자군에서 돌아온 밀로Milo of Montlhéry는 병들었지만 귀국한 사람들 가운데 한 사람에 불과했다. 에노Hainaut 백작인 보두앵Baudouin은 결코 귀국하지 못했다. "그가 살해되었는지 포로가 되었는지 오늘날까지도 알려지지 않고 있다"고 수도원의 연대기는 기록하고 있다.38) 곧 부모들은 아들들이 동방으로 떠나는 것을 두려워했다. 성지로의 여행은 열렬한 신자들을 제외하면 누구에게나 점차 덜 매력적인 것이 되었다. 십자군을 떠난 사람들 가운데 극소수만이 돌아온다는 점이 이제 점차 명백해졌기 때문이었다.

13세기가 되면 십자군 정신을 되살리려는 필사적인 시도에도 불구하고, 십자군 원정이 더 이상 지속될 수 없다는 점이 분명해졌다. 1204년 제4차 십자군은 같은 기독교〔로마 가톨릭이 아니라 그리스 정교이기는 하지만〕의 비잔틴 수도를 약탈하는 것으로 막을 내렸다. 1220년대에 황제 프리드리히 2세가 교황의 압력을 받아 십자군 원정을 떠났다. 그러나 그는 파문당한 상황에서 원정을 떠났다. 그렇게 했

십자군 원정을 떠날 준비를 하고 있는 경건한 기사를 묘사하고 있는 13세기 그림.[대영박물관 소장] 이 기사의 겉옷과 깃발에 십자가를 새겨져 있는데, 이것은 그가 십자군 전사임을 나타낸다. 이 기사는 쇠미늘 갑옷을 입고 있다.

다고 해서 그는 또다시 파문당했다. 13세기 중엽에 프랑스 왕 루이 9세가 성지에 도달하려고 시도했지만 북아프리카 이상 더 근접할 수 없었다. 13세기 말에 교황 보니파키우스 8세는 자신에 적대적인 추기경들에 대한 십자군을 설교하기도 했다.

적어도 12세기에는 십자군 원정이 기독교도가 기독교도를 죽이는 것에 대한 합리적인 대안이었다. 1차 십자군의 설교에 대한 기록들 [이러한 기록들이 1095년에 말해진 것들을 실제로 기록한 것인지 아니면 몇 년 뒤 1차 십자군이 성공한 뒤의 생각들을 반영하는 것인지는 중요하지 않다]은 프랑스 기사들이 이제 기독교와 양립할 수 있는 방법으로 그들의 전투기술을 사용할 수 있는 기회를 가지게 되었다는 점을 강조하고 있다.

청빈·순결·규율을 준수하는 수도원의 삶의 방식을 이교도와의 투쟁과 결합한 신전기사단의 설립을 도왔던 수도사인 성 베르나르는 신전기사단의 삶과 세속기사들의 삶을 대비시켰다. 그는 세속기사들의 삶을 거의 무익한 것으로 보았다. 이런 새로운 교단에서 기사들은 세속의 적들과 싸우는 대신 그리스도를 위해 싸우다 죽을 수 있으며, 반면에 세속의 적들과의 싸움에서는 이기더라도 그들의 영혼을 잃게 되고 패배하면 그들의 영혼과 육체 모두 위험해진다고 베르나르는 말했다.[39]

십자군은 기독교도를 죽이는 것에 대한, 분명히 문제있는 대안이었다. 그러나 십자군은 서사시와 로망스의 작가들에게 영감을 불러일으켰다. 이들 작가들은 주인공인 기독교도 기사들이 이슬람교도와 싸우는 모습으로 묘사했고, 그럼으로써 기사들의 전쟁기술을 그들의 영혼을 위태롭게 하지 않으면서 발휘할 수 있게 하였다. 서사시 주인공인 기욤 도랑주*는 한 이슬람교도와의 전투를 준비하면서, 구약과 신약에 등장하는 사건들과 기독교 신앙의 주요신조를 수백 줄로 요약하여 말했다. 그의 적이 당연히 놀라면서 그 '장광설'의 목적을 묻자 기욤은 신에게 "나와 함께 하셔서 너의 사지를 찢어놓을 수 있게 해달라"고 기도했다고 대답했다.40) 이처럼 문학작품에 등장하는 기독교도 기사들은 죄의식없이 전투할 수 있을 뿐 아니라 적어도 신이 그들 편에 서 있다는 이유있는 기대를 가졌다.

　　* 기욤 도랑주(Guillaume d'Orange)는 8세기에 이슬람교도와 맞서 싸운 전설적 인물로서, 12~13세기의 서사시들에 주인공으로 등장한다.

　12~13세기 이야기에 등장하는 이슬람교도는 실제 이슬람교도와 아주 달랐고, 작가들도 이슬람교도를 현실에 가깝게 묘사하려고 하지 않았다. 오히려 이슬람교도는 신학적으로 부정확할지라도 도덕적으로 이단자 혹은 이교도에 해당되는 사람으로 열렬하게 묘사되었다. 『롤랑의 노래』의 저자는 샤를마뉴의 적들을 마호메트와 로마의 이교도 신인 아폴로를 숭배하는 사람들로 묘사하여 이런 등식을 명확히 했다. 유사하게 「루이의 대관식」의 저자도 그의 작품의 주인공인 기욤 도랑주의 적을 투르크인·이교도·마호메트 추종자와 "보기에도 끔직한" 거인으로 묘사했다.41) 이런 이야기들에서 작가들은 이슬람교도의

속성에 거인과 괴물을 추가시킴으로써 이슬람교도의 종교적 정통성만이 아니라 인간성을 왜곡시켰으며, 그들을 기독교도 기사들이 죽이기에 아주 적합한 대상으로 만들었다.

작가들이 작품을 쓸 때 깨달은 어려움은 인간이 아닌 괴물을 죽이는 이야기는 비슷한 수련을 받은 기사들 사이의 전투만큼 재미있지 않다는 점이다. 작가들은 이슬람 군대를 이교도·괴물·종교를 제외하면 프랑스 기사들과 구별되지 않는 기사들로 구성되어 있는 것으로 묘사함으로써 그런 문제를 해결했다. 예를 들면 『롤랑의 노래』에서 수적으로 훨씬 열세인 롤랑의 기사들이 맞아 싸운 이슬람 군대에는 기독교도였더라면 훌륭한 기사였을 사람들이 적어도 여러 명 있는 것으로 묘사되어 있다. 흥미롭게도 그 저자는 '훌륭한 귀족'이라는 표현을 써가면서 몇몇 이슬람교도를 칭찬하면서도, 롤랑의 기사들 가운데 한 명에 대해서는 "이교도는 이렇게 훌륭한 기사가 될 수 없다"고 말해야 한다고 느꼈다.[42]

종교만 아니었으면 찬양될 이슬람 전사들과 더불어 또 하나의 반복되는 모티브는 종교를 제외하면 모든 면에서 나무랄 데 없는 아름답고 세련된 이슬람 여인이다. 이 점에서 해결책은 더 쉬웠다. 즉 주인공이 그녀를 설득해서 개종하도록 하고 그녀와 결혼한다. 12세기의 기욤 도랑주 이야기에서도 주인공이 그렇게 했다. 13세기 로망스인 『오카생과 니콜레트』에서 니콜레트는 노예로 구입된 이슬람 소녀로 묘사되는데, 결국 그녀는 해방되고 세례를 받는다. 『퍼시벌』의 독일어

판본인 『페르치발』*에서 페르치발의 아버지도 마찬가지 일을 하려고
했다. 그러나 그 이슬람 숙녀는 페르치발의 아버지가 그녀를 떠난 뒤
에야 개종하는 데 동의했고, 그는 프랑스에서 돌아와서 그녀 대신에
페르치발의 어머니와 결혼했다. 『롤랑의 노래』에서 샤를마뉴는 이슬
람 여왕과 결혼할 의도는 없었지만, 다른 이슬람교도의 경우와는 달
리 그녀를 강제로 개종시키거나 죽이지 않고 그녀를 집으로 데리고
온다. 즉 그는 '사랑을 통해' 그녀를 개종시키는 길을 택했다.43)

　*볼프람 폰 에센바흐(Wolfram von Eschenbach)는 크레티앵 드 트루아(Chrétien de
　Troyes)의 『퍼시벌(Pervecal)』을 토대로 『페르치발(Perzival)』을 썼다.

귀족의 결혼

건강한 아버지를 둔 귀족청년이 '젊은이'에서 젊은 주군이 되는 가
장 빠른 방법은 〔물론 일반적으로 이슬람교도가 아니라 기독교도인〕
상속녀, 즉 많은 재산을 가진 부친이 죽었고 남자형제가 없는 여성을
만나서 결혼하는 것이다. 그러나 12세기에는 장남조차도 그러한 상속
녀를 발견하지 못하면 그의 아버지가 죽을 때까지 기다려야만 했다.
차남 이하의 아들들 중에는 다행히 상속녀를 만나는 경우도 있었
지만 그들 대부분은 독신으로 남아 그의 형과 생활하거나 기껏해야
가족재산의 일부에 관심을 기울일 수 있었을 뿐이었다. 앞에서 지적

했듯이 가족재산이 너무 많은 상속자들 사이에서 분산되어 버리지 않을까 하는 두려움 때문에 11세기 말, 12세기 초에 엄격한 장자상속제가 채택되었던 것 같다. 물론 그 결과 거의 재산을 받지 못하는 현실을 받아들이려고 하지 않았고 결혼할 기회도 별로 없게 된 차남들이 반기를 들었다. 플랑드르의 로베르 1세는 그의 죽은 형의 아들을 죽이고 백작령을 차지했고, 12세기 초에 부르봉의 영주인 에몽은 그의 형이 죽은 뒤에 조카의 상속권을 박탈하고 부르봉의 영주권을 차지하였다. 장남이었던 음유시인 베르트랑 드 보른Bertran de Born은 그의 동생들이 "나의 권리를 인정하지 않으려고 한다"고 불평했다.44) 그러나 13세기에 차남 이하의 아들들이 후술할 이유 때문에 더 빈번히 결혼하게 됨으로써 긴장이 완화되었다.

중세 내내 〔이 문제에 관한 한 고대에도〕 결혼상대자를 택하는 것은 정치적 책략의 문제요, 지배층이 될 수 있다는 기대감의 문제였다. 결혼 전에 서로 만날 기회가 거의 없었을 결혼당사자들의 뜻보다 가족의 이해관계가 더 중요했다. 예를 들면 어떤 성주가 12세기 초에 딸을 국왕 필립 1세의 사생아에게 시집보냈다. 그리하여 오랫동안 눈엣가시 같던 성을 자기편으로 만든 필립이나, 그 성을 계속 유지하는 것을 보장받게 된 성주나 모두 만족하였다.45)

그러나 사랑에 빠져 결혼한다는 현대적 개념이 12세기에 기사이야기에 등장하기 시작했다. 물론 로망스에서는 주인공들이 어떤 식으로든지 결혼하기에 아주 적절한 사람과 사랑에 빠졌다. 『라울 드 캉브레』에서 영주인 게리Guerri의 딸은 으레 그러하듯이 그녀의 아버지가 새로운 전쟁발발을 피하기 위해서 화평을 맺어야 할 필요가 있는 사람과 열렬한 사랑에 빠졌다. "너그럽고 진정한 기사인 당신이 저와 결혼하면 평화가 지속될 것이고, 전쟁을 영원히 피할 수 있을 것입니다"라고 그녀는 그에게 말한다.46)

실제로 젊은이들은 적절한 배우자를 판단하는 데 나이든 친족들, 특히 나이든 여자친족들보다 판단력이 모자라다고 여겨지고 있었다. 그러나 적어도 결혼 뒤에는 배우자와 사랑해야 된다고 여겨졌다. 혼사의 핵심요소들 가운데 하나는 재산을 한 가족에서 다른 가족에게로, 혹은 한 가족 또는 양쪽 가족에서 새로 결혼한 부부에게로 이전시키는 것이었다. 초기 게르만족 법은 신부대*, 즉 신랑가족이 신부친족에게 지불하는 돈을 강조했다. 반면에 로마법은 신부가 신랑에게 가지고 가는 돈과 재산인 지참금의 중요성을 강조했다.

　□ * 신부대(新婦貸: bride-price)는 신랑 혹은 신랑의 친족이 신부의 친족에게 지불하는 돈
　　이나 예물이다. 이것은 신부의 성·노력봉사·출산력 등을 신랑의 집단이 가져오는 데 대
　　한 보상이다.

지참금은 부인이 죽거나, 심지어 간통이나 그밖에 다른 가증스런 범죄 때문에 남편이 부인과 이혼했을 때조차도 여전히 남편의 소유가 되었다. 지참금은 로마법에서 절대적으로 필수적인 것은 아니었지만 통상적인 관례였고, 어떤 남성이 어떤 여성을 단순히 첩으로 취했는가 아니면 실제로 그녀와 결혼했는가 하는 문제 〔예를 들면 어떤 부유한 로마인이 현저하게 낮은 신분의 여성과 관계를 맺을 때 발생했을

문제]가 발생하면, 지참금의 지불은 진정한 결혼이었음을 분명히 나
타내는 지표가 될 수 있었다.[47]

로마의 지참금제도는 중세에 지중해 연안지역에서 일반적이었고,
반면에 북유럽에서는 게르만족의 신부대가 더 중요했다. 그러나 중세
전성기 프랑스에서는 양자 모두 발견된다 — 남편이 아내보다 먼저 죽
을 경우 아내가 살아 있는 동안 아내몫으로 할당한 재산인 과부재산*
이 게르만족의 옛 신부대를 대치하기는 했지만.[48] 지참금과 과부재
산이라는 이중체제에서, 누가 무엇을 누구에게 언제 지불할 것인가에
대한 협상이 몇 달 동안 계속되는 경우도 있었다.

  □ *과부재산(dower)은 여자가 과부가 되었을 때 의지할 수 있는 재산을 가리키며 따라서
    일반적으로 '과부산' 혹은 '과부재산'으로 옮겨진다. 그러나 결혼할 때 이미 이것을 책정하
    는 경우가 많으므로 위의 역어는 어폐가 있다고 하여 이 용어를 '혼인증여재산'으로 옮기
    기도 한다. 역자는 이런 역어들 가운데 '과부재산'이라는 용어를 택했다.

이런 협상의 예는 1201년 불로뉴Boulogne의 백작과 프랑스 왕 필립
2세 사이에 맺어진 협정에서 발견된다. 이 두 사람은 백작의 딸 마틸
다가 '결혼할 수 있는 나이'가 되면 40일 내에 젊은 왕자와 결혼할 것
에 합의했다. 불로뉴 백작은 딸 마틸다가 지참금으로 불로뉴 백작령
의 1/3을 가져갈 것이고, 그녀의 어머니가 그녀 결혼 전에 죽으면 백
작령의 1/2을 가져갈 것이라고 선언했다. 이는 그 백작이 과부재산으
로 그의 아내에게 그 백작령의 1/6을 할당했음을 보여주는 것이다.[49]
다른 많은 중요한 결혼들의 경우처럼 이 결혼에서도 정치적 · 재정적
흥정이 로맨스에 등장하는 사랑의 개념보다 중요했다.

이런 예가 시사하고 있듯이 귀족신부의 지참금, 즉 신부가 남편에게 가져가는 재산은 이 시기 프랑스에서 상당했다. 지참금은 신부의 상속재산을 미리 가져가는 것이었다. 그래서 일반적으로 그녀의 부친이 죽었을 때 그녀는 더 이상 재산을 상속받지 않았다. 부유한 사위가 받지 않으려고 했기 때문이 아니다. 결혼생활을 하는 동안 귀족여성이 자기의 지참금 재산의 상당부분을 관리했다. 그러나 일반적으로 그녀의 권리는 여전히 남편을 통해 행사되었으며, 그녀는 남편의 동의없이는 그 재산을 처분할 수 없었다.[50] 일부의 경우 남편은 심지어 부인의 생전에도 자기 재산에서 수입을 거두는 것처럼 아내의 지참금 재산을 관리하고 수입을 거두었다. 그러나 여전히 지참금은 남편의 재산은 아니었다. 그러한 지참금은 아내가 죽으면 남편이 살아 있더라도 즉시 아이들에게 상속되었다. 왜냐하면 중세법에서 부부는 일반적으로 서로로부터 어떤 것도 상속받지 않기 때문이었다.

몇몇 가족들에서 지참금 재산은 아내와 더불어 들어오고, 또 그녀의 딸의 지참금으로서 딸과 더불어 나가는 특별하고 독립된 재산으로 다루어졌고, 가족의 일시적 부수입이 나오는 재산의 역할만을 했다. 한 귀족소녀가 부모에 의해 오툉에 있는 생 장-르-그랑St. Jean-le-Grand 수녀원의 수녀가 되었을 때, 그녀 부모가 기증한 입회금은 그녀가 상속받을 몫의 재산으로서 "그녀의 어머니가 결혼 때 받았던 토지"였다.[51] 그 어머니의 친정은 시집에서 좀 떨어져 있는 곳에 있었을 것이고 따라서 그녀의 지참금 재산도 시집의 소유지에서 좀 떨어진 곳에 있었을 것이다. 따라서 결혼과 더불어 시집으로 들어온 지참금 재산은 수입을 거두는 재산으로서보다는 또다시 지참금으로나 수녀원에 기증하는 입회금 등으로 딸과 더불어 나가는 재산으로서 더 유용했을 것이다.

남편이 아내몫으로 할당한 과부재산은 지참금이나 게르만족의 신부대와 다소 다른 기능을 가졌다. 왜냐하면 과부재산은 시집에서 결코 떠나지 않았기 때문이다. 과부재산은 시집온 여성의 친족이 아니라 그 여성에게 양도된 것이었다. 13세기가 되면 결혼 전에 계약을 맺어 남편이 죽을 경우 남편재산 중 얼마를 과부재산으로 할당할 것인지 정했다. 일반적으로 과부재산은 남편재산의 1/3 정도였다. 과부재산을 정하는 것 외에 귀족남편은 첫날밤을 보낸 뒤에 아내에게 '아침선물Morgengabe'도 주었다. 이것은 과부재산보다 훨씬 적은 재산이었을 것이다.

과부재산을 제외한 나머지 남편재산은 유언에 의해 누구에게 양도되거나 상속자들에게 전해질 수 있었지만, 과부재산은 아내가 살아 있는 한 그녀의 재산이었다. 어떤 성주 미망인의 과부재산이 약간의 토지와 한 장원청으로 구성되어 있다면, 그 미망인은 그의 아들이 성을 차지했을 때 과부재산이 있는 곳으로 퇴거해서 독립적인 여생을 보냈을 것이다. 『라울 드 캉브레』에서 주인공의 어머니는 남편이 죽은 뒤에 "그녀의 과부재산이 있는 곳에서 살라"고 권고받는데, "왜냐하면 그 어머니는 남편의 어떤 재산에 대해서도 법적 권한이 없고 따라서 남편의 어떤 재산으로부터도 수입을 얻지 못할 것이기 때문이다."52)

과부가 죽으면 그 자식들이 과부재산을 차지했다. 다시 한번 강조해야만 할 점은 남편과 아내는 서로 상속 — 어떤 재산의 완전한 소유권을 갖는다는 의미의 — 받을 수 없었다는 사실이다. 부모의 재산은 자식들에게 상속되었으며, 남편이나 아내는 죽은 배우자의 재산에 대해 완전한 권리를 갖지 않았다. 1178년에 루돌프Rudolph와 아델레드Adelaide라는 귀족부부 사이에 작성된 결혼계약서는 아내가 결혼할 때 '지참금으로in dotem' 가져갈 재산을 정하였으며, 남편은 자기 재산의 절반을 '과부재산 혹은 결혼선물로donatiio propter nuptias' 그녀에게 할당한다고 명시하였다. 그 계약서는 그 부부 사이에 아이들이 생기면 과부재산은 아내가 죽은 뒤에 그 자식들에게 상속되고, 자식이 없을 경우 남편의 근친에게 증여된다고 규정하고 있다.53)

일반적으로 귀족여성은 귀족남성보다 훨씬 어린 나이에 결혼했다. 소녀가 사춘기에 이르면 결혼할 준비가 된 것으로 여겨졌다. 일부의 경우 부모가 적절한 신랑감을 발견하면 이런 나이까지도 기다리지 않았다. 소년들도 일찍 결혼하는 경우가 있었다. 기베르 드 노장의 자서전은 11세기 말 가족생활에 대해 묘사하고 있는데, 그의 어머니가 11살이고 아버지는 몇 살 위였을 때 두 사람이 결혼했다고 기술하고 있다. 당연히 이 부부는 몇 년 동안 신방에 들 수 없었다.54) 그러나 일반적으로 남성들은 상당히 나이가 들어, 즉 30대 심지어 40대에 재산을 상속받거나 재산을 마련한 뒤에 결혼했던 것 같다. 로망스에는 나이든 남성과 결혼한 젊은 아내들의 이야기가 흔히 등장하는데, 이런 젊은 아내들은 당연히 남편들보다 자기 또래의 젊은 남성들에 매력을 느끼게 된다.

귀족여성은 통상 자신의 나이의 두 배가 되는 남성들 — 남성들은 마상시합·전쟁·십자군·질병 등으로 미혼으로 죽을 가능성이 여성보다 더 높았다 — 과 결혼했기 때문에, 중세 전성기에 아내를 구하는 귀족남성보다 남편을 구하는 귀족여성이 더 많았다. 소년들이 소녀들보다 더 많이 성직에 입문했기 때문에 이런 불균형은 더욱 심화되었다. 따라서 남성들은 여성들보다 더 쉽게 배우자를 선택할 수 있었다. 그 결과 남성들은 자신보다 상위신분의 여성, 아니면 적어도 동등한 신분의 여성과 결혼할 것을 기대할 수 있었다. 『오카생과 니콜레트』의 주인공인 오카생은 현재 사랑하는 소녀에 대한 합리적인 대안으로서 백작의 딸이나 심지어 공주를 찾아보라고 권고받는다. 반면에 여성들은 잘해야 자신들과 사회적으로 동등한 남성과 결혼할 수 있었고, 흔히 자신들보다 낮은 신분의 남성들과 결혼했다.55)

이처럼 귀족남성들에게 결혼은 사회적 지위향상의 기회였다. 가끔 어떤 성주는 그의 기사들을 서약한 전사와 봉신으로만이 아니라 사위로 삼음으로써 그들과의 관계를 더욱 돈독하게 할 수 있었다. 이런 식의 결혼 때문에 영광스런 귀족조상들을 자랑할 수 있었던 귀족들은 비귀족인 조상들도 가졌다. 12세기 초에 잉글랜드 공주의 결혼이 추진되다가 중단되었는데, 선택된 신랑감이 공주의 먼 친척이었기 때문

이었다. 그런데 공주나 신랑감이나 모두 그 이름조차 전해지지 않고 있던 어떤 산림관의 후손이었다.[56]

물론 오카생 같은 기사는 실제로 공주와 결혼할 수는 없었다. 그러나 기사들이 성주의 딸들과 결혼했듯이, 성주들은 백작의 딸들과, 백작들은 공작의 딸들과, 공작은 공주들과 결혼할 수 있었다. 그래서 모든 귀족들이 여성들을 매개로 해서 혈육과 동맹의 망網을 형성하였다.[57] 13세기가 되면, 귀족들이 자신들과 비귀족 사이의 급격히 줄어드는 차이를 저지하려고 필사적으로 노력했지만, 기사들의 딸들은 편의상 부유한 도시민의 아들들과 결혼하였다.

귀족가족들이 배우자를 선택하는 것은 쉽지 않은 문제였다. 그들은 정치적·재정적·사회적 이익을 고려해야만 할 뿐 아니라, 근친혼의 가능성도 고려해야 했다. 7~8세기부터 13세기에 걸쳐 공의회는 7촌 이내의 결혼을 금지시켰다. 촌수는 공동의 조상으로 거슬러 올라가 계산되었고, 따라서 한 형제와 자매는 그들의 공동조상인 부모로 한 세대 거슬러 올라가기 때문에 1촌이고, 동일한 조부모를 둔 첫번째 친족은 2촌으로 계산되었다.* 따라서 이론적으로 결혼하기 위해서는 6촌 이상의 촌수가 되어야 했다. 이러한 중세 초기의 근친혼 금지범위는 로마법이나 오늘날 사용되는 촌수범위보다 훨씬 넓었다.[58]

　 * 서양의 촌수계산법에는 게르만식과 로마식이 있었는데, 직계촌수는 양자 사이의 세대수를 헤아려 부자간이 1촌, 종손간이 2촌이라는 식으로 같지만, 방계촌수를 세는 법이 다르다. 로마식 촌수계산법은 각기 공동의 선조에 이르기까지의 세대수를 — 단 공동의 선조는 넣지 않고 — 더한다. 가령, 같은 할아버지에서 나온 친사촌들은 각기 할아버지와 2촌간이므로, 2촌+2촌=4촌이 되는 것이다. 이런 촌수계산법은 우리의 촌수계산법과 같

은 결과에 이른다. 반면 게르만식 촌수 계산법은 공동의 선조에 이르는 세대수만을 세므로, 친사촌들은 2촌간이 된다. 교회에서는 처음에는 로마식 촌수계산법을 따랐으나, 중세에 들어 게르만식 촌수계산법이 우세하게 되었다.

귀족들은 어떤 식으로든지 서로 밀접하게 연결되어 있었고 조상의 수는 매세대마다 두 배가 되기 때문에〔각각의 사람은 두 명의 부모, 4명의 조부모, 8명의 증조부모 등등을 갖는다〕금지된 촌수 밖에서 적당한 사회적 지위를 가진 배우자를 구하는 것이 거의 불가능할 정도가 되었다. 가족의 상속재산을 보존하려는 욕망 이외에도 이런 점이 12세기에 장남만이 결혼한 또 하나의 이유일 것이다. 장남의 배우자를 찾는 것도 어려운데, 모든 아들들의 배우자들은 말할 것도 없었다. 근친혼을 피하려는 노력 때문에, 귀족조상이 없었기 때문에 성주들과 인척 관계가 아니었던 기사들이 성주 딸들의 매력적인 결혼상대자가 되었다.

귀족가문들을 '통제'하고 귀족들의 재산을 분산시키기 위해서 교회가 근친혼 금지를 강화했다고 주장되기도 했다.[59] 그러나 이런 냉소적인 견해는 사료들에 나타나는 증거들과 부합하지 않는다. 분명히 단일한 통일체로서의 교회는 존재하지 않았으며, 많은 교회지도자들은 세속귀족들의 친인척이었고 따라서 귀족들의 이익에 상당히 호의적이었다. 게다가 더 중요한 점은 귀족가문들이 그들의 재산이 외부인과의 결혼을 통해 분산되는 것을 방지하여 재산을 보존하는 것에 주로 관심이 있었다면, 교회가 6촌까지의 결혼을 금지하든 2촌까지의 결혼을 금지하든 이런 금지에 그렇게 지나칠 정도로 신경 쓰지 않았을

것이다. 굳이 재산을 보호하기 위해서라면, 가능하면 가까운 촌수 내
의 결혼이, 심지어 형제자매 사이의 결혼이 필요했을 것이다. 이런 수
준의 근친혼은 사실상 기독교 사회든 아니든 모든 인간사회에서 금지
되어 왔다.

　10~11세기에 귀족들은 교회의 근친혼 금지를 준수했거나, 적어
도 준수하려고 노력이라도 했던 것으로 보인다. 세속인들은 적어도
자신들의 이해관계가 위태로워지지 않았을 때는 성직자들 못지않게
금지된 촌수 내의 결혼을 피하려고 했다. 11세기 말에 앙주 백작은
국왕 필립 1세가 자기 아내와 놀아나자 격노했다. 그는 자기의 가계도
를 조사하다가 자신은 왕의 삼촌뻘이고 따라서 왕은 간음만이 아니라
근친상간도 저질렀다는 사실을 알고 쾌재를 불렀다.[60]

　교회를 무시하고 근친과 결혼하려고 한 사람들은 공의회의 반대에
직면했고, [11세기 초에 가까운 친척과의 결혼을 유지하려고 했으나
실패한] 국왕 필립 1세와 로베르 2세의 경우처럼 심각한 정치적·사
회적 결과에 직면했다.* 결혼은, 잘못되어 이혼해야만 할 경우 애써
계획한 일들이 수포로 돌아가기 때문에 매우 어려운 문제였다. 12세
기가 되면 대귀족들은 [교회 결혼수칙의 엄격한 해석이 허용하는 것
보다는 가깝지만, 그럼에도 분명히 충분히 먼 촌수인] 5촌 혹은 6촌을
넘어선 촌수의 친척들과 결혼했다.[61]

　□ * 필립 1세와 로베르 2세는 근친혼이 문제가 되어 파문당했다.

　귀족들이 교회의 근친혼 금지를 수용한 것은 귀족들이 같은 시기

에 결혼을 성사聖事로 수용한 것의 불가피한 한 부분이었을 것이다. 결혼이 성사가 된 것은 10~11세기의 새로운 현상이었다. 중세 초에는 결혼이 가족구성원들에 의해 결정되었고, 가족들 사이의 재산이전을 포함하였고, 결혼을 축하하는 성대한 파티가 열렸으며, 신혼부부를 신방에 들여보내는 것으로 절정에 달했다. 서구사회가 대체로 기독교화된 이후에도 중세 초 결혼식에서 사제의 역할은 신방을 축복하는 정도로 한정된 것이었다. 그러나 성경에 하느님이 부부를 결합시킨다고 기술되어 있으며, 따라서 결혼에서 사제의 역할이 꾸준히 증가하였다. 9세기가 되면 왕이 이혼하려고 하면 주교들이 왕비를 위하여 왕의 처사에 개입하였고, 결혼은 성스러운 것 즉 성사며 따라서 쉽게 파기될 수 없다고 주장했다.62)

이리하여 머지않아 결혼식 때 결혼의 종교적 성격을 강조하게 되었다.63) 중세 전성기에 결혼은 성사였고, 1215년 라테란 공의회에서 분명히 그렇게 선언되었다. 그러나 흥미롭게도 결혼은 사제가 아니라 부부 자신들에 의해 집행되는 유일한 성사였다. 남성과 여성이 서로에게 충실하겠다는 서약교환 — 일반적으로 반지의 교환에 의해 상징되는 — 은 기독교식 결혼의 핵심이었다. 12세기가 되면 결혼식은 통상 교회 안은 아닐지라도 교회의 문 앞에서 거행되었다. 반면에 일반적으로 결혼파티는 결혼식이 끝난 뒤에 결혼미사를 위해 교회 안에서 열렸다. 〔오늘날 가톨릭 결혼식도, 전 과정이 성당 안으로 옮겨져 행해지기는 하지만, 여전히 두 가지 별개의 부분, 즉 서약 교환과 미사

를 행한다]

결혼은 중세 전성기 교회법의 발전에 있어서 단일주제로는 가장 중요한 것이었다.64) 12세기에 교회법학자들은 서약교환과 그 이후의 육체결합copula carnalis이라는 두 요소를 적법한 결혼의 기준으로 보았다. 결혼은 사제없이 행해졌을지라도, 심지어 남몰래 행해져도, 이 두 요소를 포함하고 있으면 여전히 유효했다. 일단 이 두 요소가 갖추어지면 부부 중 그 누구도 배우자가 살아 있는 한 다른 사람과 결혼할 수 없었다. 12세기 초에 에노Hainaut 백작이 두 명의 여성에게 결혼을 약속했다. 그러나 공의회는 그 백작이 관계를 맺은 여성만 결혼한 것으로 판결했다.65) 비밀결혼도 유효하기는 했지만 이 경우 부부는 참회해야 했다. 왜냐하면 교회법학자들은 서약에는 증인이 있어야 한다고 주장하였기 때문이다. 가족들도 재산이전 문제가 적절하게 협상된 뒤에 식구들 앞에서 행해지는 공개결혼식을 원했다.

성사인 결혼은 이혼으로 끝나서는 안되었다. 11세기 말이 되면 적법한 결혼이 행해지지 않았으며 따라서 어떤 커플이 결혼한 것으로 볼 수 없다는 선언인 결혼무효만이 가능했다. 결혼무효를 선언할 수 있는 근거들은 근친혼과 [부부 중 한사람 혹은 두 사람 모두 다른 사람과 이미 결혼한] 중혼, 강제 결혼서약, 그리고 부부 중 어느 한편이 첫날밤을 치를 수 없는 것 등이었다. 12세기 초 잉글랜드의 은둔자인 크리스티나는 부모의 반대에도 불구하고 자신의 결혼을 무효화시킬 수 있었다. 왜냐하면 그녀가 서약을 교환함으로써 '성사'를 행했지만 첫날밤을 치르는 것을 계속 거부했기 때문이다. 마리 드 프랑스의 시에서, 한 남성이 대주교 앞에서 결혼서약을 막 교환한 여성과 결혼하지 않기로 최종순간에 결심하였다. 대주교는 다음날 아침 그 부부가 관계를 갖지 않았음을 알고 기꺼이 그 결혼을 무효화했다.66)

교회의 결혼준칙은 일반적으로 수용되었지만 귀족들에게 많은 어려움을 안겨주었다. 12세기가 되면 귀족들이 친척관계가 아닌 사람으로서 적당한 나이·사회적 지위·정치적 안정성을 갖춘 배우자를 찾는 것은 거의 불가능했다. 이것은 유력귀족들에게 더 예민한 문제였다. 그들의 수가 아주 적었기 때문이다. 해결책은 다소 냉소적이지만 편리한 것이었다. 헛되게 친척이 아닌 사람을 찾느니, 알면서도 〔대체로 2촌은 아니고, 3촌이나 4촌인〕 친척과 결혼하는 것이었다. 그리고 그들이 어떤 다른 이유로 이혼을 원하면 그들 결혼이 근친혼이었음이 밝혀졌다고 선언하면 그만이었다. 가장 유명한 예가 1150년대의 프랑스 왕 루이 7세와 독일 황제 프리드리히 바바롯사였다.

12세기 말이 되면 귀족부부들은 가계도를 잘 조사하기만 하면 지난 한두 세기 동안 어느 곳에서든 공동의 조상을 찾아낼 수 있었다. 그래서 그들이 원하기만 하면 그들 결혼이 근친혼이었다고 하여 이혼을 요구할 수 있었다. 이런 이혼요구에 진질머리가 난 교회는 로마법에 나오는 '금지촌수' 규정을 재검토하여 중세초기의 교회가 제시한 것보다 훨씬 축소된 촌수를 제시했다. 근친혼에 관한 수칙이 1215년 라테란 공의회에 변경되어 많은 위선을 제거하였다. 라테란 공의회는

중세의 혼례성사는 개인들 사이의 서약으로 구성되어 있었다. 그러나 일반적으로 사제로 하여금 두 사람의 결혼을 축복하도록 하는 것이 바람직하다고 여겨졌다. 이 그림에 묘사되어 있는 사제는 결혼을 준비하면서 젊은 커플의 손을 잡고 있다. 이 그림은 결혼에 관련된 법령집에 실려 있는 것이다.

근친혼 금지촌수를 7촌에서 4촌으로 축소했다. 이 공의회에서 결혼이 7성사 중의 하나로 공식선언되기도 했다.[67]

결혼금지 촌수의 축소는 매우 환영받았다. 금지촌수가 7촌까지였을 때 귀족들이 주교들의 암묵적 동의를 얻어 6촌을 실제의 금지촌수로 결정했듯이 13세기에 귀족들은 3촌을 받아들일 수 있는 금지촌수로 생각했다. 그리하여 1215년 규정 이후에는 한 세대 이전이라면 근친혼으로 규정되었을 결혼들이 행해졌다.

이와 동시에 과거에는 독신으로 지냈던 차남 이하의 아들들도 짝을 찾기 시작했다. 짝을 찾는 것이 훨씬 쉬워졌기 때문이다. 가족들도 차남 이하의 아들들이 결혼하는 것을 더 기꺼이 허락하였다. 그 원인의 일부는 11~12세기의 엄격한 장자상속 때문에, 모든 가족의 희망을 짊어진 장남이 상속자를 낳지 못할 경우 부계로 정해지는 많은 가계들의 소멸되는 결과가 발생했기 때문이다.[68] 게다가 13세기에 특히 대학 교육을 받은 사람들이 법정에서 일할 기회가 생겼으며, 따라서 성주들과 기사들 중에 남자형제들과 친척들은 이제 가족의 토지재산의 일부를 차지하는 것 외에 새로운 선택의 여지를 가질 수 있게 되었다.[69]

13세기에 지참금의 평균규모가 증가한 것은 각 세대마다 결혼한 아들들의 수가 증가한 것과 분명 연관이 있다. 이 시기에 '결혼시장'이 있었고 여성들이 더 많고 매혹적인 지참금을 가져간 이유는 그들이 남편감을 찾기가 더 힘들어졌기 때문이라고 주장되기도 했지만,[70]

이런 경제적 모델은 잘못된 것이다. 오히려 모든 증거들을 보면 13세기에 귀족여성들은 과거보다 쉽게 남편감을 찾을 수 있었음을 알 수 있다. 12세기에는 대부분의 소녀와 일부 소년만이 결혼할 예정이었다. 그러나 한 세기 뒤에는 더 많은 청년들이 결혼할 예정이었고, 동시에 수녀원들이 더욱 일반화되어 이전에 남성들에게 훨씬 쉽게 이용되었던 결혼생활의 대안이 여성에게도 생겼다. 따라서 지참금 규모의 확대는 지참금의 역할이 변하여 이전과는 다른 기능을 한 것으로 보아야만 한다.

13세기 지참금은 어떤 가족의 어떤 딸과 이 딸의 미래의 가족에 준 상속재산 — 대체로 그녀가 자신의 자식들에게 물려줄 재산 — 이라기보다는, 시집의 세습재산이 매 세대마다 더 빈번해진 결혼을 뒷받침하기 위해 더 잘게 나뉘어져 상속되던 시대에 부부 자신들의 자립을 위해서 필요한 것이었다.71) 따라서 1천여 년 이상으로 거슬러 올라가는 전통을 지닌 제도인 지참금과 과부재산은 귀족가족의 변화하는 필요를 충족시키기 위해 지속적으로 그 기능이 바뀌고 변했다.

이처럼 중세 전성기에는 여러 상이한 결혼모델들이 있었다.72) 적어도 세 종류의 적절한 결혼이 있었다. 첫째 진정으로 사랑하는 사람들의 낭만적 결혼, 둘째 정치적·사회적·경제적으로 유리한 동맹을 맺기 위한 결혼, 셋째 종교적으로 올바른 것으로서 근친이 아닌 배우자와 하는 신성한 결혼이 그것이다. 자식들의 혼사를 준비하는 개개의 귀족가문들은 이러한 유형의 결혼들 모두를 적어도 일정정도 염두에 두어야만 했다.

성城에서의 생활

　일단 남녀가 결혼하면 남편이 성주일 경우 그 부부는 성에 있는 모든 사람들의 상징적 부모이기도 했다.[73] 13세기 이전에는 한 성에 결혼한 부부가 동시에 한 쌍 이상 있는 경우가 드물었다. 왜냐하면 일반적으로 상속자는 그의 부친이 사망하기 이전에는 결혼하지 않았기 때문이다. 일반적으로 안주인, 몇 명의 하녀들, 그녀의 딸들 이외의 여성들은 별로 없었다. 성주의 어머니·고모·여자형제들이 성주와 함께 살기도 했을 것이다. 주방부터 마구간과 성벽 파수대에 이르기까지 성에서 근무하는 사람들은 모두 남성들이었다.

　성의 안주인은 이런 모든 사람들을 관리할 책임이 있었다. 여성이 남성보다 훨씬 어린 나이에 결혼했기 때문에, 그리고 여성은 결혼하면 곧 성의 안주인이 되어 모든 것을 관리해야 했기 때문에, 소녀들은 어머니를 따라다닐 나이만 되면 주방에서 금고와 곡물저장소에 이르기까지 성의 관리를 교육받았다. 안주인은 성에 필요한 식량을 확보해야 할 뿐 아니라 남편이 출타중일 때는 심지어 성의 방어도 담당해야만 했다. 잉글랜드의 국왕 헨리 1세의 사생아인 줄리아나Juliana는 남편과 더불어 반란을 시도할 때 부왕에 대항해서 성을 방어했으며, 심지어 협상이 벌어졌을 때 그녀는 충성스런 딸로서 참회하는 척하다가 부왕을 석궁으로 쏘려고 했다. 그 왕은 그녀를 처벌하기 위해 속옷만 입힌 채 그녀를 성벽 밖에 있는 해자로 내던졌다. 그녀는 해자에서 온몸이 젖어 추위에 떨면서 끌어올려졌지만 여전히 뉘우치지 않았다.74)

성의 안주인들 대부분은 줄리아나만큼 적극적이거나 호전적이지 않았지만, 그녀들은 지식을 갖추고 능수능란하고 적극적이어야 했다. 안주인은 금고의 열쇠와, 금고만큼이나 소중한 양념상자의 열쇠 등을 벨트에 매고 다녔다. 크리스티나가 은둔자가 되기 위해 집에서 도망칠 때 집에서 했던 마지막 일은 열쇠들을 여동생에게 넘겨준 것이었다. 안주인은 성에 거주하는 모든 사람들의 안위를 책임졌기 때문에 성에서 가장 바쁜 사람이었다.75)

성주와 그 부인을 비롯한 성의 모든 사람들은 원래 하나의 대가족처럼 생활하였고, 그래서 한 방에서 먹고 잤다. 오늘날의 공적 공간과 사적 공간의 구분은 12세기 성주에게는 의미가 없었다 — 공적인 권리·수입과 사적인 권리·수입의 구분이 의미가 없었듯이. 『베오울프』 등의 문학작품들에서 잘 볼 수 있는 것처럼 중세 초기 이래로 귀족의 생활은 여러 보조건물들을 갖춘 성 전체의 중심지인 대형 홀에 집중되었고, 사람들은 그 곳에서 먹고 자고 즐기고 공무를 집행했다. 11~12세기의 원래의 성들에서 생활의 중심지는 이러한 대형 홀이었다. 흔

히 홀은 성 방어의 중심인 커다란 정방형의 탑인 아성牙城의 2층 전체
를 차지했다.76) 이러한 홀에 식사를 위한 기다란 테이블들이 설치되
었고, 성의 거주하는 사람들은 밤에 이 곳에서 발을 뻗고 잠을 잤다.
중세말기까지는 지배층의 집에도 개인용 침대는 드물었다.

점차 사생활을 존중하는 방향으로 나갔다. 원래 성주부부의 침대는
대형 홀의 중앙에 있었고, 커튼이 쳐져 있었을 뿐이었다. 그러나 12~
13세기에 그들의 침대가 처음에는 홀 끝에 있는 단壇으로 옮겨졌고, 뒤
이어 홀 끝에서 계단으로 올라가는 큰방으로 옮겨졌다. 중세 말이 되면
심지어 큰방도 더 이상 부부를 위해 충분히 사적이지 못했다. 그들은
상당한 격식을 갖추고 대체로 따로 식사했을 것이며, 큰방 너머에 있는
조금 작은 방인 사실私室:closet — 그 이후 원래의 의미를 잃어버리고
이제는 옷 등을 보관하는 곳을 지칭하게 된 — 에서 잠잤다. 점차 격식
을 더 갖추는 것과 더불어 침실의 이동은 중세 이후에도 계속되어, 18
세기 프랑스에서 왕실에서의 어떤 사람의 지위는 그가 왕의 침소로 뻗
어 있는 긴 복도의 어디까지 갈 수 있느냐에 따라 결정되었다.77)

중세 전시기에 대형 홀에 활력을 불어넣는 가장 중요한 활동, 즉
기사들의 활동이 주로 전개되는 이벤트는 연회였다.78) 오락·선물과
훌륭한 의상, 심지어 마상시합이 연회의 요소들이었다. 제공되는 음
식은 농민들이 생산한 고기와 야채 및 사냥한 새와 동물을 외국에서
수입한 양념으로 요리한 것이었다. 아서왕을 다룬 많은 로망스들은
연회로 시작되며, 이 연회에서 예상치 못한 어떤 일이 발생한다. 예를

들면 퍼시벌이나 청기사가 말을 타고 홀의 중앙에 나타난다. 연회는 성에 거주하는 모든 사람들의 통일성을 상징하였는데, 영주가 특별한 음식을 따로 먹은 것이 아니라 모든 사람들이 같은 음식을 함께 먹는다는 점에서 그러했다.

몇 시간씩 계속된 이런 연회들은 품위있는 식탁매너, 농담, 세련되고 우아한 입담을 과시하고 좋은 음식을 실컷 먹을 수 있는 기회였다. 로망스들에는 귀한 — 심지어 상상 속의 — 새들과 동물들이 요리로 등장한다. 실제 연회에서도 귀한 음식은 주인의 자부심의 원천이었다. 그래서 비싼 양념과 주류, 고급스런 식기, 개별적으로 식사시중을 드는 데 필요한 많은 하인들이 동원되었다.

*   *   *

연회는 궁정의 상징이었고, 궁정에서 소위 '궁정식' 행동의 모델이 발전하였다. 그러나 연회의 또 다른 핵심적인 측면이 있다. 즉 연회는 어떤 가족의 집에서 개최되었다는 것이다. 부와 사회적 기술을 최대로 과시하는 연회가 영주가족의 중심부에서 개최되었으며, 그 곳에서 손님들은 거의 그 가족의 일원이 되다시피 했다. 중세 전성기에 가구household에 해당되는 파밀리아familia라는 단어가 있었지만 핵가족을 의미하는 단어가 없었던 것은 우연이 아니다.

귀족의 보다 광범한 친족집단, 즉 오늘날의 용어로 말하자면 '확대가족extended family'은 매우 영향력이 있었다. 어떤 일을 결정할 때 개인들의 의사보다 친족집단의 동의가 더 중요했다. 어려운 시기에 사람들은 그가 속한 집단이 필요했으며, 중세의 남성가계 친족은 대표적인 그런 집단이었다. 혈연적 유대는 봉건적 유대나 어떤 왕국에 대한 소속감보다 훨씬 더 중요했고, 중세 전성기에 그것의 중요성은 감소하지 않았다.

11~12세기에 지배층은 그들의 친족을 점점 더 명확하고 정확하게 한정하였고, 그리하여 거의 언제나 자식에게 손위친족의 세례명을 붙여주는 이전의 관례를 지속했을 뿐 아니라 모두가 흔히 가족의 성城을 바탕으로 하는 두번째 이름을 사용하였다. 친족관계kinship는 부계 위주로, 그리고 세월이 흐름에 따라 점차 장남위주로 이루어져 장남은 전가족을 상징하는 존재가 되었다. 그러나 사람들이 이런 식으로 그들 가족들에 대해 생각하는 동안에도 그들은 언제나 같은 가족의 다른 남자성원들과 끊임없이 경쟁하였다. 혈연관계라는 것은 목적을 같이 하는 것을 의미하는 것이 아니라, 대다수의 경우 재산을 둘러싸고 경쟁하는 것을 의미했다.

중세 전성기에 귀족 젊은이의 교육은 가족의 화합을 함양하는 데 도움이 될 수 없었다. 젊은 남녀들이 적어도 기초교육을 받았지만, 소녀들은 주로 결혼을 위해 교육받고, 소년들은 군사적 생활을 위해 교육받았다. 그 결과 젊은 혈기가 넘치지만 군사기술을 발휘할 기회를 별로 갖지 못한 거친 '젊은이들'의 무리가 생겨났다. 기독교도가 같은 기독교도를 죽이는 것을, 특히 가까운 친족을 죽이는 것을 점차 금기시하는 사회에서 고삐 풀린 그들은 자신들의 에너지를 마상시합과 십자군이라는 용인되는 폭력에 쏟아부었다. 그들은 그렇게 했지만, 그러나 종종 젊은이들이 사라지기를 원하던 연장자들이 실망스럽게도 그들은 다치지 않고 살아 돌아와 기회가 되면 그들의 의무를 떠맡으려고 했다.

　부모와 '젊은이들' 모두의 최종목표는 결혼하고 자식을 갖는 것이었다. 다음 장에서 자세히 다루겠지만 많은 12세기 로망스의 주인공은 모험을 마치고 마침내 그를 사로잡은 소녀와 결혼한다. 실제 사회에서 결혼은 자신보다 상층의 친족집단들과 동맹을 맺어 사회적으로 상승하는 기민한 수단이 되었다. 결혼은 가족구성원들이 과부재산과 지참금을 통한 재산의 이전移轉에 관한 협정을 맺는 데 상당한 시간과 정열을 투자하는 행사이기도 했다. 그러한 협정은 결혼당사자의 감정보다 훨씬 더 구체적이고 중요하였다. 결혼은 점차 성사적인 서약의 교환으로 여겨졌다. 그러나 이러한 의미는 귀족들 사이에서의 경제적·정치적 조치였던 것과 언제나 중첩되었다.

　젊은 귀족남성들은 결혼하고 그들의 상속재산을 얻을 기회를 기다리고 있었고 젊은 귀족여성들은 괜찮은 남편을 바라고 있었다. 한편 12세기 사회는 그들에게 전쟁과 사랑에 있어서의 행동에 대한 점차 정교해진 이상을 제시하였다. 다음 장에서 급속하게 전개되고 종종 모순되기도 하는 이러한 기사도의 이상들을 살펴보기로 하겠다.

4. 귀족과 기사도

영어 chivalry란 무엇인가? 이 용어는 프랑스 고어古語인 슈발리 chevalerie에서 나왔고, 또 슈발리는 기병을 의미하는 중세 라틴어 카발라리우스caballarius에서 나왔다. chivalry라는 단어는 법적 혹은 기술적 용어가 아니었다. 일반적으로 법적 용어나 기술적 용어는 속어가 아니라 라틴어로 표현된다. 오히려 그 단어는 세속어로 씌어진 문학작품에 그 뿌리를 두고 있다. 그 단어가 중세 전성기의 프랑스 문학에서 사용되었기 때문에, 그것의 의미는 다소 애매하다. 즉 그것은 기사 집단을 의미할 수도 있고, 또 이런 기사집단의 태도나 이런 집단구성원들이 준수해야 하는 규범을 의미할 수도 있다.1) 본 장에서 나는 그 용어를 남성지배층 사이에서의 행동의 문학적 모델을 의미하는 것으로 주로 사용하도록 하겠다.

그러나 12~13세기에 이런 의미로 chivalry를 사용하는 것은 다소 시대착오적이다. 12세기 말까지 프랑스 고어 슈발리는 기병의 전사적 속성을 묘사하기 위해 특별히 사용되었고, 도덕적 혹은 사회적인 부가적 의미는 없었다.[2] 귀족들의 정중하고 고결한 행동과 올바른 처신은 처음에는 완전히 다른 용어인 '코르트와지cortoisie'라는 용어로 표현되었다. 이 두 용어[chivalry와 cortoisie — 영어로는 courtesy]의 의미들이 12세기 말과 13세기 초에 합쳐지는 경향을 보였기 때문에 본 장에서 그 두 용어들을 함께 다루고 기사들의 이상적인 행동에 chivalry라는 하나의 이름*을 붙이는 것이 가장 용이할 것 같다. 그러나 우리가 오늘날 하나의 개념일 것이라고 상상하는 것이 실은 여러 기원들을 가지고 있다는 점을 염두에 두어야 할 것이다.

  □ * 이후부터 chivalry라는 용어를 '기사도'로 번역하도록 하겠다.

당시 사람들이 기사도적인 태도를 언급할 때, 그들이 언제나 의미했던 단 하나의 기준이나 규범은 없었다. 따라서 오늘날 학자들이 하나의 포괄적인 정의를 추구할 필요가 없다는 사실을 깨달으면, 12세기 기사도의 이해는 훨씬 단순해진다. 오랫동안 학자들은 11세기는 아닐지라도 12세기에, 1000년경에 등장하였고 귀족들에 봉사하던 기사들의 자손들과 수세기 동안 서유럽을 지배했던 대귀족의 자손으로 구성된 단일한 기사계급이 존재했고 또 그들은 기사도라고 불리는 하나의 행동규범을 공유하였다고 가정했다.[3] 그러나 단일한 기사계급이라는 개념이 반박되었듯이 모든 기사들과 귀족들이 준수했던 명확한 규칙을 가진 어떤 하나의 이상이 존재했다는 주장도 반

4. 귀족과 기사도   157

박되었다.

중세 지배층 모두가 알고 있었고 또 준수하려고 했던 고정된 '기사도의 규범code of chivalry'이라는 관념은 중세가 아니라 오늘날 만들어진 것이다. 지배층의 어떤 이상화된 규범은 기사와 성城이 등장한 뒤 약 100년 뒤인 12세기 초에 문학작품에서 처음 등장하였고, 12세기 말이 되면 일반적인 모티브가 되었다. 그러나 13세기 후반 이전에는 기사도를 명백하게 정의하려는 의식적인 시도가 없었다. 따라서 기사도는 중세 전성기 동안에는 '작업가설상으로operationally' 가장 잘 정의될 수 있다. 이하에서 필자는 '기사도'라는 용어를 기사들과 귀족들이 가능하면 따르려고 했던 행동양식 ― 서사시와 로망스에 기반을 두고 있고 또 이것들에 반영되어 있는 ― 즉 기마전투를 그 핵심요소로 하는 행동양식을 의미하는 것으로 사용하겠다.

중세 말의 기사도는 11~12세기의 기사도와 달랐다. 기사도는 변하지 않았고 14~15세기의 체계적인 저술들에서 수집할 수 있는 세부적인 사실들이 그 이전 시대에도 적용될 수 있다고 가정해서는 안된다.4) '기사도'라는 단어에 너무 많은 의미를 부여해서도 안된다. 11세기 성부터 13세기 마상시합과 15세기 문장紋章에 이르기까지 모든 것이 기사도의 속성으로 묘사되고 있는 것을 발견하면, 그 용어사용을 재고해야만 할 것이다.

서사시와 로망스

기사도 연구의 주요자료는 문학작품이다. 기사도가 진정 어떠했는가에 관심이 있다면, 통상적인 사료들인 특권장·서간·법령·연보 등을 넘어서서 12~13세기에 씌어진 문학작품인 서사시와 로망스에 다가가야 한다. 따라서 이런 자료들의 성격에 대해, 그리고 역사적 정보를 얻어내기 위해서는 어떻게 그 자료들을 읽어야 되는가에 대해 약간의 예비적 언급이 필요하다.

고전시대 이후의 문학작품들은 근본적으로 12세기 창작물이다. 경우에 따라 이러한 문학작품들은 중요하고 실제로 있었던 사건들을 다루지만 사건 자체를 정확하게 묘사하는 것을 목적으로 하지 않으며, 라틴어가 아닌 속어로 씌어졌다. 12세기 말에 '판타지' ─ 마법·경이·초자연적인 것 등이 어우러져 서로 싸우는 중세전사들의 이야기인 ─ 라는 하위장르subgenre가 된 것이 12세기 모든 문학작품의 근간이 되었다. 물론 중세작가들이 자기 시대의 군사기술 등을 그들 이야기에 삽입했다. 따라서 검과 마법의 판타지들이 20세기 독자들에게 다소 거리를 느끼는 것과는 달리, 그러한 이야기들은 당시 독자들의 '현실'에 보다 가까웠다.

이런 이야기들은 대부분 픽션화된 과거 ─ 예컨대 아서왕 시대나 샤를마뉴 시대 — 를 배경으로 하고 있었다. 그래서 작가들은 "오늘날 과는 달리 그 당시 사람들은 예의범절을 알고 있었다"고 흔히 기술한 다. 물론 이러한 12세기 작가들은 과거를 정확하게 묘사하려는 의도 는 없었다. 그들은 자기 이야기에 등장하는 검·갑옷과 사회적 관습들 이 자신들 시대의 것임을 잘 알고 있었다. 새로 도입된 군사기술이나 무기들에 대해 가장 먼저 언급되는 곳이 로망스다. 오히려 이들 작가 들은 현재와 대비되는 이상화된 '과거'를 창조함으로써 당시 사회를 비판할 수 있었다.

대부분의 12세기 문학작품들은 오늘날 산문체로 번역되고 있기는 하지만 원래는 운문체로 씌어진 것이다. 오늘날의 문학연구자들은 흔 히 중세 서사시 〔혹은 불행히도 '봉건적 서사시'라고도 불리는 무훈시〕 와 중세 로망스를 구분하고, 또 전투를 강조하는 이야기와 감정이나 남녀관계를 강조하는 이야기를 구분한다. 필자는 이러한 구분이 중요 하지 않다고 생각한다. 왜냐하면 중세작가들은 그런 구분을 중요하게 여기지 않았던 것 같기 때문이다. 작품의 형식에 따라 그 내용이나 문 체가 다르지 않았다.5) 어떤 각각의 이야기들이 어떤 인위적 범주에 속하는가에 대해 오늘날 많은 논의가 있었다.

오늘날 학자들은 '서사시들'은 먼 과거의 사건들에 대한 기억을 바 탕으로 씌어지는 경향이 있었다고 말하지만, 그러한 작품을 쓴 작가 들은 신중한 창작자들이었지 구전을 기록하는 사람들이 아니었다. 종 종 로망스 작가들은 심지어 분명히 새로운 이야기를 창작하고 있을 때조차도 '옛날이야기'를 다시 말하고 있다고 관례적으로 썼다.[6) 동일 작가도 시기에 따라 다르게 이야기하듯이, 같은 시기에도 작가들에 따라 다르게 이야기했다. 그러나 작가들은 자기들의 이야기들을 분명하고 사전에 정해진 범주에 부합시키려고 하지 않았다. 따라서 필자는 오늘날 독자들이 로망스나 서사시로 여기는 작품들을 분류하지 않고 함께 논의하도록 하겠다.

이런 문학작품들은 현실을 묘사하는 것을 의도하지 않았다. 그렇지만 문학작품들을 세심하게 읽으면 '당시 현실의 관한' 상당한 정보들을 얻을 수 있다. 그 작품들을 중세사회를 그대로 묘사한 것으로 받아들여서는 안된다. 그러나 작가들의 제안 — 작가가 그의 독자들이 공감할 것이라고 기대한 — 은 작품이 씌어지던 시대의 사회에 대해서 상당히 많은 정보를 제공해 줄 수 있다. 나는 이미 제3장에서 이런 식으로 기사 문학을 사용했다. 중세작가들이나 독자들 모두 그 작품들이 허구임을 알고 있었다. 그렇지만 그 작품들은 매우 현실적인 당대 관심사와 주제를 다루었다. 그러나 현실사회에서의 귀족들 태도가 로망스의 주인공의 태도에 영향을 주었고 또 그 역이기도 했지만, 양자는 결코 동일하지 않았다는 점을 당연히 염두에 두어야 한다.

문학작품에서 중세 전성기의 사회에 대한 구체적 정보를 얻을 수 있는 예를 들어보자. 문학작품에 나오는 어휘들을 세밀히 연구하면, 예컨대 작가가 '기사'라고 부르는 사람이 귀족출신인지 아닌지〔일반적으로 아니었다〕알 수 있다.[7) 혹은 문학작품은 법률사료들을 통해 이미 우리들에게 알려진 지배층의 결혼에 대해 당사자들이 어떻게 반응했는가를 알려준다. 본 장과 관련해서 더 중요한 점은 세밀하게 읽으면 작가들이 '기사다운' 태도라고 여긴 것과 독자들이 얼마나 이런 식으로 행동하고 있었던가를 다소 알 수 있다는 사실이다.

　기사도에 대한 정보를 위해 중세의 문학작품을 읽을 때, 혹은 이 문제에 관한 한 어떤 문학작품을 읽을 때, 저자가 세심하게 구축한 전체적인 문학적 맥락에서 동떨어진 의미나 언급을 받아들이지 않는 것이 중요하다. 이야기에서 현저하거나 일반적이지 않은 것으로 제시된 그 어떤 것을 취하여 그것을 당시의 규범으로 받아들여서는 안된다. 예를 들면 이야기에 등장하는 훌륭한 갑주를 12세기 기사들 대부분이 착용한 것으로 가정해서는 안된다. 그러나 많은 문화사가들은 한 세기 전부터 그렇게 가정해 왔다. 더 위험하고 현실을 왜곡시키는 것은 등장인물들이 하는 말들을 작가 자신의 견해를 나타내는 것으로, 심지어는 그의 시대에 대한 견해를 나타내는 것으로 으레 받아들이는 최근의 관례다.[8]

　등장인물의 말들을 12세기 모든 사람들이 동의한 규범을 정확하게 묘사한 것으로 다루려는 충동은, 실제로 그런 행동규범이 있었고 등장인물들이 경험한 많은 사건들에서 그런 행동규범을 재구성할 수 있다는 무의식적인 가정에 기반을 두고 있는 것으로 보인다. 많은 평민들을 포함하여 로망스들에 등장하는 수많은 등장인물들은 기사도적인 기사를 위한 정확한 행동규범들에 대해 언급하고 있다. 그러나 전체적인 맥락에서 살펴보고 종합해 보면, 그러한 행동규범들은 매우 애매하고 모순되는 것이다. 물론 이것이 초점이다. 즉〔그들 작품의 등장인물들은 말할 것도 없고〕모든 12세기 작가들이 동의하는 단 하나의 기사도적 이상은 없었다.

중세 프랑스 로망스 ― 주인공들은 우아하게 행동하고 평민들은 대체로 그렇지 않은 것으로 묘사되는 ― 의 작가들은 기사도나 궁정예절을 어떤 의미로 쓰고 있는가를 알고 있었던 것으로 보인다. 그러나 세부적인 것은 작가들마다 상이하며, 심지어 동일작가에게서도 상이한 경우가 있다. 예를 들면 크래티앵 드 트루아*는 그의 12세기 말 작품들에서 궁정예절에 대해 포괄적으로 말했으며, '기사도'와 '궁정예절'이 서로 일치하는 개념인 것처럼 처음 사용한 사람들 가운데 한 명이다. 즉 그는 아서왕의 궁전이 "궁정예절과 용기"의 중심지였다고 말하였다.9)

☐ * 크래티앵 드 트루아(Chrétien de Troyes: 1135~1183)는 로망스 작가로서 이 책에서 다루고 있는 오비디우스의 작품을 개작했으며, 5편의 아서왕 이야기를 썼는데, 그 가운데 미완성 작품인『퍼시발, 성배이야기』는 성배라는 종교적 주제에 환상적 모험담을 한데 묶은 것이다.

크래티앵은『성배 이야기』에서 어떤 훌륭한 신사로 하여금 주인공인 퍼시벌에게 기사도의 덕목을 묘사하게 한다. 그 신사는 패배한 적에 대한 자비, 경박한 수다보다 점잖은 침묵, 필요로 할 경우 숙녀들을 위로하는 것, 경건과 기도 등의 덕목을 언급한다. 그러나 이것은 기사도적인 기사가 해야 하는 것의 완벽한 혹은 결정적인 목록이 아니며, 심지어 그 이야기 속에서도 그러하다. 바로 이전 장면에서 퍼시벌의 어머니는 숙녀들을 존경하고 그녀들로부터 선물을 받아도 키스 이상 나아가서는 안되며, 신사들과 교류하고 그들의 이름을 항상 기억하고, 자주 기도하라고 그에게 말했다.

부분적으로 이런 차이점들은 남성의 조언과 여성의 조언의 차이를 반영한다. 즉 크래티앵의 작품에 등장하는 훌륭한 신사는 그 작품의 주인공인 퍼시벌에게 어머니의 가르침에 대해 너무 많이 생각하고 말하지 말라고 경고한다. 게다가 저자가 제시하는 궁정예절의 속성들 가운데 많은 것들이 플롯장치plot device로 다루어져야지 예법을 독립해서 묘사한 것으로 여겨서는 안된다. 예를 들면 퍼시벌이 숙녀로부터 선물을 받으라는 어머니의 가르침을 따랐기 때문에 부득이 한 숙녀의 반지를 훔쳐야 했으며, 외쳐야 할 때 경박한 수다를 떨어서는 안된다는 가르침에 따라 침묵함으로써 그는 성배를 잃어버린다.10) 동일작가의 동일작품에서조차도 이런 차이점들이 있었기 때문에 13세기 말 이전에 '기사도'나 '궁정예절'에 대한 명확한 기준을 규정하려는 시도는 분명 잘못된 것이다.

로망스를 읽을 때 작가들이 경쟁적으로 사람들의 관심을 끌려고 했다는 점도 감안해야 한다. 많은 작품들이 이미 다른 작가들[가끔은 실제로 존재하지도 않았던 이전의 작가를 '인용'할 것이다]이 다음의 이야기를 했지만 자신만이 그 이야기를 제대로 할 수 있다는 말로 시작한다.11) 마찬가지로 개개의 작품들에 등장하는 '참다운' 기사다운 행동들에 대한 묘사들도, 그 작가가 다른 작가들과 나누는 대화의 일부로 이해되어야만 한다. 두 작가가 아주 다른 두 가지 특징들을 강조할 때, 오늘날 독자는 그 두 가지 특징들 모두가 공통적으로 수용된 12세기 기사도의 요소들이라고 가정해서는 안된다. 어떤 작가가 특정한 한 가지 요소를 강조하는 경우가 있다. 이는 경쟁하고 있는 다른 작가들이 기사도의 핵심으로 제시한 다른 가능한 요소들을 명시적으로는 아닐지라도 암묵적으로 배제하고 있는 것이다.

기사도의 기원

기사들의 이상적 태도에 대해 중세작가들의 의견이 일치하지 않는 것은 하나의 명쾌한 답을 원하는 오늘날 학자들에게는 당연히 문제가 된다. 그렇지만 12~13세기에 걸쳐서 작가들과 귀족들은 막연한 의견 일치로 향해 나갔던 것 같다. 13세기 작가들은 세부적인 면에는 의견을 아주 달리했지만, 그들 모두는 귀족을 적어도 전투에서는 용감하고 궁전에서는 예의바른 사람으로 묘사하였다. 13세기 한 로망스 작가가 묘사하고 있듯이, '훌륭한 기사'는 "충성·무용武勇·명예를 유지하고", "그의 무훈으로 존경받았다."[12]

앞에서 지적했듯이 11세기에 귀족의 속성 — 재산·권력·혈통을 이미 포함하고 있던 — 에 무용이 덧붙여졌다. 12세기에 모든 귀족들은 그들의 전사수련과 무술이 그들의 지위에 중요했다는 점에 동의했을 것이다. 그들은 용기·충성·완력을 찬양했다. 기사도의 다른 속성이 무엇이었든 간에 12세기 말과 13세기의 기사도는 전쟁을 찬양하고 찬미한 이념과 이상의 종합이었다.[13)]

그러나 12세기 말이 되면 기사도에는 전투에서의 미덕들 이상의 것이 있었다. 우아한 태도가 특히 귀족의 궁정에서 요구되었다. 현대 영어 courtesy궁전예절는 court궁정에서 파생한 단어로서 귀족의 궁전에 있는 사람들에 적합한 태도를 의미한다.[14)] 12세기에 '궁전예절'은 자부심 강한 기사들이나 귀족들의 의식적인 목표가 되었다. 특히 여성에게 정중해야 된다는 점이 강조되었다. 점잖고 세련된 화술·춤·노래·복장 등이 널리 장려되었다. 어설프게 중세를 배경으로 한 판타지의 오늘날 독자들은 주인공들이 거칠고 투박한 (심지어 야만적인) 전사이기를 바란다. 그러나 12세기의 로망스 독자들은 주인공들이 얼마나 정중한지 들으려고 했다.

12세기 말이 되면 기사도에 충실한 기사 혹은 궁전예절을 준수하는 기사는 적어도 대부분의 로망스에서는 정중한 여성찬미자, 주군에 충성하는 봉신, 경건하고 겸손한 기독교인, 수많은 적들을 죽인 강력하고 독립적인 전사로 여겨졌다. 매 훈련법 등 사냥술도 귀족 젊은이에게 필수적인 것으로 여겨졌다.[15)] 귀족 젊은이는 점잖고, 말 잘하고, 적에게 자비롭고, 세련되게 옷을 입고, 훌륭한 식탁매너를 갖추고, 춤추는 법과 악기연주법을 익히는 것 등이 필요하다고 여겨졌다. 13세기 초 로망스인 『호수의 기사 란슬롯』에서, 호수의 숙녀는 란슬롯에게 기사도는 "약자와 평화를 사랑하는 사람을 보호하고" 교회를 지키는 것이며, 진정한 기사는 점잖고 우아하고 자비롭고 관용적이고 악인에게 엄하며 재판에서 절대적으로 공정하고, "불명예를 죽음보다 더 두려워한다"고 말한다.16)

기사들과 작가들 자신들이 잘 알고 있었듯이 그 누구도 이런 미덕들 모두를 동시에 갖출 수 없다는 점은 논외로 하더라도, 어떻게 이런 상이한 미덕들 모두가 한 '기풍ethos'의 구성요소들로 여겨지게 되었는가 하는 문제가 있다. 11세기에 신의 평화를 주도한 주교들은 기사들이 제멋대로 성직자와 농민들을 공격하지 못하게 하려고 필사적으로 노력했다. 이런 기사들이 12세가 되면 로망스에서 자신들이 모든 사람들에게 정중하고 약자들을 돕는 사람으로 묘사되는 것을 좋아했다. 오랫동안 학자들은 어떻게 하여 이런 변모가 발생했는가에 대해 궁금해 했다. 학자들은 어떻게 하여 전투기술들이 윤리적 범주를 포함하기 시작했는가를 질문했고, 또 어떻게 하여 귀족에 봉사하던 11세기 기사들의 호전적 행위가 12세기 말 귀족들의 세련된 기사문화가 되었는가를 질문했다.

그 답은 중세 말 기사도가 별개의 두 요소들, 즉 프랑스 고어인 슈발리chevalrie가 원래 의미했던 전투력과 예법courtliness의 결합이다. 강조되어야 할 점은 예법이나 궁정예절은 전사의 기풍 — 이것이 12세기말이 되면 기사도의 이상에 이식되기는 했지만 — 에서 직접 성장한 것이 아니라는 사실이다. 오히려 최근에 스티븐 지저Stephen Jaeger가 설득력 있게 주장했듯이 예법의 요소들 중 많은 것이 사실상 고전 시대 로마의 미덕들로서, 성직자들이 12세기 고전교육의 일부로서 가르친 것이었다.17) 스토아학파에 의해 찬양된 윤리·극기, 그리고 세련된 사회적 교류가 고전교육을 받은 중세주교들에 의해 10세기에 처음으로 황제의 궁전에서 찬양되었다. 이런 덕목들은 황궁에서 종교적 요소가 가미되어 다른 지역의 주교들과 성직자들에 퍼져나갔다.

기독교화한 이런 스토아주의가 성직자들 사이에서 하나의 이상으로 확립되자, 그것은 손쉽게 귀족에게 전달되어 영향을 끼쳤다. 12세기 말이 되면, 기독교적 요소들과 고전적 요소들이 결합된 가치관이 귀족의 궁전에서 젊은 기사수련생들에게 기독교 교육의 일환으로 가르쳐졌다. 귀족 젊은이들은 어린 시절부터 10~15년 동안 수련받았다. 이런 수련과정에는 하루 몇 시간의 실전훈련은 물론 성직자들에게 배우는 몇 시간의 학습도 포함되어 있었다. 이리하여 기사들이 항상 찬양했던 용맹이나 전투기술과는 아주 다른 기원을 가진 궁정문화가 점차 '기사도'에 이식되었다. 기사도는 군사적 영예, 로마의 스토아적 미덕, 궁정패션, 기독교적 도덕을 결합한 것이기 때문에 본래부터 자기 모순적이었다.

물론 기사도에서 상무정신은 귀족의 자기 정의에서 점차 중요한 요소가 되었다. 그러나 명심해야 할 점은 기사의 전쟁이 흔히 제시되

는 것과는 달리 기사와 귀족을 결합하는 '도구'가 아니었다는 사실이
다. 즉 귀족이 먼저 기사의 기풍을 창출하고 이어 기사들로 하여금 그
러한 기풍을 공유하도록 한 것이 아니었다. 마찬가지로 흔히 주장되
어 왔던 것과는 달리 귀족들이 기사들에게 충성스러운 봉사의 대가로
동등한 지위를 약속함으로써 기사들로 하여금 '기사도적으로' 행동하
도록 냉소적으로 조정한 것도 아니었다.

프랑스에서 기사도의 이상들이 밑에서부터 즉 주군에 봉사하는 기
사들로부터 나온 것이 아니었듯이, 그것들은 위로부터 즉 왕으로부터
나온 것도 아니었다. 주로 기사도의 이념들을 다룬 문학은 프랑스의
여러 대궁전들, 특히 샹파뉴의 궁전*에서 후원되었다.18) 오히려 기사
의 귀족으로의 완만한 통합, 그리고 훌륭한 귀족들은 궁정예절은 물
론 전쟁에도 능숙해야 한다는 의식의 발달, 이 양자가 함께 성장했다.
어느 하나가 다른 것의 원인이라기보다는 양자 모두가 귀족들이 군사
적 경력에 점차 열의를 보인 결과였다.

　　* 루이 7세의 큰딸인 마리는 샹파뉴 백작 앙리 1세와 결혼하였고 ― 그래서 그녀는 마리
　　드 샹파뉴라고 불린다 ― 그녀의 샹파뉴 궁전에서 이 책에 자주 언급되는 크래티앵 드 트
　　루아를 비롯한 당대의 유명한 작가들과 음유시인들을 후원하였다.

　　　　　　　　　　　　•

기사도가 기사수련을 받은 사람들의 지위상승의 불가피한 결과가
아니라면, 왜 12세기에 그런 사람들의 지위가 상승했을 때 기사도가
발전했는가? 물론 이 질문에 대한 답은 추론적일 수밖에 없다. 그러나
최근에 일부 학자들은 그러한 기풍이 제2장에서 지적했듯이 귀족들의
지위가 위로는 왕으로부터, 아래로는 기사들로부터 받은 위협에 대한

응전으로서 발전했다고 주장해 왔다.19) 즉 자신들의 지위가 위태롭
게 되었다는 의식이 점증하면서 귀족들은 명확한 기준에 의해, 특히
숙달하려면 오랜 시간이 걸리는 기술과 행동규범에 의해 자신들을 정
의하는 데 열의를 보였다는 것이다. 귀족들이 후원하고 열심히 귀 기
울였던 기사문학이 자기 모순적인 측면이 있는 것은 귀족적 태도의
주요요소들이 무엇인가에 대해 그들이 얼마나 합의를 보지 못하고 있
었는가를 보여주는 것이다.

기사도의 이상과 현실

  최근에 기사도 연구자들은 기병전에 내재해 있는 어떤 윤리적 차
원을 발견하려고 하기보다는 '이상과 현실'이라는 쟁점에 초점을 맞추
어왔다. 그리하여 그들은 기사의 공유된 행동규범이 로망스에서는 하
나의 이상으로서 존재했지만 현실은 아주 달랐다고 주장해왔다. 사실
이런 학자들이 기사의 표준으로 묘사하고 있는 것은 다반사로 살인하
고 약탈하고 배신했던 지배층 집단을 위해서 ― 이들 집단에 의해서는
아닐지라도 ― 만들어졌다는 점은 아주 분명하다. 심지어 12세기 인
물들의 당시 전기(傳記)들조차도 그 인물들을 실제이상으로 기사적으로
묘사했을 것이다.20) 따라서 논쟁이 되어왔던 점은 문학작품에 등장

하는 귀족이 아니라 당시 귀족들이 기사도의 이상들을 어느 정도 채택 하였는가 하는 것 — 혹은 기사도라는 사회사조가 특정형태를 띠게 한 것은 실제생활에서의 어떤 긴장이었느냐 하는 것 — 이었다.[21]

필자는 이런 논의가 잘못된 것이라고 생각한다. 지배층의 실제생 활은 서사시와 로망스에 등장하는 주인공들의 생활과 아주 달랐다. 그러나 단 하나의 이상 — 현실이 비유될 수 있는 — 이 있었다는 저변 에 깔려 있는 가정은 잘못된 것이다.[22] 이러한 가정과는 달리, 모든 기사들과 귀족들이 준수하려고 한 '실제의' 행동규범이 없었을 뿐 아 니라 기사도의 단 하나의 '이상'도 없었다. 흔히 언급되는 '기사의 규범' 은 '실제로 있었던 것'이라기보다는 기사들과 귀족들이 으레 그것을 따랐다는 관념이다.

기사들과 귀족들이 모든 경우에 완벽하게 기사도적으로 행동하기 를 원했다고 해도, 그런 행동에 대한 합의된 기준이 없었다. 로망스들, 예컨대 크래티앵 드 트루아의 로망스들에서 기사도의 규범을 발췌하 려는 학자들은 첫번째 이야기에서는 충성이라는 속성을, 두번째 이야 기에서는 자비라는 속성을, 세번째 이야기에서는 관용이라는 속성을, 네번째 이야기에서는 숙녀에 대한 우아한 사랑을 발췌할 것이며, 그 것 모두를 종합하면 크래티앵이 그리는 이상적인 기사의 모습을 알 수 있을 것이라고 가정할 것이다.[23] 그러나 이런 작업은 크래티앵이 자기 작품들의 등장인물들에 아주 예술적으로 부여한 다양성을 무시 하는 것이다.

특히 강조할 필요가 있는 사실은 기사문학이 모순되는 점들과 상반되는 목표들을 분명히 드러내고 있다는 점이다. 심지어 로망스에 등장하는 훌륭한 주인공들도 기사도를 완전히 준수하는 것은 불가능하다. 따라서 가장 이상화된 기사도를 묘사하고 있는 작품들에서조차도 작가들은 의도적으로 기사도의 모순과 긴장을 나타내고 있다는 점을 염두에 두고 문학작품을 읽어야 한다. 어떤 작가가 시기에 따라 아주 상이한 행동들을 모델로 제시하면, 모든 이런 행동들 [혹은 속성들]이 조화를 이루어 단 하나의 기사도의 모습을 이룬다고 가정해서는 안되며, 바로 이런 점에 근본적인 모순들이 있다는 작가의 의도를 파악해야 한다. 로망스 작가들은 그들 독자들이 실행할 [혹은 실행하지 않을] 단 하나의 이상을 묘사 [심지어 창조]하였던 것이 아니라, 그런 이상을 실행할 수 있다는 생각 그 자체를 비판하였던 것이다.

예를 들면 수많은 로망스들의 줄거리들이, 상반되는 두 가지 이상들을 따르려는 주인공이 그 이상들 사이의 모순에 빠지게 되었을 때 발생하는 긴장과 갈등을 기반으로 하고 있음을 상기해 보라. 중세에 반복해서 작품화되었던 그 유명한 트리스탄과 이졸데 이야기의 줄거리는 트리스탄이 숙부인 왕에게 서약한 이상적인 충성과 왕비 이졸데에 대한 마찬가지로 이상적인 사랑 사이의 긴장을 중심으로 전개된다. 그 이야기의 프랑스 판본에서 트리스탄은 이졸데를 사랑함으로써 자신이 "기사도와 궁정에서의 기사 생활을 망각했다"는 사실을 결국 깨닫는다.24)

크래티앙 드 트루아에 있어서 가장 일반적 긴장도 사랑과 명예 사이의 것이었다. 예를 들면 그의 『에렉과 에니드』에서 이야기의 발단은 에렉이 새로운 아내인 에니드에 대한 사랑 때문에 모험을 할 수 없게 되자 발생한 문제들이었다. "에렉이 너무 그녀와 사랑에 빠져서 더 이상 무기에 신경 쓰지 않았고 마상시합에도 나가지 않았다." 이런 태만은 남편의 명예가 더 없이 추락해서 에니드 자신이 비참해질 정도까지 계속된다. 에니드는 다음과 같이 말한다. "가련한 사람, 나를 불행하게 하네! 〔……〕 기사들 중 으뜸이셨던 분이 나 때문에 기사도를 완전히 포기했구나."

에렉이 그녀의 뜻에 따라 약탈자에 맞서고 그녀를 데리고 전투에 나갔을 때, 그는 그녀를 매우 거칠게 다루어, 예를 들면 어떤 일이 있더라도 침묵을 지키라고 그녀에게 명령했고 그녀가 자기 생명을 구해주었을 때조차도 이런 명령을 무시했다고 그녀를 질책한다. 이 작품에서 에렉은 명예와 사랑 사이의 긴장을 잘 알기에, 명예를 되찾기 위해 사랑을 멀리하고 있는 것이다.

그러나 크래티앙은 기사들이 집에 머물며 아내와 함께 지내는 것을 즐기고 모험을 등한시하는 행위를 옹호하고 있지 않듯이, 여성을 거칠게 다루는 것을 옹호하고 있지 않다. 왜냐하면 결국 에렉은 자신의 행동을 후회하고 거칠게 다룬 것에 대해 에니드에게 용서를 빌기 때문이다. 이런 결말은 사랑과 명예 사이의 갈등을 화해시키려는 시도다. 그렇지만 독자들은 한 남성이 어떻게 아내에게 "완전히 그녀의 뜻대로" 살겠다고 말하면서 동시에 다시 훌륭한 기사가 될 수 있는가 하는 의구심을 품을 것이다. 크래티앵은 의도적으로 독자들이 이런 의구심을 갖게 했음에 틀림없다.25)

사랑과 명예 사이의 갈등은 크래티앵의 『란슬롯, 수레의 기사』에서의 주요 긴장들 가운데 하나이기도 하다. 수레가 등장하는 장면은 전체 줄거리에서는 사소한 것이지만, 수레를 따서 작품제목을 지었을 정도로 크래티앵의 주제에서는 핵심적인 것이다. 크래티앵은 그의 작품이 배경으로 하고 있는 아서왕 시대에는 어떤 사람이 수레를 타는 것은 명예롭지 못한 것이라고 말하고 있는데, 오직 유죄판결을 받은 범죄자들만이 수레로 호송되기 때문이다. 크래티앵은 특별한 이 부분을 창작한 것으로 보인다. 그럼에도 그것은 그의 의도에 잘 부합하고 있다. 왜냐하면 크래티앵은 사랑하는 왕비를 구하러 갈 수 있는 유일한 수송수단을 천박한 수레로 설정함으로써 란슬롯을 딜레마에 빠지게 할 수 있기 때문이다.

그 작품의 나머지 부분에서 란슬롯이 만난 사람들은 그가 수레를 탄 적이 있다는 것을 이미 알고 있었던 것 같으며, 그 때문에 그를 조롱한다. 이와는 반대로 왕비는 그가 수레를 타는 것을 주저했다는 사실에 매우 실망하였고, 그가 자신을 구하려고 왔을 때 그와의 대화를 거부한다.26) 이 작품에서 사랑과 명예는 『에렉과 에니드』에서 보다 더 양립하기 어려운 것으로 나온다. 그리고 크래티앵은 그의 주인공을 빠져나올 수 없을 만큼 너무 딜레마에 빠뜨렸다는 점을 결국 깨달

앚고, 그래서 그 이야기를 완성하지 못했던 것 같다.

그러나 사랑과 명예가 기사도에서 유일하게 모순되는 측면이 아니다. 명예 자체도 모순되는 형태들을 띨 수 있다. 『롤랑의 노래』의 전체 줄거리는 결국 샤를마뉴의 군대를 파멸시킨 무모한 용기와, 주인공이 처음에는 불명예스러운 것으로 여겨 거부한 구원요청 사이의 갈등에 초점을 맞추고 있다.[27] 13세기 프랑스에서 씌어진 『아서왕의 죽음』에서 아서왕은 왕비와 불륜을 저지른 죄로 란슬롯을 처벌해서 그를 잃으면 왕국이 멸망할 것임을 알지만, "그럼에도 왕의 불명예에 대해 복수하지 않은 것보다 란슬롯을 죽이는 편이 더 나았다."[28]

명예는 종교와도 종종 갈등을 일으켰다. 12세기가 되면, 싸우고 살인하는 것은 좋은 기독교인이 되는 것과 분명히 양립할 수 없었다. 이 점에서 작가들은 주인공들을 기사도적 행위의 상이한 측면들이 갈등을 일으키는 그런 상황에 처하도록 하기 위해 그리 애쓰지 않아도 되었다. 오히려 작가들은 주인공들을 이들이 그럴듯하게 기독교도 전사들일 수 있는 상황에 처하도록 하기 위해 애써야만 했다. 충성은 그 자체로 분명 바람직한 것이지만, 충성 대 명예 혹은 주군에 대한 충성 대 자기 가문에 대한 충성이 갈등의 흔한 원인이기도 했다. 서사시 『라울 드 캉브레』의 핵심주제도 바로 이러한 갈등이었다.

따라서 기사도를 분명하게 정의하는 것은 궁극적으로 불가능하고 잘못된 것이다. 왜냐하면 이러한 정의는 문학작품들을 바탕으로 해야만 하는데, 문학작품들은 기사도의 여러 측면들이 서로 모순된다는

어지러울 정도로 피레네산맥의 높은 곳에 자리잡고 있는 페이레페르투즈성. 이 사진에 나와 있는 부분은 12세기 말과 13세기에 축조되었으며, 이단인 알비파들이 장악하고 있었다. 이 성이 함락되어 프랑스국왕의 손에 들어간 뒤, 이 사진에 나와 있는 부분 위쪽에 새로운 건물들이 추가로 축조되었다. 이 사진은 새로 축조된 높은 부분에서 찍은 것이다. 이처럼 13세기 말에 새로 추가된 부분은 아주 가파른 지역에 자리잡고 있어 거중기 등을 사용할 수 없었기 때문에 인력만을 이용하여 축조되었다.

가정에서 창작된 것이기 때문이다. 기사도의 중세적 관점을 창조한 사람들인 로망스 작가들은 단 하나의 이상을 묘사하기는커녕, 가장 기사도적인 주인공조차 서로 모순적인 이상들 사이에서 갈등을 일으킨다는 점을 보여주려고 했다.

전쟁과 기사도

서사시와 로망스에 등장하는 기사도적인 기사들은 모두 위대한 전사들, 특히 위대한 기병들이었다. 그들은 훌륭한 무구와 날카로운 검을 소유했고, 보통 땀 한 방울 흘리지 않고 가공할 적들을 죽였다. 예를 들면 『롤랑의 노래』에 등장하는 프랑스 기사들은 통상 단칼에 적을 머리에서 몸통까지, 심지어 안장과 말까지 두 동강내었다. 『롤랑의 노래』보다 한 세기 뒤에 씌어진 『아서왕의 죽음』에서 란슬롯은 투구에서 머리와 어깨까지 적을 두 동강냈다.[29] 롤랑의 기사들처럼 절망적으로 수적 열세에 처해 있을지라도, 로망스의 주인공들은 일반적으로 놀랄 만큼 오랜 시간을 버티어내며, 이미 치명상을 입었음에도 수많은 적들을 해치운다.

그러나 약자와 싸우는 것은 명예롭지 못한 행위로 여겨졌다. 이것은 1000년경 시작된 '신의 평화' 이래로 주교들이 장려했던 이념이었다. 12세기 중엽이 되면 이런 이념은 지배층이 자신들에 대해 바람직하다고 여긴 이미지로 통합되었다. 작가 베룰Béroul은 트리스탄이 매우 고귀하고 품위있는 기사였기 때문에, 몇몇 혐오스런 문둥이들이 이졸데를 납치했고 트리스탄이 제때 도착하지 않았으면 그녀를 강간했을지 모르지만 그 문둥이들을 죽이지 않았다고 기술했다. 『라울 드 캉브레』의 후반부 주인공인 베르니에는 무장하지 않은 사람을 죽이는 것을 거부하고, 만약 그렇게 하면 "그런 행위가 항상 나에게 불리하게 작용할 것"이라고 말했다 — 매우 흥미롭게도 이 작품의 전반부에서는 베르니에가 라울이 비무장이었는데도 그를 죽이려고 했었지만. 13세기의 『아서왕의 죽음』에서 란슬롯은 말을 탄 자신이 자기를 죽이려는 보병을 공격하는 것은 기사도적이 아니라고 생각해서, 공평성을 기하기 위해 말에서 내렸다.[30]

말할 것도 없이 서사시들과 로망스들에 등장하는 영광스러운 무훈들과 품위있는 행위들은 실제의 중세전쟁을 묘사하고 있는 것이 아니며, 또 그런 의도도 없었다. 어느 정도 행세하는 거의 모든 프랑스 가문들이 제3차 십자군 원정 동안 아크레 공성전(1191~1192)에서 그 식구들을 잃었다. 그들 대부분은 질병과 기아로 죽었지만, 이런 죽음은 이야기에 등장하지 않는다. 로망스의 주인공들은 길을 잃거나 진탕에 빠지지 않았으며, 일단 싸움을 시작하면 교착상태에 빠지지 않았고, 실제의 모든 중세군대의 상당부분을 차지했던 하층민 출신 보병과 하인을 거느리지 않았다. 예를 들면 실제 군대에는 낮은 신분의 궁수들로 구성된 부대가 항상 있었지만, 문학작품에 등장하는 주인공 기사들은 화살은 겁쟁이의 무기라고 주장한다〔이러한 태도는 전쟁에서 화살을 금지하려는 공의회의 거듭된 노력보다 더 효과적으로 지배층이 활을 사용하는 것을 억제했을 것이다〕. 결국 능숙한 궁수들은 승리에 도움을 주며, 기사도는 패배하지만 않으면 멋진 것이었다.31)

　　프랑스 기사들과 귀족들은 무기와 장비를 구입하는 데 막대한 돈을 썼다. 전쟁이 빈발했던 사회에서 최신무기를 갖출 필요가 있었고, 또 과시를 위해서도 이런 무기들은 중요했기 때문이다. 물론 그들의 모든 장비들은 수제품手製品이었으며, 장비를 제작하는 사람은 고리 하나하나를 연결시켜 호버크hauberk라고 불리는 쇠사슬 갑옷*을 한 벌 만드는 데 얼마나 시간이 걸릴까 계산하였다.32) 투구와 창, 그리고 방패도 구입해야 했기 때문에 추가비용이 들었다. 기사의 가장 기본무기인 검은 날을 반복해서 가열하고 망치질해서 만들었다. 이런 제작 과정은 상당한 시간과 기술을 필요로 했다. 여력이 있는 영주들은 생전에 적어도 한 번은 최신의 군사적 설계를 채택하여 성을 개축하였다.

　　□ * 호버크(hauberk)라고 불리는 쇠사슬 갑옷은 촘촘하게 엮은 사슬미늘로 된 갑옷이다. 이런 갑옷이 13~15세기에 철판갑옷으로 바뀐다.

　　그러나 서사시에 등장하는 강건하고 용감한 전사들도 항상 승리했던 것만은 아니다. 롤랑은 수백 명의 최정예 프랑스 기사들과 함께 결국 전사했다. 기욤 도랑주가 주인공으로 등장하는 서사시들 가운데 하나인 「알리스카 사람들Aliscans」은 이슬람교도와의 전투로 시작된다. 이 전투에서 기독교인들이 패배한다.33) 죽음과 패배, 혹은 운이 덜 나쁜 경우 고통·출혈·부상 등은 기사도를 다룬 시들을 즐겨 읽는 전사들의 경험에 아주 본질적인 것이었기 때문에, 전쟁 이야기에 그런 것들이 등장하지 않으면 설득력이 없었을 것이다.

기사서임식

자신들이 정중하다고 여기기를 좋아했던 12세기 귀족들은 전쟁을 영광스러운 것으로, 심지어 매혹적인 것으로 만들려고 했다. 이런 갈망의 가장 명백한 표지들 가운데 하나를, 기사작위를 수여하는 의식儀式의 발전에서 볼 수 있다. 〔기사와 귀족을 구별하려고 하는 현대 독자들을 혼동시키는〕'기사서임식'이라고도 불리는 이러한 성인식은 12세기 초에 처음 등장했고, 12세기 중반이 되면 일반화되었다. 장 플로리 Jean Flori가 그의 저서에서 밝혔듯이, 중세초기에는 무기를 받는 의식이 왕과 상층귀족들에 국한되어 있었으며, 그런 의식은 관직을 부여받는 것을 상징하는 것이었다.34)

그러나 12세기가 되면 모든 젊은 귀족전사들은 성인이 되어 처음으로 무기를 부여받는 의식에 참여하기를 원했을 것이다. 통상 그 의식은 젊은이를 키우거나 훈련시킨 사람에 의해 집전되었다. 『라울 드 캉브레』라는 서사시에서 황제는 주인공인 라울이 "건장하게" 성장한 것을 보고 그에게 전설적인 투구, 견고한 갑옷, 황금 검, 군마를 주었 다. 라울은 자신의 기사서임식에 뒤이어 이번에는 "그가 구할 수 있는 최고의 무구武具를 가지고" 그의 좋은 친구인 베르니에의 기사서임식 을 거행해 주었다.

이와는 달리 어떤 사람은 가능하면 가장 저명한 군주에 의해 기사 로 서임되기를 원했을 것이다. 크래티앵 드 트루아의 『클리제』에서는 비잔틴의 왕자조차도 덕망있는 아서왕에 의해 검을 부여받기를 원했 는데, "왜냐하면 나는 다른 사람에 의해 기사로 서임되는 것을 원하지 않기 때문이다."[35]

기사서임식은 그 명칭과는 달리 어디까지나 귀족들을 위한 것이었 지 훨씬 수가 많았던 봉사기사들*을 위한 것이 아니었다. 이러한 봉사 기사들은 사료들이나 문학작품들에 그 흔적을 남긴 어떤 의식을 치르 지 않은 채 훈련받고 주군으로부터 군사장비를 받았다. 기사서임식은 처음에는 기사신분이나 귀족의 기준이 아니었으며, 13세기가 되어서 야 그러한 기준이 되었다.

　* 봉사기사(service knight)는 귀족에 봉사하는 평민이나 예속민 출신의 기사를 가리 킨다.

이미 귀족들에 한정되었던 의식으로서의 기사서임식은 특별한 사 회적 지위를 확인하는 것이지 그런 지위를 부여할 수 있는 것은 아니

었다. 기사서임식은 장엄하게 거행되었다. 그러나 기사서임식의 본래
의미는 귀족 젊은이가 기사가 되었음을 나타내는 것이 아니라 성년이
되었음을 나타내는 것이었다.36)

초기의 기사서임식은 중세후기에 보이는 정교함이 없었다. 심지어
크래티앙 드 트루아의 로망스인 『성배 이야기』에서도 주인공은 그에
게 전투법을 가르쳤던 한 훌륭한 귀인貴人이 박차를 달아주고 그의 칼
을 채워주고 그에게 키스를 하는 것만으로 기사가 된다.(저자의 표현을
빌리면 그에게 '기사신분'을 부여하였다)37) 그러나 기사서임식이 귀족의 기준
이 되었던 13세기 말이 되면 그 의식은 매우 정교해졌고,38) 중세 말
의 논문들은 그 의식의 모든 면에 상징적인 의미를 부여하였다. 목
욕·철야·새 의복·박차·검, 나이든 기사로부터의 가벼운 타격** 등
은 신임 기사의 정의와 충성에의 헌신, 여성에 대한 정중한 태도, 그
리고 특히 영혼의 정화, 약자와 교회를 보호하겠다는 약속 등의 상징
으로 설명되었다.39)

□ * 가벼운 타격은 기사서임식 때 손바닥이나 칼의 편편한 부분으로 기사서임을 받는 사람
의 어깨나 목덜미를 가볍게 치는 행위 — 그래서 프랑스어에서는 '내려치다'는 의미의
adouber에서 파생된 단어인 'adoubement(내려침)'이 기사서임식이라는 뜻을 가지게 되
었다 — 를 가리킨다. 이것은 기사의 힘과 인내를 시험한다는 의미가 있다고 한다.

기사서임식은 근본적으로 정치적이고 군사적인 것이었다. 그것은
본질적으로 기본적 무구를 부여받는 것을 의무와 결부시키는 것이며,
이것에 기사도의 추가적인 의미들이 점차 덧붙여졌다. 세속적 의식으
로 시작된 기사서임식에 종교적 요소들이 이식되었다. 그것은 사람을

죽이는 기술의 수련을 기독교적이고 또 사회적으로 용인될 수 있는 것으로 만들려는 시도였다.

　기사서임식을 기독교화하려고 했던 가장 초기의 시도들 가운데 하나를 12세기 중엽에 저술활동을 한 솔즈베리의 존*의 저작에서 볼 수 있다. 존은 고전 로마 시대의 이상적인 군인의 의사擬似역사적인 모습을 창조했다. 이런 군인은 신과 로마 공화국을 섬기겠다는 '신성한 서약'을 하고 그의 상징적인 군인 벨트를 받았다. 존이 묘사한 '군인 신분'의 성원들은 이처럼 서약을 하여 군인이 된 사람들로서, "성직자들을 존경하고 가난한 사람에 불의를 행하지 아니하며," 서로에게 충실하고 그들의 지휘관들에게 충성할 것이 요구되었다.40)

　□ * 솔즈베리의 존(John of Salisbury: 1115~1180)은 잉글랜드 출신으로 프랑스로 건너가 공부했고, 캔터베리 대주교와 교황의 측근으로 활동하기도 했다. 대표적인 저작으로는 이 책에서도 몇 차례 인용되고 있는 『폴리크라티쿠스(Policraticus)』 등이 있다.

　존의 저작에서 어떤 사람을 훌륭한 전사일 뿐 아니라 훌륭한 기독교인이 되게 하는 모델 — 과거에 투영된 것이기는 할지라도 — 을 창조하려는 시도를 찾아볼 수 있다. 불과 한 세대 전에 성 베르나르는 신전 기사단에 소속된 그의 "새로운 전사들"이 전투를 기독교화했다고 — 통상적인 기사생활의 완벽한 대안을 창조했다는 것만으로도 — 인식했었다는 점을 감안하면, 이것은 흥미로운 발전이다. 존의 시도는 기사도와 종교를 조화시키려는 점차 일반화되고 있던 시도들의 징후였다.

기독교적 기사도

'그리스도의 전사miles Christi'라는 용어는 중세초기에 간헐적으로 사용되었으며, 일반적으로 지상에서 기도를 통해 그리스도의 대의를 수호하는 수도사를 의미했다. 11~12세기의 기사들도 '그리스도의 기사'가 될 수 있는 방법을 찾았다. 문제는 귀족의 속성인 권력과 부를 억압이나 사악과 동일시하는 교회의 오랜 전통이었다. 그러나 이미 10세기에 성직자들은 성인聖人이 되기 위해 세속사회의 지위를 포기하지 않지만 약자를 위해서 무력을 행사하는 -- 가능하면 피를 흘리지 않고 -- 이상적인 전사의 모델을 만들고 있었다.41) 나중에 기사서임식의 중요 부분이 된 과부·교회·가난한 사람을 수호하겠다는 서약 및 무기의 축성祝聖은 전사의 수련을 기독교화하려는 시도였다.42)

문제는 12세기가 되면 성직자들이 기독교도가 같은 기독교도를 죽여서는 안된다고 자주 강조했다는 점이었다. 프랑스의 로망스인 『아서왕의 죽음』에서 가웨인 경은 성배를 찾는 과정에서 18명의 기사를 죽였다고 술회한다. 그러나 그는 이런 업적이 영광스러운 것이라기보다는 "그것은 나의 기사도를 통해서가 아니라 나의 죄를 통해 발생한 것"이라고 말하고 있다.43) 자신의 지위를 군사적 속성으로 규정하는 기사가 군사적 생활을 외면하는 것은, 많은 젊은 기사들이 그러했듯이 수도사가 되지 않는 한 당연히 불가능했다. 심지어 주교들도 전사들이 그들의 검으로 쟁기를 만드는 것을 기대하는 것은 비현실적이라는 점을 알고 있었다. 기사도 자체의 긴장의 한 부분은 양립불가능한 것을 양립할 수 있는 것으로 만들려는 시도였다.

그러나 12세기에 성직자나 귀족들 모두 다른 기독교인들 [혹은 적어도 몇몇 기독교인들]을 죽이는 매우 죄스런 짓을 하지 않고도 귀족들을 정규적으로 전투할 수 있게 하는 방법을 고안하려고 했다. 교회가 제시한 답은 십자군이었다. 십자군에서 서유럽 기사들은 서로를 죽이는 대신 이슬람교도를 죽이도록 권장되었다.

귀족이 제시한 답은 마상시합tournament이었다. 적어도 12세기에 많은 로망스 작가들의 지원을 받아 교회는 군사훈련을 받았으나 그들의 죄를 걱정하는 기독교 기사들을 위한 적절한 대안으로 이교도 [심지어 개종한 이교도]와의 전투를 제시할 수 있었다. 문제는 동방에서 기독교 왕국이 실제로 유지될 수 있다는 희망이 남아 있었을 때조차도 십자군 원정을 떠나는 것은 상당한 불이익을 초래했다는 사실이었다. 십자군 원정은 돈이 많이 들었고 위험했고 매우 고달픈 일이었다. 기독교도를 죽이지 않고 싸우는 것이 요구사항이라면, 프랑스 귀족들은 마상시합을 훨씬 더 선호했다.

마상시합

제1차 십자군과 거의 같은 시기인 11세기 말에 처음 등장한 마상 시합은 기사들과 귀족들이 상대방을 죽이기보다는 생포할 목적으로 서로에 대해 자신들의 전투기술을 사용할 수 있는 기회였다. 그것은 스포츠요 구경거리였고, 명예와 재산을 얻을 수 있는 절호의 기회이 기도 했다. 『아서왕의 죽음』의 앞부분에서 아서왕이 마상시합을 개최 하였는데, 그의 왕국에는 더 이상 '모험'이 거의 없지만 그는 "그의 기 사들이 무기를 드는 것을 중지하는 것을 원치 않기 때문"이었다. 처음 부터 마상시합은 귀족들 사이에서 선풍적인 인기를 끌었다. 사실 마 상시합은 제대로 전투기술을 갖춘 차남 이하의 아들들에게 새로운 직 업을 마련해주었다. 훌륭한 전사는 순회 마상시합에서 화려한 경력을 쌓을 수 있었다. 그에게 패배한 사람들이 그들의 인신·말·무장 등을 되사기 위해서 상당한 금액을 지불해야만 했기 때문이다.44)

로망스에 등장하는 거의 모든 주인공들, 혹은 적어도 실전에 참여 하지 않은 주인공들은 마상시합에 참여했다. 그들은 마상시합을 사랑 했고, 그러기에 마상시합을 포기하겠다는 엄숙한 서약이 행해지기도 했다. 앞에서 살펴보았듯이 에렉이 더 이상 마상시합에 관심을 보이 지 않자 심각하게 문제 있는 인물로 여겨지게 되었다. 12세기 초 플랑

대천사 미가엘이 12세기 기사의 모습을 하고 악마와 싸우고 있다. 부르고뉴의 앙지-르-뒤 교회의 건물 정면에 새겨져 있다. 이 대천사는 코를 방어하는 코싸개가 있는 투구와 기다란 쇠미늘 갑옷을 입고 있고, 둥근 창을 휴대하고 있다. 그는 맨발인데, 천사나 사도는 언제나 맨발인 것으로 묘사되기 때문이다.

드르 백작인 샤를 선량백작Charles the Good은 그의 전기(傳記에 따르면 그의 기사들과 함께 수련을 위해서 그리고 플랑드르의 영광을 위해서 마상시합에 자주 참가했다고 한다.45) 앞에서 기술했듯이 1216년 잉글랜드의 섭정이었던 윌리엄 마셜은 순회 마상시합의 스타로서 명예를 얻었고 이를 바탕으로 출세한 사람이었다.

다소 문제가 되었던 점은 교회가 마상시합을 실전과 근본적으로 다르지 않다고 여겼다는 사실이다. 마상시합의 목적이 실제로 적을 죽이는 것이 아니었지만 시합도중 사람들이 죽는 일이 발생할 수 있었고 실제로도 죽었다. 예를 들면 브라방Brabant의 백작이 1095년에 마상시합에서 죽었고,46) 영국의 왕위계승자였던 헨리 왕자도 1183년에 죽었다. 게다가 기독교 도덕주의자들은 마상시합이 모든 악을 조장한다고 여겼다. 1130년에 개최된 클레르몽 공의회에서 교황은 '전사들'이 모여서 그들의 힘과 용기를 과시하고 그들의 영혼을 위태롭게 하고 사망의 위험이 있는 '가증스런' 마상시합을 처음으로 비난했다. 마상시합에 참가한 사람들은 모두 파문될 것이며, 또 마상시합에서 사망한 사람들은 교회의 무덤에 묻힐 수 없을 것이라고 했다. 13세기 로망스인『오카생과 니콜레트』에서 주인공은 진정으로 사랑하지 않을 바에는 차라리 지옥에 가는 편을 택하겠다고 말하는데, 왜냐하면 적어도 지옥에서는 "마상시합을 하다 죽은 훌륭한 기사들"과 사귈 수 있을 것이기 때문이다.47)

그러나 교회의 금지가 절대적인 영향을 끼치지는 않았던 것 같다.

12세기 중엽의 기사가 준마를 타고 출정하고 있는 모습을 묘사한 그림. 등자와 높은 안장은 그가 창으로 상대방을 찌를 때 미끄러지는 것을 방지하는데 도움이 된다.

샤를 선량백작의 전기작가는 "그 백작이 마상시합에서 획득한 모든 재물을 희사함으로써 하느님의 구원을 받을 수 있었다"고 기술하고 있다. 샹파뉴 백작의 아들이 1149년에 생드니 수도원장인 쉬제에게 마상시합에서 포로로 잡힌 귀족친구를 석방하는 데 도와달라는 편지를 썼다. 그 수도원장이 마상시합의 비도덕성에 대해 그에게 설교하기보다는 오히려 자신을 도와줄 것이라는 기대감을 가졌기 때문에 편지를 썼다고 볼 수 있다.

1180년대의 이야기에서 어떤 기사가 은둔하여 기도에만 전념했는데도 자신이 마상시합의 영웅이 되어 있는 사실을 알고 놀란다. 그의 주군이 그 기사를 대신해서 다른 사람을 시합에 출전시켰다는 사실이 밝혀졌다. 13세기 한 처녀의 기적이야기도 같은 내용을 담고 있다. 즉 그 처녀는 자기를 위해 기도로 하루하루를 보내고 있는 어떤 기사를 위해서 그 기사로 변장하여 당당하게 마상시합에 나갔던 것이다. 이런 이야기들은 하나님이 마상시합을 인정했다고 믿으려는 의지를 분명히 보여주는 것이다. 14세기가 되면 교회는 더 이상 마상시합을 반대하지 않았다.48)

오늘날 영화 등에서 묘사되고 있는 마상시합, 즉 두 기사가 창을 들고 서로를 향해 돌격하는 마상시합은 중세 말의 모습이다. 12세기 마상시합은 훨씬 더 무질서했다. 분명히 개인간에 벌어진 마상시합도 있었다. 즉 2명의 기사들이 창으로 상대방을 낙마시키려 했고, 이어서 통상 말에서 뛰어내려 서로 칼을 휘둘렀다. 『롤랑의 노래』에 등장하는 전투장면들, 즉 두 명의 기사가 말을 타고 서로 전투를 벌여 한 기사가 다른 기사를 이기면 패배한 기사진영의 또 다른 기사가 나와 전투하는 장면은 전쟁터에서의 실제경험보다는 마상시합에 더 바탕을 두고 있는 것으로 보인다.

그러나 초기 마상시합의 핵심요소는 '집단전투mêlée'로서, 많은 기사들이 두 팀을 이루어 서로 무더기로 싸우는 것이었다. 이런 팀들에게는 안쪽 팀과 바깥쪽 팀 등과 같은 임의의 별칭이 붙여졌다. 이런 조건들에서는 마상시합과 실제전투의 구분이 애매해질 수 있었다. '집단전투'는 명단에 있는 기사들에 국한되지 않았고, 국경을 건너 진행되었고, 하루 종일 진행될 수도 있었다. 12세기의 한 마상시합에서, 플랑드르 백작이 기사들을 대동하고 도착해서는 단지 관람하기 위해 왔노라고 말했다. 그리고 시합에 참가한 사람들이 하루 종일 진행된 시합으로 기진맥진했을 때, 플랑드르 백작과 그의 기사들이 재빨리 말에 올라타서 수많은 기사들을 포로로 잡았는데, 모든 사람들이 그것이 훌륭한 책략이었다는 점에 동의했다.49)

중세 말, 즉 14세기와 특히 15세기가 되어서야 마상시합이 좀더 형식화되었다. 이 시기가 되면 참가자들에 요구된 기술들은 원래 수세기 이전의 전투에서 유래하고 양식화된 시대착오적인 것이었다. 집단전투 형태의 마상시합은 대체로 1대 1로 벌이는 마상시합으로 대치되었다. 15세기가 되면 마상시합에서 착용하는 갑옷은 12세기에 사용되었던 유연한 쇠사슬 갑옷이 아니라 무거운 철판갑옷이었다. 원래 철판갑옷은 머스킷*이라는 총에 대비하기 위해 개발된 것이었다. 따라서 더 이상 실제 전쟁터의 전술을 나타내지 않았던 마상시합에서, 이런 시합에서 절대 허용되지 않았던 무기인 머스킷을 대비하기 위해 개발된 갑옷을 입고 과거형태의 전투를 벌인 것은 다소 역설적이다.

☐ * 머스킷(musket)이라는 총은 화승총을 대형화해서 개발한 견착식 활강총을 말한다.

　중세 말 마상시합을 벌일 때 착용한 갑옷은 매우 무거웠기 때문에 참가자들은 종종 기중기로 말에 태워졌고, 낙마만 해도 부상당했기 때문에 안장에 고정되었다. 이전의 작고 빨랐던 말 — 아랍산 말로 추정되는데, 12세기에 이슬람교도가 점령하고 있던 스페인은 최고의 군마들의 원천으로 여겨졌다 — 이 이제 중무장한 기수를 태울 수 있을 정도의 대형마로 육종되었다. 이전에는 승리의 기준이 낙마시키는 것이었는데, 이제 이렇게 하는 것이 더 이상 가능하지 않았기 때문에, 오늘날의 격투기보다는 피겨 스케이팅의 경우와 비슷하게 스타일과 기술을 기준으로 승자가 가려졌다.

　방패와 갑옷에 상징을 정교하게 새겨넣은 표지인 문장紋章은 마상시합에서 유래한 것이었다. 얼굴을 덮는 투구를 쓴 사람은 '집단전투' 형태의 마상시합이나 실제전투에서 적과 아군을 구분할 수 있어야 했다. 그래서 신원을 알 수 있게 하는 표지를 방패에 새겨넣을 필요가 있었다(실제군복은 17세기가 되어서야 사용되었지만, 항상 군대는 그들을 나타내는 상징들을 사용해 왔다).

　방패에 표지를 사용한 것은 12세기 전반부터였다. 12세기 후반에

크래티앵 드 트루아는 마상시합의 이상화된 모습을 창작하면서 참가
자들의 방패들에 독수리·표범·꿩·사자 등의 표지들을 새겨놓은 모
습을 묘사했다.[50] 13세기가 되면 마상시합에서 진행자들은 순회 마
상시합의 주요인물들을 그들의 방패를 보고 알 수 있었다. 문장학紋章
學은 정교한 상징과 색채, 그리고 어떤 사람이 자신의 문장에 새로운
세부장식을 덧붙일 수 있다든가 혹은 없다는 조건을 포함하는 규칙을
발전시켰다. 중세 말이 되면 문장을 정교하게 할 수 있는 세습적인 권
리는, 오랜 전통을 가진 귀족들이 신흥귀족들에 대한 자신들의 우위
를 상징화하려고 필사적인 시도들 가운데 하나였다.[51]

   귀족여성들의 참관은 모든 마상시합에서 중요했다[여성들이 직접 마
상시합에 참가했다는 기록은 없다]. 남성들은 여성의 찬사를 얻는 최선의 방
법이 마상시합에서 선전하는 것이라고 생각했던 것 같다. 소녀들과
부인들이 창문에서 열심히 쳐다보고 승자에 대해 서로 이야기하는 장
면이 로망스에 숱하게 등장한다. 크래티앵 드 트루아의 작품에 등장
하는 란슬롯은 시합 중에도 사랑하는 숙녀에게서 눈을 떼지 않으려고
했다. 공인된 연인은 정표로서 그 여성의 옷의 일부분 — 가장 일반적
으로는 소맷자락이었는데, 12세기에 소매는 바느질하여 옷에 붙인 것
이 아니라 떼어낼 수 있게 되어 있었다 — 을 받아서 이를 휴대하고
마상시합에 참여했다.

   크래티앵의 작품보다 한 세대 뒤에 씌어진 『아서왕의 죽음』에서
란슬롯이 어떤 소녀에 대한 호의의 표시로 깃털장식 대신 그녀의 소맷

자락을 매단 투구를 쓰고 나오자 왕비 귀네비어는 그에게 매우 화를
낸다. 이와 유사하게 파르치팔Parzival의 아버지는 왕비의 슈미즈를 가
지고 다녔고, 왕비는 잠자리에서 온통 구멍나고 찢어진 그 슈미즈를
입고 연인인 파르치팔의 승리를 찬양한다.52)

  이처럼 마상시합은 일종의 레크리에이션이요 스포츠이며, 동료와
여성의 찬사를 얻고 전투기술을 녹슬지 않게 유지하는 수단이었다.
그러나 마상시합에는 사법적 요소도 있었다. 교회가 마상시합을 비난
했지만 유무죄를 결정하는 방법으로 전투를 이용하는 '결투재판'이 12
세기에도 여전히 일반적이었다. 신은 정의의 편이 승리하도록 하기
때문에 누가 유죄인지 알 수 있다고 믿었던 것이다. 이런 방법은 예를
들면 『롤랑의 노래』에서 배신자인 가늘롱의 죄를 확정하는 데 사용되
었다. 심지어 공식적인 '결투재판'이 없을지라도, 정의의 편은 반드시
이긴다는 인식이 있었다. 크레티앵은 『라울 드 캉브레』에서 왕이 전투
에서 승리하지 못한 것은 "그가 악의 편에 서 있기 때문이며 정의가
그의 편이 아니었기 때문"이라고 설명한다.53)

  사실 당시 모든 사람들도 알고 있었듯이 결투재판의 문제점은 악
한이 이길 수도 있다는 것이다. 심지어 로망스에서도 정의의 편이 항
상 이기는 것은 아니다. 즉 『롤랑의 노래』에서 가늘롱은 거의 항상 방
면되는데, 그 누구도 그가 데리고 있는 가공할 전사와 대적할 엄두를
낼 수 없기 때문이다. 성직자들은 13세기에 결투재판을 비롯한 신명
재판*을 더 이상 지지하지 않았다.

□ * 신명재판(神命裁判)은 '시죄법'으로 옮기기도 한다. 유죄인가 무죄인가를 가리거나, 어느 소송자가 옳은가를 판정하기 위하여 해당자의 신체에 행하는 테스트, 혹은 여타의 물리적인 테스트를 가리킨다. 예를 들면 피고에게 달아오른 쇳덩어리를 집어들고 정해진 거리만큼 옮기게 하고, 그 다음 화상을 입은 그의 손을 붕대로 감고 3일 뒤에 조사하여 상처가 나았으면 무죄, 상처가 곪고 있으면 유죄로 판결한다. 그리고 피고를 '축성된' 물에 들어가게 해서 그 '신성한' 물이 피고를 거부하여 피고가 물 위에 떠오르면 유죄, 물 속에 잠기면 무죄로 판결한다.

그러나 문학작품과 실제 사법적 논의들에서 제기된 의구심에도 불구하고, 승자는 정의로운 사람이고 그의 용력과 검이 아니라 신이 승자와 함께 한다는 인식이 중세 내내 있었다. 『아서왕의 죽음』에서 기사들이 살인혐의로 고발된 어떤 사람을 옹호하지 않은 이유를 설명하면서 다음과 같이 기술하고 있다. "만약에 그 기사들이 알면서도 불의를 옹호했다면 그들은 부정직한 사람들이었을 것이며," 그리고 "심지어 그들이 이기더라도 법정에 있는 모든 사람들은 그들이 정의와 충성에 반해서 잘못을 저질렀음을 알 것이다."54)

귀족과 사랑

12세기의 기사들과 귀족들은 점차 군사적 기능에 의해 자신들을 정의하고 우아하고 고상한 삶을 살려고 했을 뿐 아니라, 남녀간의 사랑을 이전보다 더 강조하였다. 물론 원시시대부터 남녀는 서로 사랑에 빠졌고, 중세 서유럽에 영향을 끼친 기독교 전통은 남편과 아내는 서로 사랑하라는 성경의 많은 언급들을 포함하였다. 중세 초에 남편들이 아내에게 보낸 편지들은 종종 애정표현들이 담겨 있었다. 그러나 중세 전성기의 문학작품들은 사랑이 새로운 중요성을 띄었다는 점을 시사하고 있다.[55]

12세기에 이상화된 사랑의 역할에 관한 주요사료들도 기사도의 다른 측면들에 대한 정보를 제공해주는 로망스와 서사시다. 이외에 보완적인 문학사료라고 할 수 있는, 트루바두르troubadour라고 불리는 시인들의 서정시가 있다. 서사시나 로망스와 달리 남부 프랑스의 오크어* 문화에 기원을 두고 있는 서정시들은 통상 사랑과 관련된 감정과 생각을 짤막하게 표현한 것이다.[56] 사랑을 다룬 이런 시들은 매우 인기 있었다. 쟝 르나르Jean Renart는 그의 13세기 초 로망스인 『기욤 드 돌』에 서정시들을 많이 실었으며, 그의 작품들에 등장하는 기사들과 숙녀들은 숲속을 걸으며 경쟁적으로 그런 시를 노래한다.[57]

　* 오크어(語)는 중세에 루아르강 이남에서 쓰던 남방 프랑스어이다.

사랑에 대한 새로운 강조는 상당히 문학적 현상이었다. 그것의 상당부분은 로마의 작품들, 특히 오비디우스Ovidius의 『사랑에 대하여On Love』에 매우 의식적으로 바탕을 두고 있었다. 오비디우스는 중세 초 내내 알려져 있었다. 왜냐하면 그의 작품들은 로마제국 시대에 교과과정에 채택되었고, 이런 교과과정은 중세 서구에서도 지속되었기 때문이다. 그의 사랑의 시들은 그 내용보다는 그 시의 어휘구사력 때문에 공식적으로 가르쳐졌다. 그러나 시의 내용도 인기있었고, 젊은 수

도사들은 오비디우스를 모방하여 시를 지어보기도 했을 것이다.58)

로망스, 트루바두르의 서정시들, 오비디우스를 모방한 시들 등에 묘사된 사랑은 젊은 귀족들이 할 수 있는 우아한 게임들 가운데 하나가 되었다. 시에서 기사답고 정중한 사람으로 묘사된 기사들은 누구나 이런 게임에 잘 맞는 속성을 가지고 있었을 것이다. 사랑에 빠지는 것은 한 커플이 일단 결혼한 뒤에 발생할 수 있는 일이 아니라 젊은 귀족들이 결혼하는 '이유'라는 가정이 12세기 로망스들에서 처음 등장했다.

제3장에서 지적했듯이, 실제로 부모들이 그들 아들딸들이 모험을 찾아 떠돌아다니고 마침내 사랑에 빠지도록 내버려두었을 가능성은 당연히 거의 없다. 모든 사료들은 적어도 결혼한 다음에는 부부가 서로 사랑하고 서로에 충실하는 것이 바람직한 행동이었다는 점을 보여주고 있다. 여성보다 남성에게 더 많은 방종이 허용되었을 것이다. 그러나 교회와 귀족들 자신들도, 남성의 경우에조차도 결혼하기 이전이나 아내가 죽은 경우에만 그런 방종이 허용되는 것이 더 바람직하다고 생각하였다. 불륜적인 사랑을 찬양하고 있는 마리 드 프랑스Marie de France의 시에서조차도, 어떤 기사들이 주군에게 내연관계에 있는 여인을 포기하라고 종용한다. 왜냐하면 "그 내연의 여인 때문에 주군의 아내가 아기를 갖지 못하는 것은 주군에게 심각한 손실이 될 것이기 때문"이다.59) 20명 넘는 서자들이 있었지만 적자는 한 명뿐이었던 영국왕 헨리 1세는 그의 아들이 익사하자 실제로 그러한 타격을 입었다.

당시 여론은 그가 가정에 열정을 쏟아야 했었다는 것이었다.

잘생기고, 옷 잘입고, 좋은 매너를 보이는 것이 미혼남녀가 이성의 관심을 끄는 확실할 방법이라고 로맨스에 표현되어 있다. 모든 로맨스에는 여성의 눈길을 끄는 준수한 청년과, 남자주인공들이 금방 매혹되는 사랑스런 처녀가 흔히 등장한다. 이런 점에서 12세기 소설들은 오늘날의 소설이나 오늘날 젊은 남녀의 꿈과 별로 다르지 않다. 시인들은 아름다움을 상투적으로 표현하는 경향이 있었다. 사랑스런 여주인공은 대체로 금발에 고운 피부를 가진 것으로 묘사되나, 시인들은 대체로 매우 신중했기 때문에 여주인공의 육체를 묘사하는 것을 자제했다. 반대로 못생긴 여성들은 천한 신분이다. 퍼시벌이 피부가 검고 꼽추며 누런 이를 가진 여자가 말을 타고 그에게 다가오는 것을 보았을 때, 그나 독자들이나 그 여자가 그의 행복을 빌지 않을 것임을 금방 안다.60) 아름다운 여성도 잔혹할 수 있다 — 적어도 주인공이 그녀를 친절한 여성으로 바꾸는 방법을 터득할 때까지는. 그러나 로맨스 작가들이 못생긴 여성을 착한 여성으로 묘사하는 것은 매우 어려운 일이었다.

아름다움의 핵심은 우아한 의상이었다.61) 궁전에서 남녀 모두 값비싼 천으로 만든 옷을 과시했다. 그들이 소문으로만 아는 중국에서 막대한 값을 치르고 수입된 실크가 상당히 인기 있었다. 로맨스 곳곳에 남녀 주인공들의 훌륭한 헤어스타일과 의복 — 지위와 취향의 표시인 — 이 상세하게 묘사되어 있다. 13세기 로맨스인『검을 가진 기사』

에서 가웨인 경의 모험을 묘사하고 있는 부분은 그 주인공이 "우아하
게 치장했고"라고 말하고 나서 그의 망토·셔츠·짧은 바지·긴 양말을
세밀하게 묘사하는 것으로 시작된다.62) 화학염료가 발명되기 전에는
선명한 색감의 직물은 드물었고 비쌌고 매우 귀했다. 중세 전성기에
젊은이들은 말끔하게 면도했으나 머리는 어깨에 내려올 정도로 기르
고, 비판자들에 의하면 허영심 때문에 아이론으로 머리를 곱슬곱슬하
게 했다. 짧은 수염은 중년남성에게 어울리는 것으로 여겨졌고, 긴 수
염은 나이든 사람들에게만 허용되었다.

　　그러나 잘생긴 것만으로는 충분하지 않았고, 사교모임에서 행동하
는 법을 배워야만 했다. 13세기 전반기에 씌어진 풍자적인『장미 이야
기』에서 사랑의 신이 주인공에게 장문의 '율법들'을 주었다. 이 '율법
들'에는 모략과 그밖에 다른 비열한 행위를 하지 말 것, 겸손하고 잘
말할 것, 모든 여성을 존중할 것, 우아한 복장을 할 것, 철저하게 씻을
것[특히 손톱을 깨끗하게 하는 것을 잊지 말 것], 규칙적으로 운동할
것, 자비로울 것 등이 포함되어 있었다. 1180년대에 국왕 헨리 2세의
죽은 왕자를 찬양하기 위해 씌어진 한 서정시도 유사하게 그 왕자는
"자비로웠고 말을 잘 했고, 훌륭한 기수였고, 미남이었고, 위대한 영
예를 부여함에 있어서 겸손했다"고 회고하고 있다.

　　제2차 십자군 원정에 참가한 기사들 가운데 일부는 화려한 의복에
많은 돈을 썼는데, 그 십자군 연대기 작가는 그 돈을 군사장비에 쓰는
편이 훨씬 좋았을 것이라고 유감스러운 듯이 기술하였다.63) 분명히

사실 묘사적이라기보다는 교훈적이었던 로망스 저자들은 그들 작품에 등장하는 주인공들이 우아하게 치장하고 행동하며 이성異性이 그들에게 언제나 매료당하는 것으로 묘사했다. 물론 문학작품들마다 등장하는 '패션'은 상이했다. 궁정모임에서 유행에 뒤지지 않는다는 것은 의복과 스타일에서 최근의 패션을 따른다는 것을 의미했다. 패션은 끊임없이 변하기 때문에 최신패션을 잘 아는 사람과 그렇지 못한 사람이 확연히 구분되었다.

로망스에서 사랑의 중요한 한 가지 요소는 사랑으로 인한 남모르는 고통이었다. 12세기 말에 저술활동을 한 마리 드 프랑스의 작품에서, 주인공과 그의 애인은 사랑의 고통으로 잠 못 이루는 밤을 보내고 나서야 서로가 사랑하고 있음을 깨닫는다. 크래티앵 드 트루아의 작품에서 한 커플이 사랑에 빠졌지만 이들 모두 상대방이 같은 감정을 가지고 있다는 것을 깨닫지 못했기 때문에, 그들은 뱃멀미와 같은 고통을 겪는다. 『장미 이야기』에서 사랑의 신은 그 주인공에게 그가 경험할 '깊은 절망', 즉 "사랑을 해본 적이 없는 그 누구도 겪지 않았던 그런 절망"에 대해 경고한다.64) 로망스들에 따르면 이러 고통을 완화시키는 유일한 방법은 사랑하는 사람의 팔에 안겨 위안을 찾는 것이다. 이러한 처방은 더욱 문학적으로 사랑을 추구하도록 하는 것이었다.

모든 로망스들과 트루바두르의 서정시들을 관통하는 사랑게임의 한 요소는, 기사청년은 연인을 마치 주군처럼 섬겨야만 한다는 관념이다. 아름다운 처녀들도 미모로 준수한 주인공들을 반하게 하는 것으로 그치지 않는다. 즉 그녀들은 주인공 청년들을 고무시키기도 한다. 일반적으로 아름다운 여성과 사랑에 빠지면 용기와 전투력이 배가되는 것으로 여겨졌다. 여성에게 경의를 표하는 남성의 모습은 봉신이 주군에게 하는 신서臣誓의식의 모습과 비슷하다. 작가들은 충성서약의 언어를 가지고 연출하기를 좋아하였다. 그래서 작가들은 어떤 청년이 사랑하는 여성에게 자신의 진실한 사랑을 바치는 것을 표현하기 위하여 가신이 충성서약을 할 때 말하는 용어를 사용하였다. 기사는 경의를 표하는 태도로 숙녀 앞에 무릎을 꿇고, 고상한 행동으로 그녀의 마음을 사로잡으려 했다. 마리 드 프랑스의 『에퀴탕』에서 주인공인 왕은 마음에 두고 있는 여성이 그의 봉신의 아내였는데도 불구하고 그녀에게 자신의 '항복'을 받아들이고 자기를 그녀의 봉신처럼 다루라고 요청했다.65)

작가들은 주종제의 용어 외에 종교적 찬양의 용어를 사용하기도 했다. 그래서 주인공들은 그들의 숙녀들을 '숭배했다'고 기술되며, 성인聖人의 이름이 아니라 사랑하는 사람의 이름으로 서로를 간구했다. 많은 시들은 사랑할 자격을 갖추기 위해서는 강력한 도덕적 요소가 필요하다는 점을 시사하고 있다. 크래티앵 드 트루아는 죄·회개·사면 등 종교적 언어를 의도적으로 사용하여 왕비에 대한 란슬롯의 헌신을 묘사하고 있다.66) 12세기에 남성구애자들은 훌륭한 매너를 과시하는 것과 복종하겠다는 제안이 여성의 마음을 사로잡는 효과적인 방법이라는 것을 깨닫게 되었다. 그것은 귀족여성들에게 참신하였음에 틀림없다.

　이런 점에서 역설적인 사실 ― 작가들은 물론 독자들도 분명히 잘 알고 있었을 ― 은 여성은 남성의 주군이 될 수 없었다는 점이다. 처음부터 기독교는 남녀가 신 앞에서 평등하다고 설교했지만, 성직자들에게는 여성을 혐오하는 경향이 강했다. 즉 성직자들에게는 원래 세상에 죄를 초래한 이브처럼 여성이 또다시 손쉽게 남성타락의 원인이 될 수 있다는 두려움이 있었다. 그리고 세속사회에서 귀족여성들조차 별로 권리를 갖고 있지 못했다. 여성들의 결혼, 그리고 특히 그녀들의 과부재산과 지참금은 여성들 자신들에 의해서가 아니라 남성친족들에 의해 결정되었다. 13세기 초 로망스인 『기욤 드 돌』에서 황제는 여주인공의 매력에 대해 듣는 것만으로도 그녀와 열렬한 사랑에 빠진다. 이 로망스에서도 황제는 그녀 오빠를 설득하여 허락을 받고 나서야 그녀에 접근하기 시작한다. 당시 귀족여성은 남편의 동의 없이는 자신의 상속재산도 양도할 수 없었던 것으로 보인다. 그리고 여성은 아주 특별한 상황에서만 자신의 이름으로 소송을 제기할 수 있었다.67)

　아마도 이런 아이러니를 인식하여 시인들은 숙녀들에 대한 기사들의 헌신적 봉사를 옹호하면서 동시에 그런 봉사를 조롱하기도 하였다. 크레티앵 드 트루아의 매우 정중한 주인공인 란슬롯은 귀네비어의 빗에 남아 있던 머리카락에 키스하고 그것을 가슴에 대면서 그것을 얻은 기쁨에 거의 황홀할 정도가 되고, 그것을 성유물처럼 다룬다. 이러한 란슬롯의 태도는 지나치게 굴종하는 연인이라고 조롱받는다.

크래티앵의 작품에 등장하는 주인공들 가운데 한 명인 알렉상데르는 사랑하는 여인이 머리칼로 그의 셔츠를 꿰맨 것을 발견하고는 마찬가지로 흥분하였다. 그는 그 셔츠를 껴안고 '수백 번' 그 셔츠에 키스를 했다. 해설자는 "사랑은 현명한 사람을 쉽게 바보로 만들어, 머리카락 한 가닥에서 그렇게 기쁨과 환희를 느끼게 한다"고 말한다.68) 크래티앵은 그 누구도 사랑게임을 즐길 수 있지만, 위험하게도 너무 쉽게 우스꽝스럽게 된다고 말하고 있다.

대체로 작가들은 여성에 대한 헌신을 옹호하면서도 여성을 비난하였다. 시에 등장하는 주인공들이 숙녀에게 헌신하지만 슬프게도 결국 실망하게 된다. 왜냐하면 여주인공들은 일반적으로 반응을 보이지 않으며, 심지어 뻔뻔스런 태도를 보이기 때문이다. 여성들은 너무 변덕스럽거나 위선적이어서 훌륭한 사람의 사랑을 받아들이려고 하지 않는다고 시인들은 종종 말했다. 『장미 이야기』의 13세기 저자*는 사랑스런 여주인공이 생면부지의 남자와 바람이 나서 불과 얼마 전에 결혼한 기사를 떠나가게 하고는, 이 세상의 어떤 여성도 똑같은 짓을 저지를 것이며 "심지어 그녀가 이 곳부터 인도에 이르기까지의 최고기사의 연인이요 아내일지라도 그렇게 할 것"이라고 기술하고 있다.69)

  □ *『장미 이야기』의 원저자는 기욤 드 로리스(Guillaume de Lorris: 1220~1240년대에 활동)이고, 이어서 장 드 묑(Jean de Meun: 1240~1305)이 속편을 썼다고 알려져 있다.

이처럼 작가들이 옹호하는 것들에는 근본적인 모순이 있었다. 즉,

한편으로 여성을 숭배하고 여성들에 복종해야 한다고 말하면서, 또 다른 한편으로는 여성들은 그럴 가치가 없다는 것이다. 이런 태도의 상당 부분은 작가 자신의 개인적이고 불행했던 경험들에서 나왔던 것으로 보인다. 근본적으로 많은 작가들은 "그녀를 숭배했음에도 그녀는 나를 사랑하지 않으며, 따라서 여성은 믿을 수 없다"고 말했다.

궁정식 사랑

12세기의 사랑에 대한 복합적이고 변화하는 태도에 대한 논의는 현대에 만들어진 '궁정식 사랑courtly love'이라는 용어*의 포괄적 사용으로 애매해졌다. 중세작가들은 '궁정예절courtesy'과 '예법courtliness'에 대해 분명히 말했고, '사랑'에 대해 말했다. 그렇지만 그들은 어떤 명확하게 정의된 실체에 대해 결코 말하지 않았으며, '궁정식 사랑'으로 알려진 고정되고 수용된 규범에 대해서는 더더욱 말한 바 없다.70)

> * '궁정식 사랑(courtly love)'이라는 용어는 국내에서는 '궁정(풍)연애', '경건한 사랑' 등으로 옮기기도 하는데, 여기서는 가장 일반적으로 쓰이는 '궁정식 사랑'이라는 용어를 쓰기로 하겠다. 이 용어(프랑스어로는 amour courtois)는 가스통 파리(Gaston Paris)가 1883년에 크래티앵 드 트루아의 『란슬롯: 마차를 탄 기사』에 관한 논문에서 처음 사용했다고 알려져 있다.

그럼에도 불구하고 오늘날의 학자들은 중세 전성기에 남성이 특히 자기 아내가 아닌 여성을 대하는 단 하나의 의례화된 행동이 있었

란슬롯 이야기의 필사본에 실려 있는 그림. 란슬롯과 왕비 귀네비어가 은밀히 만나고 있으며 그의 친구가 서서 망을 보고 있다.[뉴욕에 있는 피어폰트 모간 도서관 소장]

으며, 이런 행동은 기사도의 중요한 부분으로 여겨졌다고 흔히 가정한다.71) 중세귀족들이 '궁정식 사랑이라는 이상'에 따라 행동했다고 주장할 학자들은 거의 없을 것이다. 그럼에도 많은 학자들은 모든 귀족들이 장려한 이상 ― 혹은 모든 귀족들이 동의하는 특징을 가진 이상 ― 이 실제로 있었다고 생각한다. 심지어는 그런 이상이 어디에서 유래했는가에 대한 논의(11세기 남부 프랑스가 유력한 후보지이다)가 있었고, 어떻게 그런 이상이 북부 프랑스로 퍼졌는가에 대한 논의 ― 아키텐의 엘레오노르*와 그의 딸들이 주로 거론된다 ―도 있었다.72)

□ * 아키텐의 엘레오노르(Eléonore de Aquitaine: 1122~1204)는 아키텐 공작 기욤 10세의 상속녀로서 프랑스의 루이 7세와 이혼하고 영국의 헨리 플랜티지닛과 재혼하였다. 그러나 얼마 뒤 아키텐으로 돌아와 별거하면서 화려한 궁정문화의 후원자가 되었다.

그러나 필자는 중세 전성기에 명확한 '궁정식 사랑이라는 이상'이 없었다고 주장하고 싶다. 기사도의 경우가 그러하듯이, 어떤 단일한 모습을 발견하려는 의도를 가지고 여러 문학작품들을 비교하고 종합해보면 그런 단일한 모습이 나타난다. 그러나 오늘날 궁정식 사랑의 속성들로 여겨지는 것들은 매우 상반되는 것들이며, 작가들에 따라 상이한 속성들을 강조하고 있고, 게다가 어떤 작가는 다른 작가들이 이미 제시한 것과는 다른 생각들을 의식적으로 제시하고 있다.

이하에서 논의가 진행되면서 밝혀지겠지만, 특히 이 시기에 의례화된 혼외정사의 가치에 대한 합의가 없었으며, '궁정식 사랑'이 멀리서부터의 순결한 동경으로 여겨졌는지 아니면 실제의 심리를 포함하고 있는 것인지에 대해서도 오늘날 학자들이 의견일치를 보지 못하는 것은 심지어 로망스들에서 나오는 궁정식 사랑에 대한 묘사들도 어떤 단일의 기준이 아니었음을 보여주는 것이다.73)

그럼에도 불구하고 '궁정식 사랑'이라는 오늘날 개념에는 중세 귀족문화를 이해하는 데 중요한 요소들이 있다. 12세기가 되면 귀족 젊은이의 수련과정에는 여성들에게 상냥하고 심지어 관능적으로 말하는 법이 포함되어 있었다. 이 시기 귀족들은 앞에서 지적한 바와 같이 통상 집을 떠나 주군이나 숙부의 성에서 다른 귀족들과 더불어 키워졌다. 성주의 부인은 [귀족들 결혼에는 남녀의 나이차이가 컸기 때문에, 대체로 성주부인이 상당히 연상은 아니었을지라도] 이러한 귀족소년들의 상징적 어머니인 동시에, 그들이 고상한 행동 ― 예를 들면 시를 지어 바치는 등 ― 을 실습할 수 있는 상징적 여성이기도 했다.

13세기 초 독일의 『파르치팔』을 비롯한 일부 로망스들은 어떤 귀족은 수련받을 때 안주인이었던 여성을 계속해서 특별한 존재로 여기고 있으며, 12세기 말의 한 트루바두르의 서정시는 리무쟁Limousin의 신임 부백작의 부인의 도착을 알리면서 그 지역 모든 귀족들이 그녀의 '연인'의 될 자격이 있기 위해서 점잖고 용감하라고 촉구하고 있다.74)

사춘기에 접어든 귀족이 접촉하는 유일한 귀족여성이 그의 숙모이거나 주군의 아내일 경우, 그는 순결하게 사랑할 것을 교육받는 것은 당연하다. 그러나 일단 그가 수련을 마치고 밖에서 자기 짝을 구할 때, 멀리서부터의 동경이 별로 없었을 것 같다. 순결하고 세련된 사랑을

12세기를 상징하는 것으로 보는 현대학자들은 주인공들이 사랑에 빠지자마자 동침하는 이야기들을 설명하기 어렵다.

이런 이야기들에서 영웅적인 모험을 떠난 기사들은 곧 주인공들의 육체를 탐하는 아름답고 집안 좋은 여성들을 거듭해서 만난다. 영웅을 다룬 로맹스들에는 기사들이 사랑스런 딸을 가진 어떤 성주의 성에서 하루 밤을 묵을 때 그 딸이 아침이 되기 전에 그 기사의 침대로 몰래 들어가려고 하는 장면이 흔히 등장한다. 로맹스들을 개괄해 보면 멀리서부터의 동경이 12세기에 보편적인 이상이 아니었음을 알 수 있다.

란슬롯과 귀네비어의 이야기나 트리스탄과 이졸데의 이야기 같이 매우 인기있었던 이야기들은 불륜을 다루고 있는 것이다. 이런 이야기들에서 작가들은 물론 주인공들도 그들이 죄를 저지르고 있음을 아주 잘 알고 있었다. 기독교적 의미에서의 그들의 죄는, 위의 두 이야기의 경우 남자주인공이 왕비를 사랑함으로써 왕에 대한 충성의 맹세를 배신한 것이다. 13세기의 『성배의 탐색』에서는 란슬롯은 바로 그의 죄 때문에 성배를 찾지 못했다. 크래티앵 드 트루아의 『클리제』에서 여주인공은 남편만이 아니라 연인에게도 몸을 허락하는 간부姦婦가 되지 않으려고 결심했고, 그래서 "나는 이졸데처럼 살아갈 수 없었다"고 말한다. 불륜적인 사랑을 호의적으로 묘사한 마리 드 프랑스조차도 "악은 다른 사람의 불행을 추구하는 자에게 쉽게 되돌아올 수 있다"고 선언하였고, 여성의 남편을 살해하려고 계획을 세웠으나 결국 그들

자신들이 죽은 한 커플에 대해 이야기하고 있다.[75]

물론 로망스들은 현실을 묘사한 것이 아니었고, 또 그럴 의도도 없었다. 작가들은 독자들이 원하는 이야기를 제시하고 있는 것이지 사회규범을 정확하게 묘사하고 있는 것이 아니었다. 현대독자들이 관능적인 의뢰인들이나 용의자들이 냉철한 사설탐정을 유혹하는 정형화된 내용의 탐정소설들이 사회현실을 정확하게 묘사한 것으로 여기지 않듯이, 12세기에 그 어떤 사람도 내키지 않아 하는 주인공 기사들을 탐욕스럽게 유혹하는 귀족소녀들을 낭만적으로 묘사한 것을 현실적이라고 생각하지 않았다.

게다가 12세기 문화에서 사랑의 역할을 이해하는 데 있어서 심지어 더 중요한 점은 일단 로망스의 젊은 남자주인공은 지나치게 육욕적인 여성들을 멀리하고 나서 진정으로 사랑하는 여성과 결혼하였다는 사실이다. 트리스탄과 란슬롯의 비극은 사랑하는 여인들과 결혼할 수 없었다는 점이었다. 프랑스 판본의 퍼시발과 독일판본의 파르치팔은 아름다운 여왕 — 처음 만났을 때 잠자리를 같이 했지만 순결하게 포옹만 한 — 과 사랑에 빠졌고, 그가 그 여왕의 가족들을 구하자마자 프랑스 판본에서는 그들이 약혼했고, 독일판본에서는 결혼했다.[76] 따라서 중세 전성기 귀족들이 관심을 보인 사랑을 묘사한 것은 흔히 불륜적인 요소들을 포함하고 있었지만, 그러나 사랑은 단지 결혼밖에서만 일어날 수 있는 것이 분명 아니었다.

궁정사제 앙드레

사랑이라는 주제에 대해 가장 많은 혼란을 야기한 중세 저작인 궁정사제 앙드레André le Chaplain의 『궁정식 사랑의 기술Art of Courtly Love』 ─ 흔히 이렇게 번역되지만 『사랑에 관하여』라고 번역하는 편이 더 좋을 것이며, 이 저서는 오비디우스Ovidius의 영향을 받은 것이다 ─ 조차도 남성들이 여러 여성들을 설득하여 〔뚜렷한 성과는 없었지만〕 몸을 허락하게 하려는 대화들로 구성되어 있다.77) 앙드레는 12세기 말 샹파뉴 궁정사제로 추정되고 있다.

그는 파격적이고 매우 인기있던 저작이 없었다면 오늘날 전혀 알려지지 않았을 것이다. 앙드레의 저작에 등장하는 사람들에게 기대되었던 결과는 언제나 똑같은 것으로서, 그들이 선택한 여성들과 침대에 가는 것이었다 ─ 그들의 의도가 항상 관철되는 것은 아니지만. 앙드레는 귀족에게 상대방의 관심여부에 개의치 말고 농민의 딸을 껴안고 일을 진행하라고 촉구한다. 반면에 귀족여성에게는 일반적으로 미묘한 논리적 원칙들에 기반을 둔 점잖은 설득이 필요하다. 예를 들면, 정숙한 유부녀의 호감을 사려면 그녀에게 진정한 사랑은 부부 사이에서는 불가능하다는 점을 납득시켜야 한다.78)

일부의 학자들은 앙드레가 유부녀에 반한 사람들에게 제시하고 있는 - 그리고 앙드레에 따르면 완전히 상상적인 샹파뉴 백작부인의 '사랑 궁전들Love Courts의 결정에 의해 지지받은79) - 이런 주장을 잘 못 확대 해석하여 모든 12세기 귀족들은 사랑이 결혼밖에만 존재한다 고 믿었다는 사실을 가리키는 것으로 여겼다. 앙드레는 그의 저작의 다른 많은 부분들과 마찬가지로 이 점에서도 오비디우스에서 모티브 를 취했던 것으로 보인다. 그러나 모든 로망스들이 불륜적인 사랑을 다루고 있다는 점을 상기할 필요가 있다. 더구나 앙드레 저서에 등장 하는 '불륜 지망자들'이 이런 교활한 수작으로 성공을 거두는 경우는 드물었다.

앙드레는 불륜의 옹호자로 종종 읽히지만, 반대로 그는 순수하고 정신적인 사랑을 옹호하는 것으로도 읽힌다. 이런 결론도 전체맥락을 무시하고 단지 구애과정에서 연인들이 말한 것의 일부를 취함으로써 나온 것이다. 예를 들면 어떤 귀족남성이 어떤 귀족여성에게 구애하 면서 자신은 '순수한 사랑'을 원할 뿐이라고 말하면 현대학자들은 종 종 이 말을 궁정식 사랑의 이상을 제시한 것으로 파악한다. 그러나 전 체적인 맥락에서 그 말을 살펴보면 그 귀족남성의 목적이 결코 순수한 것이 아니었다. 그 귀족남성은 자신이 원하는 것이 처음은 키스 그리 고 포옹이고, 그 다음 아마도 약간의 누드 터치와 애무하는 것이지 그 이상은 아니라고 주장한다. 그의 숙녀는 이런 뻔한 핑계를 당장 간파 하고 그녀에게 옷을 벗게 하려는 그의 시도를 거부한다. 이것은 그녀 가 적어도 어떤 이런 이상적 '순수성'을 믿지 않는다는 점을 시사하고

있다.80)

궁정사제 앙드레의 저서를 귀족들 사이의 사랑을 묘사한 것으로 보는 데 있어서 어려움은, 그 저서가 적어도 부분적으로는 그의 사회와 당시 지적 풍토에 대한 정교한 풍자로 저술되었다는 사실이다. 즉 그 저서는 귀족들이 소중한 만남 전에 참조하는 안내서로서 혹은 일반적인 귀족의 행동을 묘사한 것으로서 저술된 것이 아니라, 오히려 그의 시대에 유행하고 있던 로맨스들에 대한 논평으로, 그리고 당시 유행하고 있던 학자들의 논의와 범주화에 대한 논평으로 저술된 것이다.

그의 저서의 2/3는 사랑을 옹호하고 있고 나머지 1/3은 사랑에 반대하고 있다. 이것은 많은 학자들을 혼란스럽게 했다. 학자들은 그가 첫번째 부분에서 말한 모든 것을 그가 진정으로 믿었지만 성직자로서 그것을 반박할 필요가 있었다고 주장하거나, 그는 진정으로 사랑에 대해 반대했지만 사랑에 대한 저서를 써달라는 부탁을 받아서 사랑을 옹호하는 부분도 썼다고 주장한다. 심지어 앙드레가 그의 저서의 전반부 2/3부분에서 옹호한 사랑이 그가 후반부 1/3에서 반박한 사랑과는 다소 상이한 것이라는 주장도 있다.81) 그러나 그의 저서가 이렇게 구분된 것은 철학자나 법학자들이 어떤 명제에 대해 찬성하거나 반대하는 주장을 제시해야 하는 스콜라적 논증방법을 패러디한 것으로 보는 편이 더 타당하다.82)

일반적으로 앙드레의 저서 곳곳에서 여성들은 우월한 존재로 등장한다. 즉 여성들은 유혹자들의 모든 궤변을 간파하고 이를 단호하게 거부한다. 그러나 그 저서의 음흉한 유머 전반에 흐르고 있는 것은 다소 신랄한 어조의 여성혐오다. 이런 점은 여성들은 어리석은 존재여서 앙드레 자신과 같은 성직자들보다 기사들의 포옹을 좋아한다는 견해에서 드러난다. 책의 후반부 1/3에서 앙드레는 독자들에게, 그가 제안한 여성유혹 방법을 실제로 따르는 사람은 누구나 영혼을 잃을 것이라고 말하고 있다. 그는 심지어 이 부분에서도 당시 도덕문학을 풍자하고 있는지 모른다. 이러한 기이하고 모순되고 때로는 놀랄 정도로 재미있는 이 저서에 대해 어떻게 생각하든, 우리는 이 책을 '궁정식 사랑'에 대한 명확하고 일반적으로 수용되는 기준을 묘사한 것으로 볼수 없다.[83]

*   *   *

12세기에 발전하고 정형화된, 귀족들의 이상적인 행동기준은 경직된 것이거나 심지어 명확한 것이 결코 아니었다. 그러나 지배층, 즉 그들 가문이 오랫동안 명령하는 것에 익숙했던 귀족들과 귀족들을 모방해서 귀족의 일원이 되려던 기사들은 점차 가능하면 그러한 이상들에 의해 자신들을 정의하였다. 분명히 기사도나 궁정예절, 더구나〔심지어 12세기에는 이에 해당되는 용어도 없는 현대용어인〕 '궁정식 사랑'은 귀족들이 명확하게 배우고 따를 수 있는 명확한 규범이 아니었다.

그러나 중세 전성기에 귀족들은 부와 권력에 대한 그들의 독점이 한편으로는 왕에 의해 다른 한편으로는 도시민들에 의해 위협받음에 따라, 그리고 성주들이 기사들과 결혼관계를 맺음으로써 그들 손자들의 적어도 일부는 귀족 아버지에게서 태어나지 않을 것임을 깨달음에 따라, 그들은 점차 자신들을 자신들의 행동에 의해 정의하기 시작했다. 귀족의 일원이 되기를 그렇게도 원했던 기사들은 비슷한 행동이 도움이 될 수 있을 것이라고 생각했다.

문제는 기사나 귀족이 따를 수 있는 규범화된 행동기준이 존재하지 않았고, 부분적으로 이런 이상을 창조하려고 한 서사시들과 로망스들은 모든 주요요소들에서 의견일치를 볼 수 없었다는 사실이다. 자기 작품의 주인공들이 『라울 드 캉브레』의 경우처럼 가문에 대한 충성과 주군에 대한 충성 사이의 갈등이나, 크래티앵 드 트루아의 여러 작품들에서처럼 사랑과 명예 사이의 갈등에 직면하는 작품들을 쓴 작가들은 이상적이고 완벽하고 고귀한 기사는 존재하지 않을 뿐 아니라 논리적으로도 가능하지 않다는 점을 입증하려고 했던 것 같다. 그들은 그런 이상의 가능성을 부정하는 동시에 그럴듯한 이상 — 이러한 이상의 구성요소에 대한 그들의 관점은 12세기 동안에도 상당히 다양하기는 했지만 — 의 환각을 창조했다.

이상화되고 기사다운 귀족을 묘사할 때 가장 시종일관한 요소는 고도로 숙련되고 기술적인 무용이었다. 이것은 바로 '기사도'가 원래 의미했던 것 — 기병전에서의 용력과 기술, 전투에서의 용기, 동료들에 대한 신의 — 에 정확하게 일치하는 것이기도 했다. 귀족들이 점차 그들 전투력에 의해 자신들을 정의하고 고가의 정교한 장비들과 기병의 전술을 사용함에 따라 이런 이상은 이해할 수 있는 것이 되었고 심지어 실현 가능했다.

원래는 특별히 널리 행해진 의식이 아니었던 기사서임식이 점차 중요해졌다는 점은 이런 군사적 역할이 점차 중요했음을 나타낸다. 즉 전사의 상징인 검을 수여받는 것은 13세기 말이 되면 귀족 그 자체의 표지로 여겨졌다. 귀족은 2세기 동안 그들의 군사적 지위를 점점더 중요시했다. 루이 6세는 12세기 초에 사랑받고 널리 존경받는 프랑스 왕이 되었는데, 이는 그가 직접 군대를 이끌고 전투에 참가했던 사실에 주로 기인한다. 방어중심지나 요새지로서가 아니라 농촌주민들을 위압하기 위한 성들이 11~12세기에 널리 퍼졌다. 이제 성들이 이전 시대의 저택들이 그러했듯이 귀족궁정의 중심지 역할을 하였다. 12세기에 귀족들의 부의 상당부분이 최신 군사기술을 채택하여 이런 성들을 축조하는 데 투자되었다. 무엇보다도 성의 소유자들은 전쟁지휘관으로 여겨지게 되었다.

12세기 말이 되면 '기사도'의 군사적 개념이 아주 상이한 근원들을 가진 요소들과 혼합되었다. 이런 요소들 가운데 가장 중요한 것은 문학에서 '궁정예절'이라고 불렸던 것, 즉 모든 사람에 대한 정중함·약자에 대한 배려·세련된 옷차림과 정결함 등 한마디로 전쟁터의 거친 전사와 정반대되는 것이었다. 세련되게 대화하고 춤추고 악기를 연주할 수 있는 것 등이 분명히 도움이 되었다. 궁정에서 교육의 일환으로 젊은 지배층에 교육된 이런 이상은 이렇게 하여 한때 전쟁터의 윤리였던 것과 긴밀하게 융합되었다. 특히 여성에게 정중하고 연애유희를 즐기는 것, 부모에 의해 택해진 정치적으로 적절한 배우자 이외의 사람과 사랑에 빠질 수 있는 것을 상상하는 것은 이런 '궁정예절'의 일부였다. 그러나 이런 연애유희를 '궁정식 사랑'이라고 부르는 것은 마치 궁정식 사랑이 그 자체로 하나의 범주인 것처럼 아주 왜곡하여 들리게 하고, 또 이런 연애유희가 행해지는 방법에 대한 아주 막연한 합의가 있었던 것인 양 들리게 한다.

13세기가 되면 '기사도'라는 용어는 '궁정예절'의 의미들을 흡수하였으며, 그래서 기사도는 이해하기 매우 어려운 혼합물이 되었다. 이런 혼합물은 기독교의 어떤 요소가 기사도 — 당시 사용되고 있던 기사도의 정의가 무엇이었든 간에 — 에 도입될 수 있을 것이라는 귀족들 자신들과 성직자가 동감한 희망에 의해 심지어 더욱 낯선 것이 되었다. 기독교의 어떤 요소를 취사선택하느냐는 사람에 따라 아주 다양했다.

성 베르나르 등은 어떤 기사가 성지에서 활약하는 기사단에 가담하고 그의 전투기술을 이교도에만 사용하여 글자 그대로 '그리스도의 전사'가 되지 않는 한, 좋은 기독교인인 동시에 좋은 기사가 되는 방법이 없다고 보았다. 십자군의 사조가 강력했다는 것은 많은 귀족들이 기독교도가 다른 기독교도를 흔히 죽이면서 좋은 기독교도가 되기 어렵다는 점에 어느 정도 동의했음을 시사한다. 그리고 귀족들은 훈련받은 대로 서로 전투하면서도 기독교의 교리에서 크게 벗어나지 않으려고 필사적인 노력을 하였다.

학자들은 오랫동안 단 하나의 '기사도' 정의를 제시하는 것이 얼마나 어려운가를 지적해 왔다. 그 답은 경우에 따라 상이한 기사도의 모델들에 대해 말하는 것이었다. 예를 들면 교회는 '기사도'를 이런 식으로 정의했고 기사 자신들은 다른 식으로, 그리고 여성들은 또 다른 식으로 정의했다고 말하는 것이었다.[84] 기사도를 묘사하는 것은 정의하는 것보다 더 복잡하다. 왜냐하면 어떤 명확하게 구분되는 '모델들'이 결코 없기 때문이다. 모델들을 염두에 두면 당연히 단일한 이상을 묘사했어야 하는데 실제로는 그렇지 않은 서사시들과 로망스들에는 어쩔 수 없이 갈등에 빠지는 주인공들이 흔히 등장한다.

문학작품에 등장하는 기사들은 군사적 영웅이 되는 동시에 여성에게 정중하고 여성으로부터 칭송받고, 활동적 삶의 끝에 당장 천국으로 갈 수 있을 정도로 훌륭한 기독교도가 되기를 원했다. 성직자들이 아마도 가장 명확한 이상적 이미지를 가지고 있었을 것이다. 즉 성직자들은 기사들이 교회를 보호하고 이교도를 죽이기를 원했다. 그러나 그들은 이런 행위를 기사도라고 부르지 않았으며, 게다가 로망스를 쓴 사람들은 성직자들이 아니었다. 로망스에서 여성들은 전투나 마상시합으로 생기 넘치고 학식있고 점잖은 논리로 무장하여 구애하는 남성들을 받아들이거나 거부하는 것을 제외하면, 여성들의 입장이 결코 드러나지 않는다.

　성직자들이 믿었듯이 정상적인 기사의 삶의 그 어떤 것도 진정으로 기독교적인 것이 될 수 없었지만, 이런 기사들에게는 여전히 희망이 있었다. 그들은 모든 것을 포기하고 성직에 입문하거나 아니면 적어도 교회를 돕는 데 그들의 상당한 권력과 재산을 쓸 수 있었다. 다음 장에서 살펴보게 되듯이 성직자들이 살인이나 사랑추구를 찬양하지 않았지만, 중세 전성기의 교회들은 귀족들을 필요로 했고 귀족들의 우정을 원하였다.

5. 귀족과 교회

　　중세 전성기의 귀족과 교회의 관계는 아주 새로운 학술주제이다. 중세의 신분들을 다루고 있는 대부분의 사료들이 귀족과 성직자 모두를 다루고 있고, 일반적으로 양자가 어떤 활동에 함께 참여하고 있음을 보여주고 있다. 그럼에도 불구하고 중세사회를 세 신분으로 구분되어 있는 것으로 보는 견해 때문에, 학자들은 귀족과 교회를 별개의 관심사로 다루는 경향을 보였다.1)

　　11세기부터 성직자들은 세속인과 성직자를 명확하게 구분하려고 했지만, 중세 전성기에 세속인과 성직자의 구분이 분명하지 않은 영역이 매우 컸고 또 증가하고 있었다. 동일한 신분의 구성원들이, 흔히는 동일한 가족구성원들이, 세속사회와 성직사회에서 지도자들이 되었음은 오래 전부터 알려져 왔다. 그러나 최근에야 학자들은 귀족들과 성직자들이 비록 대부분의 시기에 그들의 목표는 달랐지만 서로

도움을 주고 서로 응하는 복잡한 양상들을 검토하기 시작했다.[2]

먼저 지적해야만 할 점은 중세에 귀족일반에 대해서 이야기하는 것이 타당하지 않듯이, 중세교회 일반에 대해 말하는 것은 더 이상 옳지 않다는 사실이다. [여성성직자들을 포함한] 성직자들은 매우 다양한 집단이었고, 세월이 흐름에 따라 상당히 변한 집단이었다. 기사들이 등장하고 성城·기사도·중앙집권적 왕국이 발전한 시기인 중세 전성기는 세속인과 성직자 모두 열정적으로 영적 생활을 재검토하고 재규정한 시기이기도 했다.[3]

12~13세기에 교회 내에서의 주요구분은 일상적으로 세속사회를 다루는 재속성직자secular clergy와 세속사회를 떠나 수도회에 입적하여 엄격한 계율을 따르는 계율성직자regular clergy였다. 재속성직자들에는 주교들, 교구사제들, 많은 소규모 성당이 아니라 대성당에서 근무하는 성당 참사회원들[성당 참사회원들은 개인적으로가 아니라 집단으로 그들 교회에 살면서 근무하는 사제들이다], 교황대리자들, 신학대학 교수들, 왕실의 많은 관리들 등이 있었다. 재속성직자들은 계율성직자들 ― 수도사들과 수녀들만이 아니라, 재속계율보다 더 엄격한 계율을 준수하는 사제들인 계율 참사회원들로 구성되어 있었다 ― 과 적어도 잠재적인 갈등 관계에 있었다.

재속성직자와 계율성직자 사이의 긴장은 중세초기로 거슬러 올라간다. 주교들은 항상 자신들이 사도들의 제도적 계승자라고 주장했고 그들의 권위는 궁극적으로 그리스도에서 유래하는 것으로 여겼다. 그러나 수도사들은 자신들의 생활방식이 사도들의 삶에 더 가깝다고 믿었고, 따라서 자신들을 그리스도의 주요 추종자들로 여겼다.4) 오늘날 가톨릭에서 여성들은 성사를 집전할 수 없듯이 중세여성들은 성사를 집행할 수 없었기 때문에, 여성들은 계율성직자는 될 수 있었지만 재속성직자는 될 수 없었다. 따라서 중세 전성기 교회에서 여성은 남성보다 훨씬 적었다.

심지어 재속성직자들이나 계율성직자들 내부에서도 통일된 견해가 전혀 없었다. 흔히 주교들마다 견해가 달랐다. 또 주교들은 11세기 후반이 되어서야 나름의 어떤 의미를 갖는 기독교 세계의 수장이 된 교황과 의견을 달리했다. 그리고 주교들은 자신들처럼 재속성직자들인 대학교수단이나 국왕관리들과 권력싸움을 벌이기도 했다. 그들 교구의 사제들을 통제하고 감시하려는 주교들의 시도는 말할 것도 없고 교육시키려는 시도도 종종 예상치 못한 분규를 발생시켰다.

수도원마다 계율과 생활방식이 달라서 수도사들 사이에도 갈등이 발생했다. 심지어 재속성직자와 계율성직자들 사이의 기본적 구분도, 중세 전성기에 유럽 도처에서 계율없이 고독한 삶을 사는 은자들과 정식 성직자 교육을 받지 않고 기독교 포교에 힘쓰던 방랑 설교사들의 존재에 의해 복잡해졌다. 이런 사람들은 자신들이 성경과 교부들의 가르침에 따르고 있다고 주장했고, 신성에 대해 폭넓은 평판을 얻었을 것이다. 그러나 주교들·교구사제들·수도사들 모두는 은자들과 방랑설교사들을 의혹의 눈길로 쳐다보았다.5)

이런 다양한 집단들로 인해서 중세교회들은 오늘날 교회들보다 규모가 훨씬 컸다. 지배층 성년남성의 약 20%가 성직자가 되었다고 추산되고 있다.[6] 그렇게도 많은 성직자들이 있었기 때문에, 그들 활동의 상당 부분은 사회 전체에 봉사하는 것을 지향하기보다는 그들이 속한 교회기관의 이익을 지향하였다. 그리고 삶의 상당부분을 격리된 채 기도하는 데 보냈던 수도사들은 그들이 참여하지도 보지도 않은 사회를 위해 기도했다.

귀족의 성직입문

귀족부모는 각 세대마다 한 명의 아들을 교회에 보냈다고 한때 여겨졌다. 그러나 자세히 사료들을 검토해 보면 실제상황은 훨씬 더 복잡했음을 알 수 있다. 일부 귀족가문들은 아들이든 딸이든 결코 성직에 입문시키지 않았고, 반면에 다른 경우에는 많은 가족구성원들이 흔히 두 세대에 걸쳐 모두 성직에 입문할 것을 결정하기도 했다.[7] 이런 예들은 귀족출신인 어떤 사람이 종교에 헌신하는 삶을 위해 안락한 세속생활을 포기하도록 하는 요소들이 얼마나 다양했는가를 보여주기 때문에 중요하다.

귀족들은 이론적으로는 종교적 충동을 느끼면 인생의 어느 시기라

도 성직에 입문할 수 있었다. 그러나 실제로는 귀족들은 대체로 다음
세 시절 가운데 한 시기에 출가했다: 어린 시절[6~10세 사이], 청년시절,
노년시절. 중세 초기에는 어린 시절 입문이 가장 일반적이었다. 그러
나 12세기의 새로운 교단들, 특히 시토교단은 어린 시절 입문을 적극
적으로 반대했다. 그리고 13세기가 되면 다른 교단들도 자신의 행동
을 판단할 만큼 나이가 든 사람들에 국한하여 수도사들을 충원하려고
했다. 필자는 주로 소년들에 초점을 맞추어 논의를 진행해나가도록
하겠는데, 수녀는 훨씬 드물었기 때문이다. 그러나 소녀들의 성직입
문도 유사한 패턴을 따랐다.8)

　　어린 시절에 종교생활에 입문한 사람들은 당연히 자신의 뜻에 의
한 것이 아니라 그들 부모들이 그렇게 결정한 것이다. 제3장에서 지적
했듯이, 부모에 의해 성직자가 되기로 예정된 소년들은 오늘날의 소
년들이 초등학교를 다닐 나이에 성직자 교육을 받기 위해 외부로 보내
졌다. 부모는 아이들이 성장해서 수도사가 될 것인가[이 경우 부모는
아이를 수도원에 보냈다], 아니면 재속성직자가 될 것인가[중세 전성
기에 이런 경우 아이를 성당참사회의 교회에 보내거나 성당학교에 보
냈다]를 결정해야만 했을 것이다. 어느 경우든 그 소년은 아마도 십대
가 되면 그의 경력에 대해 그 자신이 최종적으로 결정을 할 기회를
가졌다. 그러나 교회에서 양육된 사람들은 세속생활을 위해 교회를
떠날 생각을 거의 하지 않았을 것이다.

　　친족에 의해 교회에 보내진 소년에 대한 예로서 사료가 잘 갖추어

진 경우가 주교 위그의 경우다. 그는 그르노블의 성주집안에서 태어났다. 그의 어머니가 죽고 위그가 약 8세가 되었을 때, 그의 아버지는 그를 수도원 소속 참사회에 보내 수련을 받게 했고 자신은 곧 참사회원이 되었다. 위그는 성직자 외에는 어떤 다른 경력도 고려하지 않았던 것 같으며, 어린 나이에 작은 교회의 책임자로 임명되었다.9)

　수도원에 보내진 소년은 '동자수도사oblate'라고 불렸는데, 이 용어는 '봉헌된 것oblatus'을 의미하는 라틴어에서 유래한 것이다.10) 자식을 교회에 봉헌하는 것은 매우 경건한 행위로 여겨졌다. 그 과정을 묘사하고 있는 수도원 사료들을 보면, 그것이 부모에 의해 바쳐지는 무혈의 희생으로 거의 여겨지고 있었음을 알 수 있다.11) 따라서 어린이를 성직에 입문시키는 것 자체가 부모의 구원에 긍정적 효과를 가질 것이라고 여겨졌다. 게다가 그것은 순결한 동정童貞을 유지할 아이에게나 자신들을 위해 기도할 사람이 수도원에 있게 될 친족들에게나 모두 영적으로 유익할 것이었다.

　더구나 간과해서는 안될 점은 교회는 이런 동자수도사들에게 상향적 사회유동의 기회를 제공할 수 있었다는 사실이다. 12세기 전반기에 평범한 기사집안 출신이었으나 어린 나이에 성직에 입문한 쉬제Suger는 결국 프랑스 왕실 수도원인 생드니 수도원의 원장이 되었고 두 왕*의 절친한 친구가 될 수 있었다.12)

　　□ * 두 왕은 루이 6세와 루이 7세를 가리킨다.

　부모는 자식을 수도원이나 교회에 보낼 때 일반적으로 재산을 기중하였다. 7세에 수도사가 되도록 결정된 어떤 귀족소년에 관한 12세기의 기록은 그의 부모가 그를 수도원에 보낼 때 그 수도원에 4개의 제분소를 주었다고 기술되어 있다. 중세 전성기에 교회법과 공의회의 판결들에 따르면 수도원은 어떤 사람이 성직에 입문할 때 기증을 요구할 수 없었다. 왜냐하면 그런 요구는 구원을 매입하는 행위인 성직매매가 될 가능성이 있기 때문이었다. 그러나 실제로 그 어떤 귀족가문도 기증을 하지 않고 아이를 수도원에 보낼 생각을 하지 않았을 것이다.13) 그러나 이런 기증액수는 천차만별이었고, 부유한 집안일수록 많이 기증하는 것이 관례였다.

　부모가 지나치게 많은 자식들을 처리하기 위해 아이들을 교회에 보낸 것은 아니었다. 오히려 자식을 동자수도사가 되기로 결정하는 과정에는 경제적 혹은 인구적 고려 이상의 것이 개입되어 있었다.14) 일부 귀족가문들은 여러 세대 동안 단 한 명도 교회에 보내지 않았을 것이며, 이런 가문들은 반드시 식구가 적은 가문들이 아니었다. 반대로 다른 일부가문들은 많은 아이들을 교회에 보내 그 가문이 유지될 수 없을 정도가 되는 소위 '가문자살'을 저질렀다. 한 연구에 따르면 동자수도사가 외아들인 경우가 약 10%였다.15)

　12세기 초 벡Bec 수도원의 원장이었던 보소Boso는 3남 중 한 명이었는데, 성주인 부모는 이들 3형제를 모두 성직에 입문시키기로 결정했다. 한편 몇 년 뒤에 기사인 랄프Ralph와 부인 맹상디Mainsendis는 랄프가 열병으로 죽을 고비를 넘긴 뒤 출가하여 수도원에서 생활하기로

결심했고, 동시에 그들 부부는 어린 아들들도 모두 수도사가 되도록
출가시키기로 결정했다.16)

　부모의 주요목적이 상속재산을 유지하기 위해 상속후보자들을 줄
이는 것이라면, 자식들 중에서 몇 명이나 위험한 유년시절에 살아남
을지 모르는데 어린이들을 그렇게 어린 나이에 출가시키지 않았을 것
이다. 그리고 동자수도사로 출가시키면서 그 어린이가 죽어도 돌려받
을 수 없는 상당한 재산을 수도원에 기증하여 상속재산을 축내는 것도
이해하기 어려울 것이다. 그렇지만 실제로 어린아이를 출가시키면서
가족 재산의 상당부분을 달려 보내는 일은 흔하였다. 주교 위그의 아
버지는 상처喪妻하자 재산을 공평하게 삼등분해서 위그가 수도원에 들
어갈 때 위그의 몫을 달려 보냈다.17)

　부모의 유일한 관심이 경제적인 것이었다면 여러 면에서 자식을
교회에 보내기보다는 세속세계에 남게 하는 편이 더 유리했을 것이다.
앞에서 지적한 것처럼 많은 귀족가문들은 차남에게는 재산의 일부를
주어 생전에만 보유하게 하고 그가 죽으면 [형의 아들인] 조카에서 귀
속되도록 하여 가문의 상속재산이 분할되지 않도록 했다. 그러나 자
식을 교회에 입문시키면서 교회에 기증한 재산은 자식에게 무슨 일이
발생하든 영원히 반환되지 않았다. 그리고 성당학교나 수도원에 보내
진 소년은 이미 성직자가 된 [일반적으로 숙부인] 손위의 친척의 이름
을 따서 작명되었기 때문에 그 소년을 교회에 보내기로 한 결정은 그
의 세례 때 이미 정해진 것이나 다름없었다.

또 한가지 지적해야 할 점은 부모에 의해 교회에 보내진 소년들이 세속 사회에 남겨진 아이들보다 반드시 더 허약하거나 신체적 결함이 있었던 것은 아니었다는 사실이다. 부모가 어떤 아들이 좋은 기사가 되기 어렵다고 판단하고 그에게는 성직자가 되는 것이 좋겠다고 결정한 경우도 있었다. 그리고 성직자 생활은 어떤 다른 분야에도 적합하지 않은 것처럼 보이는 소년에게는 최종선택이 되었을 것이다.

이런 소년의 경우가 아벨라르와 엘로이즈 사이에서 태어난 아스트로라브Astrolabe이다. 이 소년은 명문출신이지만 실질적인 사회적 지위는 없는 소년으로서, 클뤼니 수도원장이 그의 아버지인 아벨라르가 죽고 그의 어머니인 엘로이즈가 수녀원장이 된 뒤에 어떤 성당의 성직자 자리를 주선해주었다.[18] 그러나 교회에 보내진 소년들과 소녀들 가운데 절대다수는 사회적으로 문제가 있거나 허약한 아이들이 아니었던 것 같다. 12세기 초에 수도사 기베르 드 노장은 자기는 어렸을 때 아주 건장했었기 때문에 그의 아버지가 젊은 나이에 죽지 않았더라면 아들을 출가시키기로 한 결정을 유감스럽게 생각했을 것이라고 말했다. 그렇지만 기베르는 수도사가 되었던 것이다.[19]

특히 지적해야 할 점은 일반적으로 '넘치는' 아이들로 여겨졌던 것은 바로 딸들이었는데도 이러한 딸들이 중세 전성기에 성직에 입문하는 경우가 드물었다는 사실이다. 이 시기에 신붓감이 신랑감보다 많았지만, 부모들은 딸들을 수녀원에 보냄으로써 이 문제를 해결하려고 하지 않았다. 그 대신에 중세 말까지도 소년들 ─ 부모들이 전사들의 생명이 매우 위험하였던 시대에 무사히 자라서 성년이 되고 상속받기를 바랐던 — 이 교회에 입문하는 경우가 소녀들의 경우보다 훨씬 많았다.

부모는 아들들이 일단 장성하면 이들이 출가하는 것을 원하지 않았다. 그러나 중세 전성기에 청년기는 출가가 행해지는 단계들 가운데 하나였다. 11세기 후반에 클뤼니 수도원장이었던 위그는, 그의 『전기』에 의하면 부모에 의해 기사가 되기로 예정되어 있었다. 그러나 그는 젊은 시절에 몰래 집을 나와 아버지 모르게 클뤼니 수도원에 들어갔다. 위그가 죽고 난 뒤 전해지는 이야기에 의하면, 위그가 나중에 수도원장이 된 뒤에, 그는 아들을 바라고 있던 어떤 귀족부부를 방문하여 그들 부부가 수도사가 될 아들을 갖게 될 것이라고 선언했다. 그 부부는 아들을 갖게 되었음을 알고 기뻐했으나, 그 아들을 결국 기사로 키웠다. 그래서 위그는 자신이 수도사가 되기로 결심해야만 했으며, 결국 클뤼니 수도원에서 수도사가 되었다.[20]

수도원 생활을 위해 군사수련을 포기한 독실한 젊은이가 11세기 클뤼니 수도원의 풍조였지만, 12세기에 그런 일은 대다수의 귀족부모들에게는 고통스런 현실이 되었다. 기베르 드 노장은 그의 시대에 "귀족들은 자발적 청빈에 매력을 느꼈고", 그들이 수도원에 들어갈 때 재산을 "미련없이 버렸다"고 언급했다.[21] 기사수련을 마치고 기사로 서임되었으나 아직 상속받지 못한 '젊은이들'이 12세기에 새로 건립되고 규율이 엄격한 교단들로 많이 출가하였다. 주목해야 할 점은 이렇게 출가한 사람들은 교구사제나 성당참사회원이 되거나 느슨한 계율의 교단에 들어가는 경우가 매우 드물었다는 사실이다. 그들은 오히려 계율이 엄격하고 청빈을 강조하는 교단에 들어갔던 것이다.

1098년에 창건된 시토교단은 이런 엄격한 교단들 가운데 가장 유명하고 성공한 교단이다. 처음부터 시토교단 수도사들은 의식적으로 그들의 생활방식을 다른 교단에서의 생활보다 더 힘들고 엄하게 만들었다.[22] 그들은 동자수도사들을 받아들이지 않았고, 구원을 위해 스스로 이 길을 택할 정도로 나이가 든 사람들만을 받아들였다. 그리고 수십 년 내에 그들 중에는 종종 부모의 완강한 반대를 물리치고 수도사가 된 귀족과 기사 출신의 젊은이들이 많았다.[23]

시토교단의 가장 유명한 수도사였던 성 베르나르의 예는 이런 경우를 잘 보여준다. 그는 6남 1녀의 대가족 출신이었다. 그러나 기사였던 그의 부친은 자식들 중 그 누구도 출가시키려고 하지 않았다. 베르나르가 스스로 1113년에 수도사가 되기로 결심했다. 일단 수도사가 된 뒤 그는 여동생과 형제들, 심지어 결혼한 형제들까지도 자신처럼 출가하라고 설득했다. 그의 전기는 그의 막내에 관해 흥미로운 이야기를 전하고 있다. 원래 막내는 형들이 모두 수도사들이 된 뒤에 세속세계에 남아 가문을 이어가기로 되어 있었다. 그 막내는 자기만 천국에서 멀어졌다고 불평하였고, 그도 곧 형들을 따라 수도원으로 들어갔다. 그의 전기작가에 따르면, 베르나르의 이웃들은 베르나르가 자기 아이들과 형제들을 유혹하여 수도원으로 인도함으로써 자신들의

부르고뉴에 소재하고 있는 시토교단 소속의 퐁트네 수도원. 이 수도원은 현지 기사들의 출가와 후원으로 번성했다. 시토교단의 건물들은 의도적으로 소박하게 축조되었다. 당시 일부 기사들은 세속의 안락함을 등지고 수도사가 되었다. 이 사진에 있는 12세기의 퐁트네 수도원의 기둥들에는 같은 시기의 다른 교회들의 기둥에서 흔히 볼 수 있는 장식들이 없다.

대를 끊어버리지 않을까 ― 그가 자신의 가계를 단절시켜 버렸듯이 ― 매우 두려워했다고 한다. 12세기 말이 되면 젊은 귀족들에 대한 베르나르의 호소력은 우스개 이야기가 되었는데, 그가 "마차를 끌고 도시와 성을 돌아다니며 출가자들을 수도원으로 실어날랐다"는 것이다.24)

이 시기에 젊은 여성들도 부모의 뜻을 거역하고 수녀원에 들어갔을 것이다. 예를 들면 12세기 전반기에 크리스티나Christina라는 귀족여성이 부모의 반대에도 불구하고 종교에 귀의하려고 했다. 그녀 부모는 그녀를 적당한 청년과 결혼시키려고 했고, 그녀가 수녀원에 출입하지 못하도록 했다. 그녀 부모는 그녀에게 외손자들을 보기를 원하며, 그녀가 거역하면 "우리는 이웃의 웃음거리가 될 것"이라고 말했다. 그녀 부모는 선물도 주고, 꾸짖기도 해보고, 위협도 하고 체벌도 가하고, '세속의 즐거움을 줄 수 있는' 사람들을 집으로 초대도 하고, '늙은 어릿광대'를 불러 사랑의 즐거움을 알도록 하고, 그녀를 화려한 연회에 참석시키기도 하는 등 온갖 시도를 했지만 그녀의 마음을 돌릴 수 없었다.

흥미롭게도 크리스티나의 약혼자는 기다리다 매우 화가 나서, 그녀 부모가 약혼을 무효로 해준다면 그녀가 수도원에 들어갈 때 내는 기부금을 자신이 내겠다고 제안했다. 그러나 그녀의 『전기』에 따르면 그녀는 몇 년 동안 부모를 설득하다 안되자 결국 집에서 도망쳐서 수녀원으로 들어갔고, 부모가 찾아내어 도로 집으로 데려가려 했기 때문에 오랫동안 외딴 곳에 숨어지내야만 했다.25)

한 세기 뒤에 비앙당Vianden 백작의 딸인 욜란다Yolanda도 비슷한 경험을 했다. 그녀는 부모가 그녀의 결혼을 준비하고 있던 12살 때 수녀가 되기로 결심했다. 그녀의 『전기』에 따르면 그녀 부모는 처음에는 조금만 있으면 수녀가 될 수 있다고 약속했다. 그녀의 부모는 그녀가 우아한 가족생활을 계속하고 곧 결혼하면 수녀가 되겠다는 생각을 잊어버릴 것이라고 생각했다. 그러나 그녀가 도망쳐서 수녀원에 들어가자 그녀 약혼자의 친척인 룩셈부르크의 백작이 수녀들에게 그녀를 집으로 돌려보내라고 명령했다. 그녀의 어머니는 그녀에게 춤추고 노래하여 방문자들을 즐겁게 하도록 했으나 소용없었다. 왜냐하면 그녀는 세속의 화려한 옷을 입고도 수녀처럼 처신했기 때문이다. 당시 쾰른에서 성당 참사회원으로 근무하고·있던 오빠가 호출되어 그녀를 설득하라고 지시 받았으나, 그 오빠도 여동생의 선택을 결국 지지하고 말았다. 그녀의 약혼자가 그녀의 마음이 바뀌기를 기다리다 지쳐서 다른 여성과 결혼하고 난 뒤에도, 그녀 어머니는 또 다른 식구에게 자기입장을 지지해 달라고 요청하면서 그녀는 절대로 수녀가 될 수 없다고 고집했다. 출가하기로 결심한 뒤 5년이 지나서야 그녀는 어머니의 허락을 얻어내어 수녀원에 들어갔다.26) 크리스티나와 욜란다는 결국 성공했지만, 그녀들의 이야기는 흔치않은 예로 제시되었던 것이다. 즉 그 이후에도 오랫동안 대부분의 젊은 여성들은 가족의 압력에 굴복했을 것이다.

귀족들이 성직에 입문하는 세 번째이자 마지막 단계는 노년기였다. 11세기 전반기에 왕성하게 활동할 수 있는 나이에 기사생활을 접고 수도원에 들어가기로 결정한 사람은 친구들의 비웃음을 샀다. 일반적으로 출가는 청년기나 장년기보다는 노년기에 더 적절한 것으로 여겨졌기 때문이다. 친구들은 "전투에 싫증나고 세속의 쾌락에 물린 뒤에 수도사가 되어야 한다"고 말했다. 실제로 나이가 들고 지치고 배우자를 잃은 사람들이 수도원에서 조용히 여생을 보내려 하였다. 배우자가 살아있는 사람도 출가할 수 있었다. 그러나 이런 경우 일반적으로 수도원은 부부 모두 출가할 것을 요구했기 때문에, 홀몸이 되어 출가하는 것이 더 일반적이었다.27)

보죄Beaujeu의 영주 기샤르Guichard 3세는 1130년대에 기사생활로 흐트러진 "그의 마음을 집중"하기 위해서 "노년에 접어들 무렵에" 클뤼니의 수도사가 되기로 결정했다[흥미롭게도 기샤르는 15년 뒤에 속어로 시를 쓰고 또 그의 아들이 적과 싸우는 것을 돕기 위해 말을 타고 수도원을 나가는 등 스스로 마음을 흩트리는 일을 했다가 다시 평화롭게 수도원으로 돌아왔다고 한다]. 기욤 도랑주가 주인공으로 나오는 12세기 서사시에서 그는 아내가 죽은 직후에 천사에 고무받아 수도사가 되었다. 그러나 그렇게 원숙한 나이에 출가하는 것이 모두에게 해당되는 것은 아니었다. 프랑스의 왕 필립 1세는 1106년에 출가하기에 적절한 나이가 되었다고 판단되어 클뤼니 수도원장이 그를 설득하여 수도사가 되게 하려고 했으며, 그래서 그 수도원장은 왕에게 참회하는 가장 확실한 길은 수도원에 들어가는 것이라고 말했다. 그러나 왕

은 세속세계에 남아서 기회를 잡는 편을 택했다.[28]

남성이나 여성이나 모두 배우자를 잃고 나서 출가했을 것이나, 이 경우 여성은 일반적으로 남성보다 나이가 어렸을 것이다. 왜냐하면 여성들은 평균적으로 남성보다 훨씬 젊었을 때 결혼했기 때문이다. 심지어 앞에서 언급한 욜란다의 어머니도 남편이 죽은 뒤에 만년에 접어들었을 때 이제 수녀가 된 딸과 같은 수녀원에서 수녀생활을 하였다. 13세기 초 프랑스 고어로 쓰인 『호수의 기사 란슬롯』에서 주인공인 란슬롯의 어머니는 남편이 죽은 뒤에 자살에 대한 명백한 대안으로 수녀가 되기로 결심했다.

수도원보다 수녀원이 훨씬 적었기 때문에, 출가하려는 여성들은 은퇴할 수녀원을 살던 곳 근처에서 찾지 못하는 경우도 많았다. 그래서 특히 11세기와 12세기 초에 일부 여성들은 수도원 근처에서 살면서 은둔자로 생을 마감하기도 하였다. 몇몇 경우 부유한 과부들은 수녀원을 세워 은퇴하여 그 곳에 머물렀다. 마리 드 프랑스의 한 시에서 어떤 아내가 결혼 생활이 불만스러워 수녀원을 세워 수녀원장이 되었고, 그래서 그녀 남편은 젊은 정부情婦와 결혼할 수 있었다.[29]

여성이든 남성이든 말년에 수도원에 들어가려고 할 때, 보통 그들은 예컨대 시토교단처럼 젊은 기사출신들이 선호하는 엄격한 규율의 수도원에 들어가지 않았다. 그러나 그들은 그런 대로 종교적으로 평판이 좋은 수도원을 원했다. 이처럼 나이가 들어 출가하는 목적은 임종을 준비하기 위한 것이었고, 수녀가 된 여성들 가운데 일부는 남성들을 뒷바라지하는 생활에서 벗어나기 위해서 수녀가 되는 경우도 있었다. 주교 위그의 귀족 아버지는 말년에 그르노블 근처의 수도원 참사회원이 되었다. 위그에 따르면, 그의 아버지는 통상적인 은퇴가 군사적 업무에서 벗어나서 휴식을 줄지는 모르지만 영혼의 구원을 보장해 주지는 않기 때문에 성직자가 되었다고 한다.30)

나이는 들었을지라도 여전히 왕성하게 활동할 수 있는 상태에서 수도원이나 수녀원에 들어간 사람들은 책임과 권위가 있는 직위를 차지했을 것이다.31) 심지어 주교들도 만년에 수도원으로 들어가기로 결정하는 경우가 있었다. 그러나 대체로 주교들과 이들의 성주형제들이나 자매들은 가능하면 출가를 미루었고, 생의 마지막 순간에 서둘러 수도원으로 들어갔다.

교회지도자로서의 귀족

귀족들 자신들이나 일반사람들 모두 교회의 지도자들은 세속사회를 지배하는 귀족출신이어야 한다는 것을 당연시했다. 귀족들이 다른 사회집단보다 더 높은 비율의 자식들을 성직에 입문시켰기 때문에[이런 점도 교회가 어떤 가족이 부양할 수 없는 어린이를 보내버리는 곳이 아니었음을 보여주는데, 왜냐하면 귀족들은 자식들을 부양하는 데

가장 좋은 조건을 갖추고 있었기 때문이다] 당연히 귀족출신 성직자
들이 교회의 중책을 맡을 기회가 더 많았다. 그러나 더 중요한 점은
귀족출신 성직자들은 자신들이 주교와 수도원장이 되는 것을 당연시
했다는 사실이다.[32)

대다수의 주교구들에서 중세 전성기의 주교명단을 보면, 주교들은
최소한 기사집안 출신이고, 더 흔히는 성주나 백작가문 출신이었다.
게다가 대다수의 주교들은 바로 그 지역 출신이었다. 그 지역 유력집
안 출신들이라고 말할 수 없는 사람들은 어떤 가문출신인지 알 수 없
는 사람들이었다. 집안배경이 별로 뛰어나지 않은 사람이 주교가 되
었을 경우 대개 그에 대해서 매우 비호의적으로 언급된다. 게다가 누
가 교회의 중책에 선출되어야 하는가를 둘러싸고 분쟁이 발생한 경우,
후보자의 귀족혈통은 그가 최상의 후보인 이유로 제시되었을 것이다.
유명한 교회법학자였던 이브 드 샤르트르Ive de Chartres가 교황사절에
게 왜 11세기 말 상스Sens의 대주교로 특정후보를 지지하는가를 설명
할 때, 그는 자신이 지지하는 후보의 자질은 물론 그 후보의 귀족혈통
을 강조하였다.[33)

그렇지만 교회지도자들이 된 귀족들은 하나의 획일적인 집단이 아
니었다. 처음에는 성주들이 그 뒤에는 기사들이 장기간 기득권을 가
졌던 백작·공작들과 사회적·정치적 동등자로서 활동하기 시작했듯
이, 중세 전성기에 주교들은 점차 낮은 계층의 귀족들에서 나왔다. 그
주요 이유는 주교 선출방식의 변화였다. 11세기에는 당연히 아주 강

력한 지역 영주들이 대체로 그들의 가까운 친척을 주교로 선출했다. 그러나 12세기가 되면 주교선출이 개혁되어, 주로 근처 성주들의 아들들로 구성된 그 지역 성당참사회가 주교를 선출하였다. 당연히 이들은 자신들 가운데 한 사람을 주교로 선출했다.34)

주교구의 경우와 마찬가지로 수녀원에서도 귀족출신 여성이 원장이 되었는데, 특히 11세기에 그러했다. 한 수녀원의 연대기를 쓴 투르네의 에르망Herman of Tournai은 이다Ida라는 귀족여성이 수녀원에 들어온 뒤에 "수녀들 가운데 가장 상층가문 출신인데도" 높은 직책을 맡지 않으려고 했다고 특별히 언급하였다. 아벨라르는 수녀원장은 "세속사회에서 강력한" 귀족가문 출신이 아닌 사람이 제일 좋은데, 그래야 "인접한 곳에 강력한 친척이 있다고 오만하지 않기 때문"이라고 말하고 있다. 이는 그런 일이 다반사로 일어났음을 시사하고 있는 것이다.35)

수도원의 경우는 상황이 조금 달랐다. 수도원에서도 지도자들은 보통 귀족출신이었으나, 최상위 귀족출신들은 전혀 없지는 않았지만 드물었다. 개혁 수도원의 원장들은 11세기에는 성주가문 출신이었고, 12세기에도 여전히 마찬가지였다. 기사가 귀족으로 여겨지게 됨에 따라 프랑스에서는 기사 출신도 주교나 수도원장이 될 수 있었다.36) 각 지역의 성직자들이 아니라 교황이 교회지도자들을 선택하기 시작한 13세기 말이 되어서야 교회지도자들의 사회적 출신에 변화가 있었다.

주교 [그리고 그 정도는 덜했지만 수도원장들]도 관할구역에서 대귀족과 유사한 기능을 하였다. 주교는 백작처럼 주교구에서 재판을 하고 광대한 영토를 관리했고, 12세기 말이 되면 많은 성주들을 가신으로 거느렸다. 수도사들과 귀족들 사이에 갈등이 벌어지면 주교들이 보통 중재했다. 12세기에 많은 도시들에서 백작과 주교는 재판권에 대해 서로 받아들일 수 있는 협정을 도출해내야만 했다.[37] 결국 로마 제국 시대 이래로 주교세력의 거점이었던 도시들은 머지않아 백작령의 중심지도 되었다. 그러나 랑그르Langres와 랭스Reims 등 일부 도시들에서는 10세기 이래로 주교들은 명목상의 백작들이기도 해서 주교와 백작의 직능 모두를 행사했다.[38]

그러나 주교는 단순한 세속영주 이상의 존재였으며, 이런 진실을 망각한 주교는 당시 사람들로부터 신랄하게 비난받았다. 예를 들면, 12세기 말 옥세르Auxerre의 주교였던 위그 드 느와예Hugh de Noyers는 자기 조카를 대신해서 관리하던 성의 방어시설을 개선하는 데 너무 많은 시간과 정열을 쏟아붓는다고 다른 성직자들로부터 비난받았다.[39] 주교들은 흔히 지나칠 정도로 세속적 활동을 하였지만, 일반적으로 12~13세기에 주교의 주요기능은 영적인 것으로 여겨졌다. 즉 성당에서의 전례典禮를 감독하고, 교구사제들과 수도사들이 모범적 삶을 살도록 하고, 가난한 사람들에 자선을 베풀고, 교구 내의 신자들과 위대한 성인들 — 그들의 교회가 헌정된 — 사이에서 중재자 역할을 하는 것 등이 주교의 주요기능이었다.

영적 지도력과 세속적 행정이라는 서로 대립되는 업무를 적절하게 균형 맞추는 것은 매우 어려운 일이었다. 그러나 주교들은 그렇게 하려고 노력해야만 한다고 여겨졌다. 주교와의 친분관계나 친족관계를 이용하여 유리한 판정을 받으려던 세속영주들은 주교가 적어도 외관적인 공평성 ― 그리고 종종 진정한 공평성 ― 을 고집하자 실망하였을 것이다.

귀족과 수도원

11세기에 프랑스에서 성들이 확산되고 공권영주제가 등장하고 있을 때, 수도원도 급속하게 팽창하였다. 이는 우연이 아니었다. 갈리아 지방에는 5세기 이래로 수도원들이 있었고, 6~7세기에 수많은 수도원들이 건립되었고, 8~9세기에 샤를마뉴와 루이 경건왕은 수도원의 보호를 강화하고 모든 수도원들이 베네딕투스 계율을 따를 것을 명령했다.

그러나 9~10세기는 수도사들에게 고난의 시기였다. 종종 전쟁으로 생활이 곤란해졌으며, 흔히 지방의 백작들은 수도원장의 직책과 수입을 가로챘으며, 바이킹들은 수도원의 재산과 포도주 저장소를 매력적인 노획물로 여겼다. 그럼에도 불구하고 이 시기에 몇몇 새로운 수도원들이 건립되었는데, 가장 주목되는 것이 909년에 부르고뉴에 건립된 클뤼니 수도원이었다. 이 수도원은 혼란한 시기에 안정의 섬

이 되었다.40)

그러나 11세기 초에 파괴되거나 계율이 제대로 지켜지지 않고 있던 옛 수도원들 가운데 많은 것들이 재건립·재건축되고, 이런 수도원들에서 정상적인 생활이 재개되었다. 연대기 작가인 라울 글라베르Raul Glaber는 1000년 직후 부르고뉴를 묘사하면서 농촌이 "교회라는 하얀 옷"으로 뒤덮여 있었다고 말했다.41) 클뤼니 수도원은 이런 부활에서 중요한 진원지였지만, 이런 개혁을 고무하거나 수도사들을 새로이 재건립된 수도원들에 거주하게 한 유일한 수도원은 결코 아니었다. 부르고뉴 내에서만 해도, 디종에 있던 독립적인 성 베니뉴St. Bénigne 수도원은 990년에 클뤼니 생활방식으로 개혁된 뒤에 다른 수도원들의 혁신을 위한 별개의 중심지가 되었다.42)

부르고뉴를 비롯하여 도처에서 이전에 버려졌던 수도원들이 귀족들에 의해 개혁되거나 재건립되었다. 수도원 개혁의 특징이 이상주의적인 수도사들과 완고하고 탐욕적인 귀족들 사이의 투쟁이었다고 주장되어왔지만, 최근 연구들은 수도원 개혁의 확산이 지방귀족들의 호의와 적극적 참여가 없었다면 불가능했을 것이라는 점을 분명히 보여주고 있다.43) 서임권 투쟁으로 교회와 국가가 대립하기 이전인 10세기 말과 11세기에, 폐허가 된 옛 교회들이 그 지역 공작들과 백작들 그리고 흔히 이들의 친인척이었던 성직자들 — 일반적으로 이들의 가문들이 여러 세대 동안 그 교회들을 장악해 왔다 — 에 의해 개혁되기 시작했다.44)

이러한 귀족들은 폐허가 된 그들의 교회들을 이미 설립된 [클뤼니 수도원 등] 수도원들에게 기진했으며, 이 교회들에 대한 자신들의 권리를 포기하였고, 일반적으로 수도원에 막대한 기증도 했다. 다른 분야들에서와 마찬가지로 이 분야에서도 구 혈통귀족들을 모방하려 했던 성주들 역시 중요한 수도원 후원자들이 되었다. 성주들은 그들이 모방하려고 했던 구 혈통귀족들을 곧 능가하였다. 몇 세기 이래 처음으로 완전히 새로운 교단들이 많이 건립되었던 11세기 말과 12세기가 되면, 이런 수도원들을 건립한 사람들은 보통 성주들이었기 때문이다. 그리고 12세기가 되면 이번에는 기사들이 새로운 시토교단 소속 수도원들의 특히 중요한 기증자들이 되었다.[45]

이런 관대함은 귀족들이 항상, 혹은 일반적으로, 인접한 수도원들에 도움이 되었음을 의미하는 것은 결코 아니다. 수도원 세계에서 세속귀족의 중요역할들 가운데 하나는 '그의' 수도사들을 다른 귀족으로부터 지켜주는 등의 보호자 역할이었다. 그러나 백작 혹은 공권영주인 그 지역의 새로운 영주가 권력을 장악하여 그 지역 수도사들에 호의를 보이다가 관계가 악화되곤 하는 경우가 종종 있었다.

다른 경우 어떤 젊은 영주가 상속을 받자마자 그의 부모가 후원했던 수도사들에 대해 여러 권리를 주장하기 시작하기도 했다. 많은 귀족들이 종교적 행동을 판단하는 데 있어서 자신들이 성직자들보다 더 적합하다고 생각했기 때문에, 그들은 내키지 않아 하는 수도사들에게 자기 나름의 수도원 계율을 부과하려고 했을 것이다. 이런 태도들은

문학작품에도 반영되어 있다. 예를 들면 서사시의 주인공인 기욤 도
랑주는 다른 수도사들보다 더 많이 먹으나 그들보다 훨씬 더 근면하게
미사에 참석하는 데도 그가 입문한 수도원에서 완강한 반대에 직면했
다.46)

수도원과 지역영주의 관계는 사실 애매했다. 자신의 권력을 강화
하고 있던 귀족들은 그들 지역의 수도사들에게, 심지어 그들이 다른
세속귀족들로부터 보호하던 수도사들에게조차도, 권력을 행사하려고
했다. 한편 수도사들은 귀족들 ― 수도사들이 피하려던 세속의 부와
완고함의 축도인 ― 의 보호와 지지가 없었으면 살아남을 수 없었을
것이다. 몇 세대에 걸쳐, 심지어는 한 세대 동안에, 수도사들과 유력
귀족가문은 서로 돕기도 하고 대립하기도 했다. 예를 들면 12세기 중
엽에 베즐레의 베니딕투스 수도원장으로서 네베르Nevers 백작의 먼 친
척이기도 했던 한 성직자가 그 백작이 2차 십자군을 떠났을 때 그 백
작령의 섭정역할을 하였다. 그러나 불과 몇 년 뒤 그 백작이 귀환하였
고 곧 수도사들의 재산을 획득하기 위해 '책략'을 꾸미기 시작했다.47)

이런 연계가 존속한 이유는, 때로는 우호관계를 유지하고 때로는
대립하기는 했지만 귀족들과 수도사들은 서로를 필요로 했기 때문이
다.48) 부자들의 기증이 없었으면 수도원들은 그들의 기도와 묵상의
생활을 하는 데 필요한 재산을 가질 수 없었을 것이다. 주로 독실한
출가자들이 들어갔던 새로운 교단들을 비롯하여 여러 교단들이 확산
되는 것은 귀족들이 토지를 기증해야만 가능했다. 수도사들은 이들을

원하지 않는 곳에서는 거의 정착할 수 없었다. 중세 전시기에 수도사들조차도 그 지역 유력자들의 형제나 친척들로 주로 구성되어 있었다.

다소 애매하지만 마찬가지로 중요한 이유 때문에 귀족들도 수도사들이 필요했다. 무엇보다도 귀족들은 수도사들의 기도를 원했다. 12세기가 되면 귀족들은 기독교적 도덕에 관해 충분한 교육을 받았기 때문에 전사생활은 성경에서 권장되는 삶이 아니라는 사실을 잘 알고 있었다.49) 그들은 실제로 그런 전사생활을 포기하는 근본적 조치를 취하지 않는 한 다른 구원의 길을 모색해야만 했다. 물론 앞서 지적한 바와 같이 이상주의적인 일부 귀족 젊은이들은 수도사들이 되는 근본적 조치를 취하기도 했다. 그러나 대다수의 귀족들에 있어 그들 영혼에 대한 우려를 완화시키는 최선의 방법은 하느님에게 말씀을 전해 줄 수 있는 성인들과 기도할 때 자신들을 포함시켜 줄 수도사들에게 관대한 기증을 하는 것이었다. 기베르 드 노장은 다음과 같이 말하고 있다. "[수도사가 되어] 그들의 직업을 완전히 포기할 수 없었던 사람들은 완전히 세속을 떠난 사람들에게 수시로 기증하여 도움을 주었다. 기도를 흉내낼 수 없었고 다른 사람들의 경건한 생활방식을 따를 수 없었던 그들은 속세를 떠난 사람들을 물질적으로 도우려고 했다."50)

귀족들은 억지로 수도사들에게 기도시키는 것은 소용없다는 사실을 아주 일찍부터 깨달았던 것 같다. 그 대신 귀족들은 수도사들과 이들이 섬기는 성인들의 호의를 얻으려고 했다. 이런 호의는 특히 많이 기증하여 "세속의 재물로라도 올바른 친구를 사귐으로써"[루가복음.

16:9) 얻어졌다. 기증문서의 서문들은 수도사들에 기증함으로써 얻어지는 영적 이익을 상술하고 있다. 그런 서문들을 단순한 수사나 무의미한 상투어로 여겨서는 안된다. 수도원에 최대의 기증이 발생한 것이 기증자 자신이나 그의 가까운 친족이 임종할 때였다는 사실은 우연이 아니다.51) 개혁수도원의 수도사들은 금욕생활을 하여 성인들에 특히 가까운 사람들로 여겨졌기 때문에 개혁수도원들이 가장 많은 기증을 받았다.

그러나 기증을 기도의 단순한 대가로 보아서는 안된다. 왜냐하면 기증문서에 기도에 대한 언급은 없고 그 대신 기증자가 수도원에 들어갈 것이라고 언급되어 있는 경우가 많기 때문이다. 이런 의미에서, 기증은 [얼마만큼 기도해 주는 것에 대해 얼마만큼의 토지인] 상업적 거래라기보다는 수도사들과 세속영주들 사이의 유대를 형성한 상호작용으로 보아야 한다. 기증은 수도사들에게 생활에 필요한 재산을 마련해 주는 동시에 수도사들과 귀족들을 상징적으로 결합시켜 하나의 단일한 공동체를 형성하게 하였다.52)

수도원들을 후원했던 귀족들은 한창 활동할 나이에 기증할 때조차도 자신들이나 친족들의 임종을 염두에 두었다. 중세 기독교에서 죽은 사람들은 살아있을 때와 마찬가지로 공동체의 중요한 일원들이었다. 주교 위그의 전기작가는 성경에 나오는 토비아* 이래 그 누구도 망자를 매장하는 데 있어 위그의 열정에 필적할 수 없었다는 사실을 위그의 특별한 신성함의 표시로 지적하였다.53)

악마가 지옥의 문에서 쇠미늘 갑옷을 입은 기사를 말에서 내던지고
있다. 이 기사는 오만을 상징한다. 오만은 흔히 귀족의 특징적인 죄악
으로서 여겨졌다. 콩크에 있는 바실리카의 입구 정면에 새겨져 있는
12세기 초의 이 조각은 말에서 떨어진 기사 곁에 있는 부유한 여성을
통해 음란죄도 표현하고 있다. 위쪽에 새겨져 있는, 악마에 의해 혀가
잘리는 남자를 통해 비방의 죗값이 무엇인지를 보여주고 있다.

□ * 토비아(Tobias)는 성서 외경인 토비트서(書) ─ 성서 외경의 한 편으로 포수(捕囚)시대
를 배경으로 경건한 유대인인 토비트를 주인공으로 하는 이야기 ─ 에 나오는 토비트의
아들이다.

아를르 외곽에 있는 몽마주르Montmajour 수도원은 바위 위에 건립
되었기 때문에 그 근처에 매장할 만한 땅이 없었는데, 이 수도원에서
교회는 직접 바위를 파서 만든 무덤으로 둘러싸였다. 교회는 토지가
부족하더라고 경건한 수도원이나 교회 근처에 경건한 죽음을 맞은 사
람들을 위한 묘지를 마련하였다. 아를르에 있는 광대한 알리캉
Alyscamps 묘지는 로마제국 시대부터 사용된 것으로서, 그 도시만이 아
니라 강을 따라 올라가는 곳에 있던 수도원들로부터 망자들을 받아들
였다.54) 그르노블에 있는 생 로랑St. Laurent 교회를 비롯한 옛 교회들
의 발굴로 수세기 동안 교회 안과 밑에 매장된 수천 구의 유골이 발견
되었다. 중세교회들은 문자 그대로 죽은 사람 위에 세워졌다.

귀족들이 사후에 수도사들과 연관을 맺을 수 있는 최선의 방법들
중에는 수도사들 곁에 묻히거나 수도사들로 하여금 자신들을 위하여
매년 추도식을 거행하도록 하는 것이 있었다.55) 일반적으로 수도사
들은 자신들을 후원해 준 귀족들의 장례식을 치렀다. 처음에는 수도
원 묘지에 세속인들을 매장하는 것을 거부했던 시토교단의 수도원들
조차도 많은 기증을 한 사람들에게는 예외적이었다. 실제로 귀족들은
종교기관에 묻혔으며, 이들 귀족들은 많은 사람들이 묻히는 성당·참
사회 교회·교구 교회 등의 묘지보다 수도원에 묻히는 것을 선호하였
다.56)

추도식은 특정한 수도원에 실제로 묻혔든 아니든 행해질 수 있던 것으로서, 매년 행하는 일종의 추모행사로서 보통 사망일에 행해졌다. 이 날 수도사들은 망자를 위해 특별히 기도했으며, 망자가 이런 목적을 위해 어떤 재산을 남겼으면 그를 기념하여 특별한 식사를 하거나 심지어 신발을 만들어 가지기도 했다. 1년에 한 번이 아니라 매일 망자의 영혼을 위해 미사를 올리는 것은 아주 특별한 기증을 했을 경우였다. 13세기 초의 작품인『호수의 기사 란슬롯』에서, 왕비인 란슬롯 어머니는 매일 올리는 이런 미사를 위해 "막대한 재산·금·식기·보석"을 기증했다. 수도원들은 비망록들을 작성했는데, 어떤 비망록들은 엄청난 분량의 것으로서, 여기에는 날짜별로 수도사들이 그 기일忌日을 기억해야 할 수도원의 특별한 친구들을 기록해 놓았다.57)

그러나 수도원은 귀족들이 내세에서의 영혼구원에 대해 생각할 때 가는 곳만은 아니었다. 수도원은 살아 있는 사람들 공동체의 핵심적인 한 부분으로서, 여러 귀족가문들을 결합시키는 한 요소였다. 예를 들면 이전에는 특정한 수도원과 관련이 전혀 없었던 어떤 가문의 영주가 그 수도원과 오랫동안 관계를 가져온 가문의 여성과 결혼하면, 그 영주의 가문은 그 수도원에 기증하기 시작했을 것이다.58) 이와 비슷하게 어떤 영주는 그의 가신들에게 자기가 후원하는 수도원에 기증하는 것을 장려했을 것이다. 이런 유대는 일단 확립되면 여러 세대 동안 지속될 수 있었으며, 관련된 가문들 사이의 지속적 관계를 형성했다.

수도원과 그 인근에 있는 귀족들은 기증이나 구원에 관계없이 유대관계를 맺는 경우도 있었을 것이다. 12세기가 되면 귀족들은 그 지역 수도원들과 복잡한 재정 거래를 종종 했다. 저당·담보 등은 보통 도시적 활동으로 여겨져 왔지만, 프랑스에서 주로 중세 전성기의 농촌에서 이런 종류의 재정거래가 귀족과 수도원 사이에서 시작되었다. 귀족들이 필요한 현금을 마련하는 가장 쉬운 방법은 그들 재산의 일부를 수도원에 팔거나 저당잡혀 대출받는 것이었다.

수도원들이 관대한 기증자들로부터 오랫동안 받은 기증재산, 그리고 시토교단의 경우 수도사들 자신들의 성공적인 경제체제는 12세기에 수도사들이 준비된 현금의 최상의 원천이었음을 의미했다. 특히 엄청난 경비를 마련해야 했던 십자군 참가자들은 그들이 돌아올 것이고 잘하면 노획물도 얻을 수 있을 것이며 따라서 몇 년 안에 토지를 되찾을 수 있을 것이라는 다소 허황된 희망을 품고, 필요한 자금을 위해 수도사들에게 재산을 저당잡혀 돈을 빌렸다.[59]

이런 재정거래들은 보다 경건한 거래와 동시에 발생했다. 현대인들의 눈에는 귀족이 자신의 영혼을 위해 기도해 주기를 원하는 금욕주의적인 수도사들에게 토지를 저당잡히는 것이 다소 의아하게 보일 수 있다. 그러나 이런 인식은 20세기의 시각이지 12세기의 시각은 아니다. 개혁수도원에 기증하는 일과 수도원과의 재정거래가 같은 시기에 확대되고 있었다는 사실은 귀족들이 이 두 가지 행위가 모순되는 것이 아니라고 생각했음을 보여주는 것이다.

수도사들은 귀족들의 보다 포괄적인 사회적 관계 — 귀족들의 가족·재정·구원에 대한 관심을 포함하는 — 의 한 부분을 형성했다. 경비를 마련하기 위해 그 지역 수도사들로부터 대출받아 원정을 떠나는 귀족들은 바로 그 수도사들에게 만약 자신들이 돌아오지 않으면 자신들을 위해 기도해 줄 것을 부탁했던 것이다.

갈등해결

수도사들과 귀족들 관계에서 보다 부정적이지만 반복되는 측면은 일반적으로 재산을 둘러싼 분쟁이었다. 유력세속인들에게 인근에 있는 수도원의 토지와 재산은 그냥 지나치기에는 너무 유혹적이었다. 그러나 많은 분쟁이, 세속인들이 자기 소유라고 여기는 것을 수도사들이 소유하고 있다고 진정으로 생각했기 때문에 발생했다는 점도 지적되어야만 한다.

11세기에 수도원 후원자의 기능 가운데 하나가 그의 권위로 수도원에 대한 물리적 공격을 격퇴하는 것이기는 했지만, 수도사들은 수도원 재산에 대한 강력한 주장이나 노골적인 공격에 직면하면 당연히 무력으로 대항할 수 없었다. 오를레앙 교회는 다행히도 젊은 루이 6세가 성직자들을 도우러 와서 한 성주 — 성직자들이 자신들의 권리를 침해하고 있다고 느끼고 있던 — 를 공격했다.[60] 그러나 교회들은 그런 강력한 보호자를 갖지 못하는 경우가 많았고, 따라서 다른 방법을 모색해야만 했다.

가끔 종교기관의 물리적 연약함을 강조하는 것이 강자들로 하여금 이런 연약함을 이용하지 못하게 할 것이라고 여겨지기도 했다. 서사시 『라울 드 캉브레』에서 위협받은 수녀들이 라울에게 "당신은 우리를 쉽게 죽이고 해칠 수 있어요"라고 말한다. 마음이 누그러진 라울은 그녀들에 해를 입히지 않겠다고 즉석에서 약속한다. 그럼에도 불구하고 그는 다음날 돌아와서 그 수녀원을 불태워 버리는데, 이런 사실은 연약함에 의존해서 방어하는 것의 결점을 시사하고 있다.[61]

수도사들이 사용할 수 있었던 몇몇 무기들 가운데 하나는, 그들을 돕는 세속세력이 없을 때 적에게 성인聖人의 진노를 내리는 것이었다. 기적에 관해 기록하고 있는 많은 11세기 저서들은, 기사들과 귀족들이 수도사들이나 이들의 재산을 공격하지만 그 수도사들이 숭배하는 성인들에 의해 죽거나 불구가 되는 이야기들을 모은 것이다.[62] 수도사들의 저주는 성인들이 곧 그들 적들에 대해 조치를 취하게 하는 데 도움이 되었을 것이다. 한 저주는 다음과 같이 쓰여 있다: "그들이 도시에서 저주받고 들판에서 저주받게 하옵소서. 그들의 헛간이 저주받고 그들의 뼈가 저주받게 하옵소서. 그들 허리가 저주받고 그들 토지의 과일도 저주받게 하옵소서."[63]

다른 경우 수도사들은 심지어 그들의 성인들에 대해서도 분노를 나타내어 성인들의 유물들을 '모욕'했다. 즉 수도사들은 성인들의 유물을 바닥에 내려놓거나 그것들 주위에 가시를 둘러쳤고, 또 몇몇 경우에는 성인들을 섬기는 수도사에 대한 성인들의 의무를 상기시키기 위해 주먹으로 제단을 두드리기도 했다.64) 저주와 성유물 모욕은 수도사들이 직접 사용할 수 있는 유일한 정신적 무기의 예로서, 이런 무기는 그들을 돕는 정규적이거나 통일된 법적 체제가 없던 시기에 적들에게 사용되는 것이었다.

　11~12세기에 수도사들과 세속인들 사이의 갈등은 대체로 타협으로 해결되었다. 예를 들면 자기 부친이 수도원에 재산을 기증하였을 때 동의하지 않은 어떤 세속인이 그 재산에 대해 법적 권리를 가지는지 아닌지 판단하기 어렵기 때문에, 법률 자체가 매우 애매한 상황에서 법에 의거하여 판결을 내리려는 것보다 타협하는 편이 더 용이했다. 10세기 말 이후 왕과 백작의 권력약화는 판결을 시행하는 것도 더 어려워졌음을 의미했고, 그렇기 때문에 수도사들이 종종 대안으로 의례적 저주에 의존한 이유이기도 했다. 게다가 세속인은 자기에게 불리한 판결보다 그가 미리 동의한 타협을 더 기꺼이 받아들이려 했을 것이다. 따라서 재판관이 이용되었을 때조차도, 재판관은 기본적으로 중재자이거나 기껏해야 양측이 이미 개인적으로 동의한 것을 확인하는 데 그치는 경우가 많았을 것이다.65)

　이 점에서 강조해야 할 중요한 것은 수도사들이 그들 적들, 혹은 잠재적 적들을 다루는 데 사용한 방법이 일정하지 않았다는 사실이다. 부유한 클뤼니 수도원의 경우처럼 일부 경우에 동일한 가문들〔그리고 흔히 동일한 개인들)이 수도사들과 갈등을 빚기도 하면서 동시에 그 수도사들의 가장 가까운 친구들이자 가장 관대한 기증자들이기도 했다. 어떤 의미에서 수도사들과의 갈등의 한 가지 이점은 어떤 재산을 (잠재적으로) 얻는 것은 별도로 치더라도, 나중에 그들과 화해할 수 있다는 것이다. 이것은 수도사들의 영적 사회로의 통합 혹은 재통합을 항상 포함하는 과정이었다. 이와는 반대로 또 다른 수도원들의 경우에 수도사들은 왕과 같은 강력한 세속영주와의 우애를 이용해서 그들 적들에 대해 혁혁한 승리를 거두기도 했다. 또 다른 경우 수도사들은 다른 성직자들, 특히 그 지역의 주교를 주요경쟁자로 여겼으며, 강력한 세속후원자의 지지에 의존하였다. 이 모든 경우에서 분명한 점은 친구와 적의 경계가 성직자와 세속인의 경계와 동일하지 않았다는 사실이다.66)

물론 수도사들의 입장에서 볼 때 우선은 갈등을 피하는 것이 더 간단했다. 앞에서 지적했듯이 특히 중세 전성기에 수도사들이 그들 수호성인들의 힘과 신성을 기리기 위해 저술한 기적 이야기들이 수도원의 재산을 보호하는 기능을 하기도 했다. 이런 이야기들에서 성인들을 돕는 사람들은 이런 우호적 관계로부터 이익을 얻고 반면에 성인들을 섬기는 수도사들의 재산을 침해함으로써 성인을 공격하는 사람은 엄하게 처벌받는다. 수도사들이 그 지역에 있는 세속세력의 보호로써 그들의 성인 '아버지들'의 분노를 뒷받침할 수 있어야 그들은 세속 이웃들과 상대적으로 평화로운 관계를 향유할 수 있었다.67)

　수도사들은 어떤 사람으로부터 기증받을 때 근친들 모두의 동의를 얻어야 그 기증재산을 둘러싼 미래의 갈등을 줄이거나 피할 수 있었다. 수도원에 재산반환을 주장하는 가장 일반적 부류의 사람이 기증자의 상속인이었기 때문에, 수도사들은 사전에 상속인의 동의를 받으면 그런 주장의 발생을 줄일 수 있었다. 기증자 가족의 입장에서 보면 상속인 동의는 상속인들이 장차 기증재산을 되찾으려는 의도가 없더라도 가치가 있었다. 왜냐하면 재산을 기증할 때 상속인들이 참석하고 기증문서에 그들 이름을 기재함으로써 그들은 기증자가 얻는 영적 혜택을 함께 누릴 수 있었기 때문이었다.68)

　중세 전성기 프랑스에서 귀족과 성직자 사이의 갈등은 정식 법정에서의 사법적 판결에 의해서가 아니라, 우선 의견대립을 피하고 불가피하게 발생한 그러한 갈등에 대해 서로 받아들일 수 있는 해결책을 모색하려는 양측의 시도를 통해 대체로 해결되었다. 여기서 유의해야 할 점은 대부분의 귀족들은 생전에 한번쯤은 수도사들과 갈등을 빚었겠지만 수도사들을 찾아가서 분쟁에 대해 합의할 수 있는 어떤 해결책을 찾으려는 생각이 강했기 때문에, 일반적으로 귀족들은 세속인들 사이에서 발생한 분쟁의 해결도 성직자에게 의뢰했다는 사실이다. 서사시 『라울 드 캉브레』에서의 전쟁은 끝나지 않을 것처럼 보였지만 생-제르멩-데-프레 수도원장이 개입하자 해결된다.69) 교회는 경력을 쌓을 수 있는 곳, 내세에서 중요할 수 있는 기도의 원천, 그리고 믿고 거래할 수 있는 부유한 대출자만이 아니었다. 교회는 평화를 구현하는 곳이기도 했다.

*   *   *

지배층이 그들의 식량을 생산하는 농민이나 그들의 잉여농산물을 구입하고 그들에게 수입사치품을 판매하는 도시민들과 완전히 분리되어 살고 있지 않았듯이, 그들은 전쟁·과시·착취 등 일반적인 기사생활이 죄악이라고 주장하는 교회와도 분리되어 있지 않았다. 교회는 한쪽에 우뚝 서서 기사들과 귀족들 및 이들의 태도를 바라보는 통일된 단일체가 아니었다. 오히려 교회는 귀족출신의 지도자들로 구성된 복잡한 복합체였다. 특히 12세기에 성 베르나르처럼 여론을 주도하고 존경받았던 교회지도자들은 기사생활을 비판할 때 자신들이 의미하는 바를 잘 알고 있었다. 왜냐하면 그러한 기사생활은 자신들이 수련받은 적이 있는 생활이었기 때문이다.

교회는 귀족들을 단순히 경원할 수 없었다. 왜냐하면 일반적으로 출가자들 특히 교회지도자들의 원천으로서, 다른 적들에 대한 보호를 위해서, 그리고 수도원들의 유지를 가능하도록 하는 기증을 위해서, 성직자들은 귀족들을 필요로 했다. 귀족들도 교회가 필요했다. 교회는 귀족들이 말년에 세속생활에 지쳤을 때 혹은 이상적인 청년기에 영적으로 혐오감을 느꼈을 때 갈 수 있는 곳이었고, 경비가 많이 들고 위험한 일을 하기 시작할 때 준비된 현금의 원천이었고, 가까운 친구나 가족이 죽어가고 있거나 그들 자신의 태도가 기독교인의 생활에서 너무 벗어난 것처럼 보일 때 기도의 원천이었기 때문이었다.

교회들과 귀족들의 관계가 늘 원만했던 것은 분명 아니었다. 그들은 종종 긴장관계에 있었으며, 특히 재산분쟁이 발생할 때나, 가끔 공권영주가 성주령 내에서 그의 권위가 성직자들을 포함해서 모든 사람들에게 확대되어야 한다고 결정했을 때 그러했다. 그러나 이런 것들은 귀족가문들 내에서 발생했던 것과 같은 그런 분쟁들이었다. 귀족들이 외부의 적이 없으면 가까운 친족들끼리 싸우지만 외부의 위협이 가해지면 가까운 친족들을 필요로 하고 또 이들에 의존했듯이, 그들은 교회 — 그들이 결코 완전하게 동의할 수는 없었던 — 를 필요로 했고 또 교회에 의존했다. 친족들 모두가 같은 수도원에 묻혔을 경우에는 친족의식에 초점을 제공함으로써, 어떤 지역의 기사들이 동일한 수도원에 기증하여 그들이 결집하는 데 도움이 됨으로써, 그리고 귀족들 사이에 분쟁이 발생했을 때 판결하고 중재함으로써, 성직자들은 어떤 특정지역의 기사들과 귀족들을 연결하는 공동체 네트워크의 핵심부분이 되었다. 그 내부에서는 서로 치열하게 싸우지만 외부인들에 대항해서는 단합하는 확대가족이 귀족들의 사회적 상호작용의 가장 분명한 모델이라면, 교회는 그런 확대가족의 일부였다.

결   론

  귀족·기사신분·기사도 등의 추상명사들에 대한 분명하고 명쾌한 정의를 기대하며 이 책을 읽은 독자들은 지금쯤 실망했을 것이다. 분명히 이런 현대어에 해당하는 중세용어들인 노빌리타스nobilitas·밀리티아militia·슈발리chevalerie가 있다. 따라서 '봉건제'와 '궁정식 사랑' 등 최근에 만들어진 용어들을 명확히 정의하려는 것은 중세저자들을 논하는 것이 아니라 19~20세기 학자들을 논하는 것으로 끝나고 말지만, 반면에 위의 용어들에 대해서는 어떤 정의를 발견해 보려고 시도해볼 가치가 있다. 그러나 오늘날 역사가들이, 예컨대 '기사도의 십계명'을 구명하려고 하지 않는 것은 1차사료들의 애매성과 일관성 부족에 기인한다.

  이전 세대의 역사가들은 중세의 통치구조와 이상을 규명하는 것을 중세인들은 할 수 없었을지라도 자신들은 할 수 있다는 [아마 무의식적이기는 했겠지만] 다소 오만한 가정하에서, 무질서하고 모순되는 중세의 정의를 보고 단순성을 도출하려고 했다. 그러나 최근에 학자들은 중세인들이 당시 자신들의 사회가 어떠했는가를 논의하려고 시도한 것을 보다 기꺼이 받아들여 왔다. 이런 접근법의 장점은 11~13세기의 구조와 이상이 얼마나 복잡하고 급속하게 변했는가를 더 잘 알 수 있다는 것이다. 어떤 역사가가 예컨대 특정시기 특정지역에 유효한 기사신분의 정의를 도출해낼 수 있다고 하더라도, 그 정의는 다른 시대 다른 지역에서도 반드시 유용한 정의라고 할 수 없을 것이다.

더 중요한 점은 사료들에 등장하는 다양성을 포괄적인 정의에 장애가 되는 것으로 다루기보다는 진지하게 받아들임으로써, 중세 전성기의 수많은 대화가 이런 개념들과 타협하려는 시도였음을 깨닫게 된다는 사실이다. 즉 같은 시기에도 개인에 따라 특정제도의 핵심요소들이 무엇인가에 대한 견해는 상이했을 것이다. 이는 귀족과 기사에 대해서도 적용되지만 — 이 분야에서 오늘날 점차 의견이 일치하고 있음을 독자들은 발견할 수 있다 — 특히 기사도의 경우 적용된다. 기사도적인 기사라는 개념이 발전하고 다양한 속성을 취하고 있던 바로 그 시기에, 사람들은 그런 속성들이 본래 모순된다는 사실을 점차 깨달았다. 이런 점은 문학작품에서 아주 명백하게 지적되었다.

그렇다면 중세 전성기 프랑스의 기사들과 귀족은 누구였으며, 그들이 점차 따르려 했다는 기사도란 무엇이었던가? 이 점에서 노빌리타스nobilitas를 하나의 사회적 계급이 아니라 개인적 지위 — 속성들의 집합에 의해 표시되고, 시간과 장소에 따라, 심지어 개개인에 따라 다를 수 있는 행동에 의해 인정되는 -- 로 다루는 것에서 출발하는 것이 가장 쉽다. '귀족'의 속성들을 갖춘 사람들은 이 시기에 사회의 나머지 사람들과 법적으로 구분되지 않았지만, 그들은 재산·권력·고귀한 혈통으로 인해 분명히 찬양되었다. 11~12세기에 귀족들도 점차 자신들을 군사적으로 규정하였다. 그래서 어떤 자부심 강한 귀족태생이고 부유한 영주는 숙련된 전사일 수도 있었다.

귀족신분이 상실되거나, 귀족이 아닌 사람이 귀족신분을 획득할 수 있었을까? 이 점에서 아주 의도적으로 애매한 당시의 언어는 명확한 정의를 내리는 것을 지속적으로 꺼렸음을 보여주고 있다. 이런 점은 어떤 사람이 출생에 의해 고귀하고 정신에 의해 심지어 더 고귀하다는 친숙한 상투적 표현에서 분명하게 드러난다. 따라서 연약한 사람들을 보호하고 교회에 기증을 한 어떤 사람은 〔성직자들에 의해〕 "더 고귀하다"고 묘사되었을 것이다. 그러나 이런 묘사는 그런 일을 하지 않은 사람은 "덜 고귀하다"는 것을 의미하지 않았다. 이런 상황을 염두에 두었던 "귀족들에 의해 제시된" 또 다른 상투적 표현이 있었다. 좋은 일을 하는 귀족은 좋으며, 나쁜 일을 하는 귀족은 나쁘다는 것이다. 성직에 입문한 12세기 귀족들은 그들의 재산과 권력을 포기하고 군사적 생활을 단념하고 귀족가족으로부터 단교했으나, 전통적인 교단이나 참사회에 들어간 사람들은 그들이 그렇게 되려고만 하면 여전히 귀족으로 여겨졌다. 반면에 시토교단 등과 같은 엄격한 신흥교단의 귀족출신 수도사들은 자신들을 귀족이라고 결코 부르지 않았다.

　귀족을 정의하기 어려웠지만 중세 전성기의 기사들은 귀족을 잘 인식할 수 있어서 자신들도 귀족의 일원이 되기를 원했다. 그 지위가 기마 전사에서 유래했던 기사들은 원래 구 혈통귀족에 봉사하는 사람들이었다. 11세기에 기사는 기능을 묘사하는 것이지 한 사회집단을 묘사하는 것이 아니었다. 즉 군사활동에 참여하는 것을 중지한 종복은 더 이상 기사가 아니었으며, 12세기가 되면 심지어 강력한 귀족도 그가 기병이면 기사라고 불렸다. 그러나 귀족에 봉사하던 기사들이 점차 사회적 통일성을 띠기 시작했고, 귀족보다 한 단계 밑에 있으나 농민과 도시민들보다 한 단계 위에 있는 집단이 되었다. 귀족들이 점차 자신들의 군사적 능력을 강조하게 되자 기사의 군사적 기능으로 인해 기사와 귀족은 점차 덜 구분되었고, 또 기사들은 세심하게 계산된 결혼을 통해 자식들에게 귀족혈통을 부여할 수 있었다.

　귀족이나 기사가 분명하게 정의된 하나의 사회계급이 된 13세기 말이 되면, 그들은 두 개의 집단이 아닌 하나의 집단이었다. 귀족 젊은이에게 그의 첫번째 기사무기를 부여함으로써 그가 성년이 되었음을 나타내는 의식인 기사서임식이, 이전에는 없었던 귀족의 기준이 되었다.

　기사와 귀족이라는 지배층은 진공 속에 존재했던 것이 아니라 그들을 둘러싸고 있던 사회의 중요하고 매우 영향력있는 한 부분이었다. 기사와 귀족의 관계, 그리고 기사의 증가 및 이들의 궁극적인 지위상

승은 11세기 초 프랑스에서 발생한 급격한 사회변화에 크게 기인하였다. 이 시기에 중앙왕권이라는 효과적인 정치권력이 사라져 버렸다. 9세기에는 왕의 대리인으로, 10세기에는 기본적으로 독립적인 제후로 활동했던 백작들 가운데 일부조차도 그들의 권위를 상실하고 있었다. 그러나 11세기 전반부에 성城의 확산과 더불어 새로운 정치구조들이 등장했다. 이러한 성들은 독립을 추구하는 성주들에 의해 관리되었고, 이러한 성주들에 봉사하는 기사들이 근무하였다. 성주들은 성주변지역의 모든 주민들에게 공권을 행사하기 시작했고, 그럼으로써 그들은 이전에는 결코 가지지 않았던 사법적·경제적 역할을 하였다.

그러나 11세기가 독립적 성주들이 승리한 시기라면 12세기는 성주들의 독립성이 도전받았던 시기였다. 새로운 바탕 위에서 중앙권력을 재확립한 왕들은 성주들의 독립적 권력을 제한하였다. 경제발전기에 급속하게 성장한 도시들과 촌락들은 해당지역 영주들로부터 자유특허장들을 획득하려고 했다. 수세대 동안 성주에 예속되었던 농노들이 보통 돈을 지불하여 자유를 획득했다. 봉토보유라는 새로운 제도의 발전과 확산은 귀족들을 결합시켜, 보다 조밀한 서로간의 의무와 상호의존의 망網을 형성하게 하였다.

많은 귀족들이 경제적 기회를 이용하여 더 많은 돈을 모으거나 갈취하고 더 과시적으로 소비했지만, 다른 한편으로 12세기에 귀족들은 이전보다 더 세속생활을 포기하고 엄격한 수도원 생활을 택하는 경향도 보였다. 11세기 초 성주들의 점증하는 권력과 독립은, 그들이 수도

원의 창건자·보호자·기증자 ─ 한때 왕권의 중요한 요소였던 ─ 의
역할을 취함에 의해 부분적으로 특징지어졌다. 이것에 12세기에 성인
출가자의 역할이 점차 덧붙여졌다. 이 점에서도 기사들은 귀족을 뒤
따랐다. 11세기에 그들 영주들을 모방하는 데 열중했던 기사들이 12
세기가 되면 세속세계를 버리고 출가함에 있어서 영주들을 능가했으
며, 그들은 새롭고 더 엄격한 교단을 유지하는 중추를 형성했다.

　기대와 의무가 항상 변하고 있을 때, 서사시와 로망스들에서 묘사
되어 있듯이 당연히 기사의 기풍 또한 끊임없이 변하였다. 당시의 문
학작품들은 기사들과 귀족들이 해야 하는 (또는 해서는 안될) 단순한
'규범'을 표현하기 있기는커녕 그 누구도, 심지어 이야기에 등장하는
영광스런 기사들과 귀족들도, 본래 모순적이지 않은 이상화된 행동양
식을 발견하고 제대로 준수하는 것이 불가능함을 아주 명확하게 시종
일관 보여주었다. '기사도'는 전투기술과 무용만을 의미할 때는 비교
적 명확했다. 일단 '기사도'가 정중한 행동, 숙녀에 대한 봉사, 그리고
기독교적 도덕 ─ 특히 12세기 대부분의 성직자들이 전투하는 기사는
이슬람교도와 전투하지 않는 한 기독교인 또한 될 수 없다고 보았기
때문에 ─ 을 의미하게 되자, 기사도는 단순하게 정의할 수 없는 복합
적인 의미를 띠게 되었다.

　중세 전성기의 프랑스 기사들과 귀족들은 14~15세기에 기사도의
이념에 덧붙여진 정교한 의식들을 따랐던 사람들이 아니었다. 그리고
그들은 19세기 낭만주의의 순수하고 진정한 영웅들도 아니었다. 그들

은 일반인들보다 부와 권력에 대한 기회를 더 많이 가진 사람들이었고, 갑자기 폭력적 죽음을 맞을 기회 — 대체로 그들 스스로 야기한 — 도 더 많이 가진 사람들이었다. 적어도 고전을 조금 익히는 것으로 구성된 교육, 상당한 양의 기독교 교리, 빈번한 전투, 기사를 주제로 한 이야기들 등을 감안하면, 중세 전성기의 많은 젊은 기사들에게 있어서 유일한 해답은 속세의 모든 것을 포기하고 수도원에 들어가는 것이었다. 수도원에서 해답들은 어떤 면에서는 더 가혹하였지만 적어도 수도원에서는 문제들이 더 적었다. 종교에 귀의하지 않은 나머지 귀족들 대다수는 중세후기의 귀족에 대한 더 명확한 범주와 정의들에서 피난처를 찾았고, 이런 새로운 기준들을 이용하여 처음으로 그들의 기대와 지위를 명확하게 묘사하였다.

옮긴이 후기

　이 책은 Constance Brittain Bouchard의 *"Strong of Body, Brave and Noble": Chivalry and Society in Medieval France*(Ithaca and London, 1998)를 번역한 것이다.

　옮긴이가 저자인 부셔를 처음 접한 것은 프랑스 귀족의 기원과 귀족의 결혼에 관한 그녀의 논문들을 통해서였다. 귀족에 대한 별다른 지식이 없었던 옮긴이는 그녀의 논문을 통해서 프랑스 귀족 연구동향을 짐작할 수 있게 되었다. 또 학회에서 귀족에 대한 글을 발표할 기회가 있을 때에는 베르너·제니코·뒤비 등의 대가들과 더불어, 부셔의 논지도 "참고할 필요가 있다"고 소개하였다.

　사실 옮긴이는 프랑스에서 출판된 귀족관련 저서들의 참고문헌에서 부셔의 저작들을 찾아보기가 힘들었기에, 부셔를 프랑스 귀족연구에 관한 한 "변방의 역사가"라고 표현하고 있었다. 그러나 이후 여러 연구과정에서 그녀에 대해 새로운 사실을 알게 되었고, 옮긴이가 잘 알지도 못한 채 범한 '무례한' 표현을 깨달았다. 우선 그녀에게는 부르고뉴 지방을 대상으로 귀족과 성직자들의 관계 및 수도원 개혁에 있어서의 귀족의 역할을 다룬 훌륭한 저서가 있었는데, 이 저서〔*Sword, Miter and Cloister: Nobility and the Church in Burgundy, 980-1198*〕는 프랑스어로 번역되어 큰 반향을 불러일으키고 있었다. 또 국내에서도 여러 대학의 중세사 강의안에 그녀의 저서들이 항상 추천되고 있었다. 한마디로 그녀는 국제적인 명성을 얻고 있는 이 분야의 저명한 역사가였던 것이다. 그런데도 옮긴이는 그녀의 이름을 부셔가 아닌 '부처드'로 잘못 부르며 그녀를 간과했으니 여하한 이유이든 학문적 실수를 범한 셈이다.

이후 그녀의 몇몇 저서들을 읽으면서 옮긴이는 그녀의 학문세계를 더욱 잘 알게 되었고, 이 책에 이르러서는 번역하고 싶다는 생각까지 들게 되었다. 중세 프랑스 귀족에 관한 저서들이 상당히 많음에도 이에 대한 국내저서가 없는 현재의 우리 학계의 상황에서 이 책이 그 부문 입문서로 가장 적합하다는 판단 때문이었다.

이 책은 다른 프랑스 대가들이 쓴 귀족관련 저서들에서는 찾아보기 힘든 몇 가지 장점을 가지고 있다. 우선 무엇보다도 상대적으로 쉽게 기술되어 있다. 그러나 이 책이 쉽게 쓰여진 것은 대체로 프랑스 역사가들의 저서들과 비교하여 친절하고 평이한 편이랄 뿐 학문적 깊이에 있어서는 조금도 떨어지지 않는다는 판단이다. 그리고 이 책의 또 한 가지 장점은 관련주제에 대한 최근의 연구를 포함한 기존연구들을 잘 정리하여 제시해 주고 있다는 데에 있다. 그녀 자신도 서문에서 밝히고 있듯이 각 장에서 다루고 있는 주제들의 연구동향을 파악하는 데에는 더없이 많은 도움을 준다.

이 책은 모두 5장으로 구성되어 있다.

이 책이 입문서이고 따라서 비교적 평이하고 친절하게 기술되어 있기 때문에 별도의 지면을 할애하여 그 내용을 소개할 필요는 없을 것이다. 그러나 이 책은 단순히 기존 연구성과들을 제시하는 것에 그치는 것이 아니라, 저자의 '독창적'인 논지도 포함하고 있다. 따라서 이 책의 이해를 돕는 의미에서, 옮긴이가 아는 범위 내에서 그녀 특유의 논지를 전개하는 부분만을 따로 언급할 필요가 있다고 생각된다.

부셔의 독창적인 논지가 가장 강하게 드러나는 부분은 중세 프랑스 귀족의 기원과 결혼에 관한 것이다.

마르크 블로크는 이민족의 침입과 프랑크왕국의 해체 등으로 카롤링 시대의 '구 혈통귀족'이 단절되었고, 반면에 이런 혼란기에 "자수성가한 군사 엘리트인 신인"들이 귀족층을 형성했다고 보았다. 그러나 그 이후 뒤비나 제니코 등 권위있는 귀족 연구가들은 카롤링 시대의 귀족이 단절되었던 것이 아니라 연속되고 있다고 주장했다.

지은이 부셔는 이러한 두 학설의 절충을 시도한다. 즉 그녀는 프랑스의 귀족이 심지어 로마제국 시대부터 연속되고 있지만, 반면에 비귀족이 상향유동하여 귀족이 되는 경우도 있었다는 것이다. 그녀는 여러 지역의 귀족가계도를 작성하여〔그녀는 귀족가계도를 다룬 논문을 여러 편 썼으며, 또 그녀의 저서들 부록에는 으레 귀족가계도들이 첨부되어 있다〕비귀족이 주로 결혼을 통하여 귀족이 된 수많은 경우들을 제시한다. 그래서 그녀는 "중세 전성기의 귀족들은 몇 세기 거슬러 올라가면 평민에서 상향유동한 귀족과 귀족조상 모두를 가졌다"는 결론을 도출하고 있다.

이런 현상을 설명하는 데 있어서도 부셔는 다른 역사가들과 차별성을 보인다. 부셔가 주로 강조하는 것은 "7촌 미만 친족과의 결혼금지"라는 교회의 결혼준칙이다. 교회가 왜 결혼가능한 기준촌수를 7촌으로 정했는지, 그리고 성서적 근거가 약한데도 왜 교회가 이 결혼준칙을 고집했는지에 대해서는 아직도 학자들 사이에서 논란이 분분하다.

교회가 다른 결혼준칙보다 이 근친혼 금지를 유독 강조한 것은 사실이다. 문제는 귀족들이 이 결혼준칙을 준수했느냐, 혹은 적어도 준수하려고 노력이라도 했느냐에 있다. 귀족의 결혼에 관한 영향력있는 저서인 『중세의 결혼』에서 저자 조르주 뒤비는 귀족들이 근친혼 금지라는 결혼준칙을 준수하지 않았다고 주장한다. 귀족들의 주요 관심사가 가문을 유지 확대하고 아들을 통해 선조의 혈통을 전수하는 것이기 때문에 대등한 계층과의 결혼과, 재산을 보존하는 데 유리한 족내혼을 선호했다는 것이다. 그 결과로 중세의 귀족들은 3촌만 넘으면 결혼했다는 것이다.

그러나 부셔는 이런 견해를 단호하게 배격했다. 그녀는 12세기에 이르면 귀족들이 7촌 이내의 결혼을 피하려 해도 피할 수 없었기 때문에 근친혼 금지를 무시했다고 생각했다. 반면에 그 이전인 10~11세기에는 노골적인 근친혼 금지는 아주 드물었고, 5~6촌 이내의 친척과 결혼하는 경우도 별로 없었다는 것이 그녀의 논지다. 귀족들은 가급적이면 근친혼을 피하려 했고, 이런 노력이 구 귀족과 귀족이 아닌 신인의 결혼을 촉진시킨 중요한 요소였다는 것이 부셔의 주장이다.

부셔의 또 다른 독창적인 논지가 보이는 부분은 귀족과 교회의 관계를 다룬 제5장이다. 부셔는 일찍부터 귀족과 교회의 관계에 관심을 보였으며, 그녀의 대표적인 저서(*Sword, Miter and Cloister: Nobility and the Church in Burgundy, 980-1198*) 속에 바로 이 문제를 다루고 있다. 부셔가 이 책에서도 지적하고 있는 것처럼, 중세사회가 3신분으로 나뉘어져 있었다는 견해 때문에 역사가들은 흔히 귀족과 교회를 별개의 관심사로 다루거나, 양자가 서로 대척점에 서 있는 것으로 다루어왔다고 생각했다.

그러나 중세의 세속인과 성직자는 그 구분에 분명하지 않은 부분이 매우 많았고, 따라서 특정지역의 귀족가문이 그 지역 교회의 지도자를 배출했다. 그런 연유로 귀족과 성직자는 혈연관계인 경우가 많았으며, 또 여러 가지 이유로 서로를 필요로 했고 그에 따라 서로가 도움을 주고받았다. 이로 볼 때 양자를 갈등관계에서만 보는 것은 잘못된 관점이라는 것이 부셔의 주장이다. 예를 들면 11세기의 수도원 개혁이라는 주제를 다룰 때 수도사들과 귀족들 사이의 투쟁이라는 시각으로 보아서는 안된다는 것이다. 오히려 수도원 개혁이 성공하고 확산될 수 있었던 데에는 현지 귀족들의 호의와 적극적 참여가 있었음을 그녀는 상기시킨다.

이 책을 번역하면서 아쉬운 점은 옮긴이의 표현력 부족이었다. 저자의 멋있는 표현들을 제대로 살려내지 못한 것 같아 무척 아쉽다. 나름대로 노력했음에도 어색한 표현은 물론이고 오역도 있을 것이다. 앞으로 기회가 주어지면 고쳐나가도록 하겠다.

　편집상의 필요에 의해 문단이 긴 원문은 옮긴이가 다소 자의적으로 나누었다. 원주는 미주처리를 했으며, 독자에게 낯선 인명이나 용어는 본문 안에 □ 표시로 역주를 달았다. 또 중세사를 공부하는 사람들에게는 '중세 성기'라는 용어가 익숙하지만, 일반독자에게는 낯설기 때문에 '중세 전성기'라는 표현을 쓰는 것이 좋겠다는 조언에 따라 이 책에서는 '중세 전성기'라는 용어를 사용했다.

　그리 분량이 많지 않은 이 책을 번역하는 데도 여러분의 도움을 받았다. 바쁜 중에도 원고를 읽고 수정해 주신 이영재 선생님, 그리고 원고의 일부를 읽고 잘못된 용어를 바로잡아 주시고 유익한 조언을 해주신 유희수 선생님, 무더웠던 지난 해 여름에 워드 작업을 해주신 이희수 조교, 이 책의 출판을 맡아준 도서출판 신서원에 감사의 마음을 전하고 싶다.

　2005년 8월
　옮긴이 강일휴

부 록

참고문헌

미 주

참고문헌

1차사료

1차사료는 영어 번역본이 있는 경우 독자들이 쉽게 참조할 수 있도록 번역본을 제시했다. 일부 서사시와 로망스는 여러 번역본이 있는데 이 책에 제시한 특정번역본이 다른 번역본 보다 뛰어나다는 것을 의미하는 것은 아니고 필자가 이용한 것을 제시한 것이다.

Adalbero. "Carmen ad Rotbertum regum." Ed. Claude Carozzi. *Poème au roi Robert.* Classiques de l'histoire de France au moyen âge 32. Paris, 1979.

Adam. *Magna Vita Sancti Hugonis.* 2d ed. Ed. and trans. Decima L. Douie and David Hugh Farmer. *The Life of St. Hugh of Lincoln.* 2 vols. Oxford, 1985.

Andreas Capellanus. *The Art of Courtly Love.* Trans. John Jay Parry. New York, 1990.

Anselm of Canterbury. *Epistolae.* PL 159:9-272.

Aucassin and Nicoleete and Other Medieval Romances and Legends. Trans. Eugene Mason. New York, 1958.

Bernard of Clairvaux. *Opera.* Ed. Jean Leclercq and H. Rochais. Rome, 1957.

———, *Treatises III.* Trans. Conrad Greenia. Kalamazoo, Mich., 1977.

Beroul. *The Romance of Tristan.* Trans. Alan S. Fedrick. London, 1970.

Bertran de Born. *The Poems of the Troubadour Bertran de Born.* Ed. and trans. William D. Paden Jr., Tilde Sankovitch, and Patricia H. Stäblein. Berkeley, 1986.

The Book of Sainte Foy. Trans. Pamela Sheingorn. Philadelphia, 1995.

Le cartulaire de Marcigny-sur-Loire(1045~1144): Essai de reconstitution d'un manuscrit disparu. Ed. Jean Richard. Dijon, 1957.

The Cartulary of Flavigny, 717~1113. Ed. Constance Brittain Bouchard. Medie- val Academy Books 99. Cambridge, Mass., 1991.

Chrétien de Troyes. *Arthurian Romances.* Trans. William W. Kibler. London, 1991.

Cowdrey, H.E.J. "Two Studies in Cluniac History, 1049~1126." *Studi Gregoriani* 11(1978), 1-298.

The Death of King Arthur. Trans. James Cable. London, 1971.

Fulbert of Chartres. *The Letters and Poems.* Ed. and trans. Frederick Behrends. Oxford,

1976.

Galbert of Bruges. *The Murder of Charles the Good, Count of Flanders*. Trans. James Bruce Ross. New York, 1960.

Gilbert Crispin, "Vita Sancti Herluini." PL 150:695-714.

Gottfried von Strassburg. *Tristan*. Trans. A.T. Hatto. Harmondsworth, Eng., 1960.

Guibert of Nogent. Memoirs. Trans. Paul J. Archambault. *A Monk's Confession*. University Park, Pa., 1996.

Guillaume de Lorris and Jean de Meun. *The Romance of the Rose*. Trans. Charles Dahlberg. Princeton, 1971; rpt. Hanover, 1986.

Guillaume d'Orange: Four Twelfth-Century Epics. Trans. Joan M. Ferrante. New York, 1991.

Herman of Tournai. *The Restoration of the Monastery of Saint Martin of Tournai*. Trans. Lynn H. Nelson. Washington, D.C., 1996.

Hugh of Poitiers. *The Vézelay Chronicle*. Trans. John Scott and John O. Ward. Binghamton, 1992.

Ivo of Chartres. *Epistolae*. PL 162:11-288.

Jean Renart. *The Romance of the Rose or Guillaume de Dole*. Trans. Patricia Terry and Nancy Vine Durling. Philadelphia, 1993.

John of Salisbury. *Policraticus: Of the Frivolities of Courtiers and the Foot- prints of Philosophers*. Trans. Cary J. Nederman. Cambridge, 1990.

Lancelot. Trans. Samuel N. Rosenberg and Carleton W. Carroll. In Norris J. Lacy, ed. *Lancelot-Grail: The Old French Arthurian Vulgate and Post-Vulgate in Translation*. Vol. 2. New York, 1993.

Lancelot of the Lake. Trans. Corin Corley. Oxford, 1989.

The Letters of Abelard and Heloise. Trans. Betty Radice. London, 1974.

Liber instrumentorum memorialium: Cartulaire des Guillems de Montpellier. Ed. A. Germain. Montpellier, 1884-86.

The Life of Christina of Markyate, a Twelfth-Century Recluse. Revised ed. Ed. and trans. C. H. Talbot. Oxford, 1987.

Mansi, J.-D., ed. *Sacrorum conciliorum nova et amplissima collectio*. Vol. 21. Venice, 1776.

Marie de France. *The Lais*. Trans. Glyn S. Burgess and Keith Busby. Harmond- sworth, Eng., 1986.

Odo of Cluny. "The Life of St. Gerald of Aurillac." Trans. Gerald Sitwell. St. *Odo of Cluny*. London, 1958.

Odo of Deuil. *De Profectione Ludovici VII in Orientem*. Ed. and trans. Virginia Gingerich Berry. New York, 1948.

Orderic Vitalis. *The Ecclesiastical History*. Ed. and trans. Marjorie Chibnall. 6 vols. Oxford, 1969-80.

Otto of Freising. *The Deeds of Frederick Barbarossa*. Trans. Charles Christopher Mierow. New York, 1953.

Peter the Venerable. *The Letters*. Ed. Giles Constable. 2 vols. Cambridge, Mass., 1967.

Peters, Edward, ed. *The First Crusade*. Philadelphia, 1971.

The Quest of the Holy Grail. Trans. p.M. Matarasso. London, 1969.

Raoul de Cambrai. Ed. and trans. Sarah Kay. Oxford, 1989.

Raoul Glaber. *Historia*. Ed. and trans. John France. Oxford, 1989.

Richer. *Histoire de France*. 2 vols. Ed. Robert Latouche. Paris, 1930-37.

The Song of Roland. Trans. Glyn Burgess. London, 1990.

Suger. *The Deeds of Louis the Fat*. Trans. Richard C. Cusimano and John Moorhead. Washington, D.C., 1992.

——. "Epistolae." RHGF 15:483-532.

Teulet, Alexandre, ed. *Layettes du trésor des chartes*. 2 vols. Paris, 1863-66.

Three Arthurian Romances: Poems from Medieval France. Trans. Ross G. Arthur. London, 1996.

Vaughn, Sally N. *The Abbey of Bec and the Anglo-Norman State, 1034-1136*. Woodbridge, Eng., 1981.

Walter Map. *De nugis curialium: Courtiers' Trifles*. Ed. and trans. M. R. James. Oxford, 1983.

William of St.-Thierry. *Vita Prima Sancti Bernardi*. PL 185: 226-447.

Wolfram von Eschenbach. *Parzival*. Trans. A.T. Hatto. Harmondsworth, Eng., 1980.

2차자료

중세귀족과 기사도에 관한 완전한 참고문헌이 아니라 이 책에서 언급된 것만을 제시했는데. 대체로 중요하고 쉽게 접할 수 있고 비교적 최근의 저작들을 수록했다. 이 책에 제시된 각주와 참고문헌은 특별한 관심을 가진 독자들에게 보다 자세한 관련 저작들을 제시해 줄 것이다. 필자가 논문집에서 여러 논문들을 인용했더라도 개개의 논문들은 제시하지 않고 논문집만을 수록했다. 개개의 논문들은 각주에서 찾을 수 있을 것이다. 그리고 특별히 중요한 문헌은 간단한 설명을 덧붙였다.

Airlie, Stuart. "Bonds of Power and Bonds of Association in the Court Circle of Louis the Pious." In Peter Godman and Roger Collins, eds. *Char- lemagne's Heir: New Perspectives on the Reign of Louis the Pious (814-840)*. Oxford, 1990.

Allen, Peter L. *The Art of Love: Amatory Fiction from Ovid to the "Romance of the Rose."* Philadelphia, 1992.

Arnold, Benjamin. *Count and Bishop in Medieval Germany: A Study of Regional Power, 1100-1350*. Philadelphia, 1991.

—— *Princes and Territories in Medieval Germany*. Cambridge, 1991.

Avril, Joseph. "Observance monastique et spiritualité dans les préambules des actes(Xe-XIIe s.)." *Revue d'histoire ecclésiastique* 85(1990), 5-29.

Bachrach, Bernard S. "The Angevin Strategy of Castle Building in the Reign of Fulk Nerra, 987-1040." *AHR* 88(1983), 533-60.

——. "Charles Martel, Mounted Shock Combat, the Stirrup, and Feudalism." *Studies in Medieval and Renaissance History* 7(1970), 47-75.

——. *Fulk Nerra: The Neo-Roman Consul, 987-1040*. Berkeley, 1993.

Baldwin, John W. *The Government of Philip Augustus: Foundations of French Royal Power in the Middle Ages*. Berkeley, 1986.

——. *The Language of Sex: Five Voices from Northern France around 1200*. Chicago, 1994.

——. *Masters, Princes, and Merchants: The Social Views of Peter the Chanter and His Circle*. 2 vols. Princeton, 1970.

Barber, Malcolm. *The New Knighthood: A History of the Order of the Temple*. Cambridge, 1994.

Barthélemy, Dominique. "La mutation féodale a-t-elle eu lieu?" *Annales: Écono- mies, Sociétés, civilisations* 47(1992), 767-77.

——. *L'ordre seigneurial, XIe-XIIe siècle*. Paris, 1990.

——. "Qu'est-ce que le servage, en France, au XIe siècle?" *Revue historique* 582(1992), 233-84(여러 학자들의 견해를 검토하고, 농노제의 성격과 발전을 세심하게 재

평가하고 있는 논문임).

──. *La société dans le comté de Vendôme de l'an mil au XIVe siècle.* Paris, 1993(최근
　　의 프랑스 지역사 논문들 가운데 가장 중요한 저작으로, 방돔 이외의 지역도
　　포괄적으로 다루고 있는 방대한 것으로서, 시사하는 바가 많다).

Bartlett, Robert. *Trial by Fire and Water: The Medieval Judicial Ordeal.* Oxford, 1986.

Bates, David. *Normandy before 1066.* New York, 1982.

Bautier, Robert-Henri. "Les foires de Champagne: Recherches sur une évolution
　　historique." In Robert-Henri Bautier. *Sur l'histoire économique de la France
　　médiévale: La route, le fleuve, la foire.* Aldershot, Eng., 1991.

Bean, J.M.W. *From Lord to Patron: Lordship in Late Medieval England.* Philadelphia, 1989.

Beech, George T. "Les noms de personne poitevins du 9e au 12e siècle." *Revue
　　internationale d'onomastique* 26(1974), 81-100.

──. "Prosopography." In James M. Powell, ed. *Medieval Studies: An Introduction.* 2d ed.
　　Syracuse, 1992(제목이 시사하는 것보다 보다 광범한 문제를 다루고 있는 것으
　　로, 이 논문은 귀족가문들이 어떻게 연구되고 재구성되는가에 대한 훌륭한
　　입문이다. 다양한 참고문헌도 싣고 있다).

Beitscher, Jane K. "'As the Twig Is Bent …': Children and Their Parents in an Aristocratic
　　Society." *Journal of Medieval History* 2(1976), 181-91.

Benton, John F. *Culture, Power, and Personality in Medieval France.* Ed. Thomas N.
　　Bisson. London, 1991(귀족과 기사도의 대가인 벤톤의 사후에 출판된 그의 논
　　문집임. 아쉽게도 그는 자신의 연구들을 종합하기 전에 서거하였다).

Bishop, Jane. "Bishops as Marital Advisors in the Ninth Century." In Julius Kirshner and
　　Suzanne F. Wemple, eds. *Women of the Medieval World: Essays in Honor of
　　John F. Mundy.* Oxford, 1985.

Bisson, Thomas N. "The 'Feudal Revolution.'" *Past and Present* 142(1994), 6-42.

──. "Medieval Lordship." *Speculum* 70(1995), 743-59.

──. "Nobility and Family in Medieval France." *French Historical Studies* 16(1990),
　　597-613(최근 50여 년 동안 중세귀족에 대한 역사가들의 개념이 어떻게 변했
　　는가를 이해하는 데 필수적인 것으로, 기존 견해들을 재검토하고 있는 논문
　　임).

──. ed. *Cultures of Power: Lordship, Status, and Process in Twelfth-Century Europe.*
　　Philadelphia, 1995(중세귀족에 대해 연구하고 있는 미국과 프랑스 학자들의
　　논문들을 싣고 있는 저작임).

Bloch, Marc. *Feudal Society*. Trans. L. A. Manyon. Chicago, 1961(중세귀족에 관한 한 여전히 가장 중요한 저서일 것이다. 그러나 오늘날 그의 결론을 그대로 받아 들이는 학자들을 거의 없을 것이다. 이 저서는 가장 먼저가 아니라 가장 나중 에 읽어야 한다).

――――. *The Royal Touch: Sacred Monarchy and Scrofula in England and France*. Trans. J.E. Anderson. London, 1973.

Bloch, R. Howard. *Medieval Misogyny and the Invention of Western Romantic Love*. Chicago, 1991.

Bonnassie, Pierre. *From Slavery to Feudalism in South-western Europe*. Trans. Jean Birrell. Cambridge, 1991(영향력 있는 역사가인 보나시의 논문집임).

Bosl, Karl. "Freiheit und Unfreiheit: Zur Entwicklung der Unterschichten in Deutschland und Frankreich während des Mittelalters." *Vierteljahrschrift für Sozial-und Wirtschaftsgeschichte* 44(1957), 193-219.

Boswell, John. *The Kindness of Strangers: The Abandonment of Children in Western Europe from Late Antiquity to the Renaissance*. New York, 1988.

――――. *Same-Sex Unions in Premodern Europe*. New York, 1994(서구에서의 결혼에 대한 많은 정보를 포함하고 있는 저서임).

Bouchard, Constance B. "The Bosonids: or, Rising to Power in the Late Carolingian Age." *French Historical Studies* 15(1655), 407-31.

――――. "Community: Society and the Church in Medieval France." *French Historical Studies* 17(1992), 1035-47.

――――. "Consanguinity and Noble Marriages in the Tenth and Eleventh Centuries." *Speculum* 56(1981), 268-87.

――――. "Family Structure and Family Consciousness among the Aristocracy in the Ninth to Eleventh Centuries." *Francia* 14(1986), 639-58.

――――. "The Geographical, Social, and Ecclesiastical Origins of the Bishops of Auxerre and Sens in the Central Middle Ages." *Church History* 46(1977), 277-95.

――――. *Holy Entrepreneurs: Cistercians, Knights, and Economic Exchange in Twelfth-Century Burgundy*. Ithaca, N.Y., 1991.

――――. *Life and Society in the West: Antiquity and the Middle Ages*. San Diego, 1988.

――――. "Merovingian, Carolingian, and Cluniac Monasticism: Reform and Renewal in Burgrndy." *Journal of Ecclesiastical History* 41(1990), 365-88.

――――. "The Migration of Women's Names in the Upper Nobility, Ninth-Twelfth Centuries."

Medieval Prosopography 9/2(1988), 1-19.

——. "The Origins of the French Nobility: A Reassessment." *AHR* 86(1981), 501-32.

——. "Patterns of Women's Names in Royal Lineages, Ninth-Eleventh Centuries." *Medieval Prosopography* 9/1(1988), 1-32.

——. "The Possible Non-existence of Thomas, Author of Tristan and Isolde." *Modern Philology* 79(1981), 66-72.

——. *Spirituality and Administration: The Role of the Bishop in Twelfth- Century Auxerre.* Cambridge, Mass., 1979.

——. "The Structure of a Twelfth-Century French Family: The Lords of Seignelay." *Viator* 10(1979), 39-56.

——. *Sword, Miter, and Cloister: Nobility and the Church in Burgundy, 980-1198.* Ithaca, N.Y., 1987.

Boulton, D'Arcy Jonathan Dacre. *The Knight of the Crown: The Monarchical Orders of Knighthood in Later Medieval Europe, 1325-1520.* Woodbridge, Eng., 1987.

Boureau, Alain. *Le droit de cuissage: La fabrication d'un mythe(XIIe-XXe siècle).* Paris, 1995.

Boussard, Jacques. "Les évêques en Neutrie avant la réforme grégorienne (950-1050 environ)." *Journal des savants,* 1970, pp.161-96.

Bradbury, Jim. *The Medieval Archer.* New York, 1985.

——. *The Medieval Siege.* Woodbridge, Eng., 1992.

Brodman, James W. "What Is a Soul Worth? *Pro Anima* Bequests in the Municipal Legislation of Reconquest Spain." *Medievalia et humanistica* n.s. 20 (1993), 15-23.

Brown, Elizabeth A. R. "The Tyranny of an Construct: Feudalism and Historians of Medieval Europe." *AHR* 79(1974), 1063-88(왜 '봉건제'라는 용어가 폐기되어야 하는 가에 대한 기본적인 논문).

Brundage, James A. *Law, Sex, and Christian Society in Medieval Europe.* Chicago, 1987.

Bull, Marcus. *Knightly Piety and the Lay Response to the First Crusade: The Limousin and Gascony, c. 970-c. 1130.* Oxford, 1993.

Bulst, Niethard. *Untersuchungen zu den Klosterreform Wilhelms von Dijon (962-1036).* Pariser historische Studien 11. Bonn, 1973.

Bumke, Joachim. *The Concept of Knighthood in the Middle Ages.* Trans. W.T.H. Jackson

and Erika Jackson. New York, 1982(사료와 문학작품 모두를 이용하여 기사도
의 기원과 이상을 해석하고 있는 중요한 저서임).

——. *Courtly Culture: Literature and Society in the High Middle Ages.* Trans. Thomas
Dunlap. Berkeley, 1991(거의 백과사전적으로 다양한 분야를 다루고 있으며,
독일에 초점을 맞추고 있다. 1980년 이전에 출판된 주요 저작들을 수록한 광
범한 참고문헌을 제시하고 있다).

Bur. Michel. *La formation du comté de Champagne, v. 950-v. 1150.* Nancy, 1977.

Carozzi, Claude. "Les fondements de la tripartition sociale chez Adalbéron de Laon."
Annales: Économies, sociétés, civilisations 33(1978), 683-702(이 저자는 아달베
롱 저작의 편집자이기도 하다. 아달베롱의 세 위계론을 논하고 있다).

Cherchi, Paolo. *Andreas and the Ambiguity of Courtly Love.* Toronto, 1994(궁정사제 앙
드레가 궁정식 사랑의 옹호자가 결코 아니며 오히려 궁정식 사랑을 비난하기
위해 그의 저작을 썼다고 주장하고 있는 저서다).

Chevalier, Bernard. "Les restitutions d'églises dans le diocèse de Tours du Xe au XIIe
siècles." In *Études de civilisation médiévale(IXe-XIIe siècles): Mélanges offerts
à Edmond-René Labande.* Poitiers, 1974.

Chickering. Howell, and Thomas H. Seiler, eds. *The Study of Chivalry.* Kalamazoo, Mich.,
1988(역사가와 문학 전공자들의 유용한 논문들을 많이 싣고 있는 저서임).

Church, Stephen, and Ruth Harvey, eds. *Medieval Knighthood V: Papers from the Sixth
Strawberry Hill Conference.* Woodbridge, Eng., 1995.

Constable, Giles. "The Structure of Medieval Society according to the Dictatores of the
Twelfth Century." In Kenneth Pennington and Robert Somerville, eds. *Law,
Church, and Society: Essays in Honor of Stephan Kuttner.* Phila- delphia, 1977.

Contamine, Philippe. *War in the Middle Ages.* Trans. Michael Jones. London, 1984 (특히
중세 말 전쟁과 관련된 것들을 철저하고 세심하게 연구하고 있는 저서로서,
광범한 참고문헌들이 수록되어 있다).

——. ed. *La noblesse au moyen âge: Essais à la mémoire de Robert Boutruche.* Paris,
1976.

Cowdrey, H.E.J. "The Peace and Truce of God in the Eleventh Century." *Past and Present*
46(1970), 42-67.

Crook, J.A. *Law and Life of Rome, 90 B.C.-A.D. 212.* Ithaca, N.Y., 1967.

Crouch, David. *The Image of the Aristocracy in Britain, 1000-1300.* London, 1992.

——. *William Marshal: Court Career and Chivalry in the Angevin Empire, 1147-1219.*

London, 1990.

Cummins, John. *The Hound and the Hawk: The Art of Medieval Hunting.* New York, 1988.

De Jong, Mayke. *In Samuel's Image: Child Oblation in the Early Medieval West.* Leiden, 1996.

Delort, Robert, and Dominique Iogna-Prat, eds. *La France de l'an mil.* Paris, 1990.

DeVries, Kelly. *Medieval Military Technology.* Peterborough, Ontario, 1992.

Droit privé et institution régionales: Études historiques offertes à Jean Yver. Paris, 1976.

Duby, Georges. *The Chivalrous Society.* Trans. Cynthia Postan. Berkeley, 1977(뒤비를 중세귀족의 대가로 인정받게 한 논문들을 수록하고 있는 저서임).

———. "The Courtly Model." In Christiane Klapisch-Zuber, ed. *A History of Women in the West: Silences of the Middle Ages.* Cambridge, Mass., 1992.

———. *The Early Growth of the European Economy: Warriors and Peasants from the Seventh to the Twelfth Century.* Trans. Howard B. Clarke. Ithaca, N.Y., 1974.

———. "Guerre et société dans l'Europe féodale." In Vittore Branca, ed. *Concetto, storia, miti, et immagini del medio evo.* Corso internazionale d'alta cultura 14. Venice, 1973.

———. *The Knight, the Lady, and the Priest: The Making of Modern Marriage in Medieval France.* Trans. Barbara Bray. New York, 1983.

———. *Medieval Marriage: Two Models from Twelfth-Century France.* Trans. Elborg Forster. Baltimore, 1978.

———. *Rural Economy and Country Life in the Medieval West.* Trans. Cynthia Postan. Columbia, S.C., 1968(여전히 중세 농촌 경제의 최고 입문서이다).

———. *La société aux XIe et XIIe siècles dans la région mâconnaise.* 2d ed. Paris, 1971(원래 1953년에 출판된 이 책은 그 이후 모든 지역사 연구들을 고무하였으며, 중세 프랑스의 전체적인 모습을 이전과는 달리 보도록 한 저서다).

———. *The Three Orders: Feudal Society Imagined.* Trans. Arthur Goldhammer. Chicago, 1980(11, 12세기 사회 이론에 대한 장황하지만 읽어볼 가치가 있는 저서다).

———. *William Marshal: The Flower of Chivalry.* Trans. Richard Howard. New York, 1982.

Duby, Georges, and Jacques Le Goff, eds. *Famille et parenté dans l'Occident médiéval.* Rome, 1977(프랑스·독일·이탈리아의 중견 중세사가들이 참가한 1974년 콜로키움에서 발표된 논문들을 번역하여 수록한 저서임).

Dulac, Liliane. "Peut-on comprendre les relations entre Erec et Enide?" *Le moyen âge*

100(1994), 37-50.

Dunbabin, Jean. *France in the Making, 843-1180*. Oxford, 1985.

―――. "What's in a Name? Philip, King of France." *Speculum* 68(1993), 949-68.

Elkins, Sharon K. *Holy Women of Twelfth-Century England*. Chapel Hill, N.C., 1988.

Evergates, Theodore. *Feudal Society in the Bailliage of Troyes under the Counts of Champagne, 1152-1284*. Baltimore, 1975(샹파뉴 지방의 사료를 세밀하게 분석한 것을 바탕으로 하여 기사신분과 농민을 연구한 저서임).

Farmer, Sharon. *Communities of Saint Martin: Legend and Ritual in Medieval Tours*. Ithaca, N.Y., 1991.

Ferrante, Joan M. *The Conflict of Love and Honor: The Medieval Tristan Legend in France, Germany, and Italy*. The Hague, 1973.

Fichtenau, Heinrich. *Living in the Tenth Century: Mentalities and Social Orders*. Trans. Patrick J. Geary. Chicago, 1991.

Fleckenstein, Josef, ed. *Das ritterliche Turnier im Mittelalter*. Göttingen, 1985.

Fleming, Robin. *Kings and Lords in Conquest England*. Cambridge, 1991.

Flori, Jean. "Amour et société aristocratique au XIIe siècle: L'exemple des lais de Marie de France." *Le moyen âge* 98(1992), 17-34.

―――. "Chevalerie, noblesse et lutte de classes au moyen âge." *Le moyen âge* 94(1988), 258-71.

―――. *L'essor de la chevalerie, XIe-XIIe siècles*. Geneva, 1986('기사도'는 12세기 말에야 발전된 것이라는 "La notion de chevalerie"라는 논문에서 처음 제시된 개념을 확장하여 서술한 저서임. 주로 연대기와 중세저작들을 주요 사료로 사용하고 있고, 문학작품은 다루지 않고 있다).

―――. *L'idéologie du glaive: Préhistoire de la chevalerie*. Geneva, 1983.

―――. "La notion de chevalerie dans les chansons de geste du XIIe siècle: Étude historique de vocabulaire." *Le moyen âge* 81(1975), 211-44, 407-45(언어학을 바탕으로 하여 12세기에 세속어로 씌어진 서사시들에서 '기사도'는 기마 전투를 의미하고 있지 행동규범을 의미하는 것이 아니라는 점을 처음 입증한 고전적 연구임).

―――. "Les origines de l'adoubement chevaleresque: Étude des remises d'armes et du vocabulaire qui les exprime dans les sources historiques latines jusqu'au début du XIIIe siècle." *Traditio* 35(1979), 209-72.

Fossier, Robert. *Peasant Life in the Medieval West.* Trans. Juliet Vale. New York, 1988.

Fournier, Gabriel. *Le château dans la France médiévale: Essai de sociologie monumentale.* Paris, 1978(이 저서는 고고학은 물론 문헌자료를 바탕으로 하고 있으며, 성과 관련된 광범한 일차 자료들(프랑스어로 번역된)을 부록으로 싣고 있다).

Freed, John B. "The Formation of the Salzburg Ministerialage in the Tenth and Eleventh Centuries: An Example of Upward Social Mobility in the Central Middle Age." *Viator* 9(1978), 67-102.

──. *Noble Bondsmen: Ministerial Marriages in the Archdiocese of Salzburg, 1100-1343.* Ithaca, N.Y., 1995.

──. "Reflection on the German Nobility." *AHR* 91(1986), 553-75.

Freedman, Paul. "Cowardice, Heroism, and the Legendary Origins of Catalonia." *Past and Present* 121(1988), 3-28.

──. *The Origins of Peasant Servitude in Medieval Catalonia.* Cambridge, 1991.

──. "Sainteté et sauvagerie: Deux images du paysan au moyen âge." *Annales: Économies, sociétés, civilisations* 47(1992), 539-60.

Ganshof, F.L. *Feudalism.* Trans. Philip Grierson. Rev. ed. New York, 1964.

Geary, Patrick J. *Aristocracy in Provence: The Rhône Basin at the Dawn of the Carolingian Age.* Philadelphia, 1985(8세기 아봉의 유언을 편집하고 번역하여 싣고 있다).

──. *Before France and Germany: The Creation and Transformation of the Merovingian World.* Oxford, 1988.

──. *Living with the Dead in the Middle Ages.* Ithaca, N.Y., 1994.

──. *Phantoms of Remembrance: Memory and Oblivion at the End of the First Millenium.* Princeton, 1994.

Genicot, Léopold. *Études sur les principautés lotharingiennes.* Louvain, 1975.

──. *Les généalogies.* Typologie des sources du moyen âge occidental 15. Turnhout, 1975.

──. "La noblesse médiévale: Enocore!" *Revue d'histoire ecclésiastique* 88(1993), 173-201.

──. "La noblesse médiévale: Pans de lumiére et zones obscures." *Tijdschrift voor Geschiedenis* 93(1980), 341-56(이 논문과 앞의 논문은 각각 1970년대와 1980년대의 중세귀족에 대한 연구들을 검토하고 있는 것이다).

──. *Rural Communities in the Medieval West.* Baltimore, 1990.

Gies. Joseph, and Frances Gies. *Life in a Medieval Castle.* New York, 1979(일반 독자들을 대상으로 서술된 저서지만 1차 사료를 바탕으로 하고 있다. 주로 12·13세기 영국을 대상으로 하고 있다).

Gimpel, Jean. *The Medieval Machine: The Industrial Revolution of the Middle Ages.* New York, 1976.

Girouard, Mark. *Life in the English Country House.* New Haven, 1978(중세 말부터 19세기까지 상류층의 생활을 다루고 있는 저서다).

Goetz, Hans-Werner. "Serfdom and the Beginnings of a 'Seigneurial System' in the Carolingian Period: A Survey of the Evidence." *Early Medieval Europe* 2(1993), 29-51(농노·노예·세르부스의 지위를 신중하게 재평가하고 있는 저서임).

Gold, Penny Schine. *The Lady and the Virgin: Image, Attitude, and Experience in Twelfth-Century France.* Chicago, 1985(기사들의 세계에서 여성역할의 변화에 대한 중요한 저서임).

Goody, Jack. *The Development of the Family and Marriage in Europe.* Cambridge, 1983.

Grundmann, Herbert. *Religious Movements in the Middle Ages.* Trans. Steven Rowan. Notre Dame, 1995(1935년에 처음 출판되었다. 여전히 이 저서는 중세 전성기의 이단·종교적 청빈의 성격에 대한 가장 영향력있는 저서다).

Guerreau-Jalabert, Anita. "Sur les structures de parenté dans l'Europe médiévale." *Annales: Économies, sociétés. civilisations* 36(1981), 1028-49.

Guillot, Olivier, *Le comte d'Anjou et son entourage au XIe siècle.* Paris, 1972.

Hajdu, Robert. "Castles, Castellans, and the Structure of Politics in Poitou, 1152-1271." *Journal of Medieval History* 4(1978), 27-53.

Hallam, Elizabeth M. *Capetian France, 987-1328.* London, 1980.

Hallinger, Kassius. *Gorze-Kluny: Studien zu den monastischen Levensformen und Gegensätzen im Hochmittelalter.* Studia Anselmiana. Rome, 1950(10·11세기에 수도원 개혁의 중심지가 여러 곳 있었다는 점을 명확하게 입증한 최초의 저서임).

Harper-Bill, Christopher, and Ruth Harvey, eds. *The Ideals and Practice of Medieval Knighthood: Papers from the First and Second Strawberry Hill Conferences.* Woodbridge, Eng., 1986(이 시리즈의 저서들은 역사가와 문학 연구가들의 전문성을 통합한 학술적 논문들을 싣고 있다).

——. eds. *The Ideals and Practice of Medieval Knighthood II: Papers from the Third Strawberry Hill Conference.* Woodbridge, Eng., 1988.

———, eds. *The Ideals and Practice of Medieval Knighthood III: Papers from the Fourth Strawberry Hill Conference.* Woodbridge, Eng., 1990.

———, eds. *Medieval Knighthood IV: Papers from the Fifth Strawberry Hill Conference.* Woodbridge, Eng., 1992.

Head, Thoma. *Hagiography and the Cult of Saints: The Diocese of Orléans, 800- 1200.* Cambridge, 1990.

Head, Thomas, and Richard Landes, eds. *The Peace of God: Social Violence and Religious Response in France around the Year 1000.* Ithaca, N.Y., 1992.

Heinzelmann, Martin. "La noblesse du haut moyen âge(VIIIe-XIe siècle)." *Le moyen âge* 83(1977), 131-44.

Herlihy, David. *Medieval Households.* Cambridge, Mass., 1985.

———. "The Medieval Marriage Market." *Medieval and Renaissance Studies* 6 (1974), 3-27.

Hilton, R.H. *English and French Towns in Feudal Society: A Comparative Study.* Cambridge, 1992.

Holdsworth, Christopher J. "Christina of Markyate." In *Medieval Women.* Ed. Derek Baker. Oxford, 1978.

Howe, John. "The Nobility's Reform of the Medieval Church." *AHR* 92(1988), 317-39.

Hunt, Tony. "The Emergence of the Knight in France and England, 1000-1200." *Forum for Modern Language Studies* 17(1981), 93-114(기사신분의 성격에 대한 역사가들의 관점이 어떻게 변했는가를 세심하고 유익하게 요약하고 있는 논문임).

Hurtig, Judith W. *The Armored Gisant before 1400.* New York, 1979.

Hyams, Paul R. *Kings, Lords, and Peasants in Medieval England: The Common Law of Villeinage in the Twelfth and Thirteenth Centuries.* Oxford, 1980.

Jackman, Donald C. *The Konradiner: A Study in Genealogical Methodology.* Frankfurt am Main, 1990.

Jaeger, C. Stephen. *The Envy of Angels: Cathedral Schools and Social Ideals in Medieval Europe, 950-1200.* Philadelphia, 1994.

———. *The Origins of Courtliness: Civilizing Trends and the Formation of Courtly Ideals, 939-1210.* Philadelphia, 1985.

Johnson, Penelope D. *Equal in Monastic Profession: Religious Women in Medieval France.* Chicago, 1991.

———. *Prayer, Patronage, and Power: The Abbey of la Trinité, Vendôme, 1032-1187.* New

York, 1981.

Jordan, William Chester. *From Servitude to Freedom:* Manumission in the Sénonais in the Thirteenth Century. Philadelphia, 1986.

Kaminsky, Howard. "Estate, Nobility, and the Exhibition of Estate in the Later Middle Ages." *Speculum* 68(1993), 684-709.

Katsura, Hideyuki. "Serments, hommages, et fiefs dans la seigneurie des Guilhem de Montpellier(fin XIe-début XIIIe siècle)." *Annales du Midi* 104(1992), 141-61.

Kay, Sarah. *The "Chansons de geste" in the Age of Romance: Political Fiction.* Oxford, 1995.

Keen, Maurice. *Chivalry.* New Haven, 1984.

Kelly, Douglas. *The Art of Medieval French Romance.* Madison, Wis., 1992.

———. "Courtly Love in Perspective: The Hierarchy of Love in Andreas Capellanus." *Traditio* 24(1968), 119-47.

Konecny, Sylvia. *Die Frauen des karolingeschen Köngishauses.* Vienna, 1976.

Koziol, Geoffrey. *Begging Pardon and Favor: Ritual and Political Order in Early Medieval France.* Ithaca, N.Y., 1992.

Lahaye-Geusen, Maria. Das Opfer der Kinder: *Ein Beitrag zur Liturgie-und Sozialgeschichte des Mönchtums im Hohen Mittelalter.* Altenberge, 1991.

Landes, Richard. *Relics, Apocalypse, and the Deceits of History: Ademar of Chabannes, 989-1034.* Cambridge, Mass., 1995.

Le Jan, Régine. *Famille et pouvoir dans le monde franc(VIIe-Xe siècle): Essai d'anthropologie sociale.* Paris, 1995(중세초기 귀족가문의 구조에 관한 가장 중요한 최근 연구다).

Le Jan-Hennebique, Régine. "Domnus, illuster, nobilis: Les mutations du pouvoir au Xe siècle." In Michel Sot, ed. *Haut moyen-âge: Culture, éducation, et société: Études offertes à Pierre Riché.* Paris, 1990.

Lekai, Louis J. *The Cistercians: Ideals and Reality.* Kent, Ohio, 1977.

Lemarignier, Jean-François. *Le gouvernement royal aux premiers temps capétiens (987-1108).* Paris, 1965.

———. "Political and Monastic Structures in France at the End of the Tenth and Beginning of the Eleventh Century." In Fredric L. Cheyette, ed. and trans. *Lordship and Community in Medieval Europe.* New York, 1968(이 논문은 원래 1957년에 발

표된 것인데, 11세기 프랑스에서의 통치와 수도원에 대한 학자들의 관점에
상당한 영향을 미쳤다).

Lewis, Andrew W. *Royal Succession in Capetian France: Studies on Familial Order and the State.* Cambridge, Mass., 1981.

Lewis, C.S. *The Allegory of Love: A Study in Medieval Tradition.* Oxford, 1936.

Leyser, K. "The German Aristocracy from the Ninth to the Early Twelfth Century: A Historical and Cultural Sketch." *Past and Present* 41(1968), 25-53.

Little, Lester K. *Benedictine Maledictions: Liturgical Cursing in Romanesque France.* Ithaca, N.Y., 1993.

Livingstone, Amy. "Kith and Kin: Kinship and Family Structure of the Nobility of Eleventh- and Twelfth-Century Blois-Chartres." *French Historical Studies* 20(1997), 419-58.

Lynch, Joseph H. *Godparents and Kinship in Early Medieval Europe.* Princeton, 1986.

———. *Simoniacal Entry into Religious Life from 1000 to 1260.* Columbus, Ohio, 1976(중세 전성기에 출가자들이 수도원에 들어갈 때 가져가는 기증에 대한 철저한 연구 다).

Magnou-Nortier, Elisabeth. *La société laïque et l'église dans la province ecclésiastique de Narbonne(zone cispyrénéenne) de la fin du VIIIe à la fin du XIe siècle.* Toulouse, 1974(뒤비에 의해 고무된 프랑스 지역사 연구들 가운데 가장 중요한 것이다.)

Martindale, Jane. "The French Aristocracy in the Early Middle Ages: A Reappraisal." *Past and Present* 75(1977), 5-45(귀족의 주요 특징들을 이해하는 데 중요한 논문이다).

Il matrimonio nella società altomedievale. Settimane di studio del Centro italiano di studi sull'alto medioevo 24. Spoleto, 1977(귀족의 결혼유형들에 대한 중요한 논문들을 수록하고 있다).

McKee, Sally. "Households in Fourteenth-Century Venetian Crete." *Speculum* 70 (1995), 27-67.

McLaughlin, Megan. *Consorting with Saints: Prayer for the Dead in Early Medieval France.* Ithaca, N.Y., 1994.

McNamara, Jo Ann, and Suzanne Wemple. "The Power of Women through the Family in Medieval Europe, 500-1100." In Mary Erler and Maryanne Kowaleski, eds. *Women and Power in the Middle Ages.* Athens, Ga., 1988.

Miller, Maureen C. *The Formation of a Medieval Church: Ecclesiastical Change in Verona, 950-1150.* Ithaca, N.Y., 1993.

Miyamatsu, H. "Les premiers bourgeois d'Angers aux XIe et XIIe siècles." *Annales de Bretagne* 97(1990), 1-14.

Moi, Toril. "Desire in Language: Andreas Capellanus and the Controversy of Courtly Love." In David Aers, ed. *Medieval Literature: Criticism, Ideology, and History.* New York, 1986.

Monson, Don A. "Andreas Capellanus and the Problem of Irony." *Speculum* 63 (1988), 539-72.

――――. "The Troubadour's Lady Reconsidered Again." *Speculum* 70(1995), 255-74.

Mullally, Evelyn. *The Artist at Work: Narrative Technique in Chrétien de Troyes.* Transaction of the America Philosophical Society 78/4. Philadelphia, 1988.

Murray, Alexander. *Reason and Society in the Middle Ages.* Oxford, 1978(귀족과 개혁 수도원 사이의 관계를 본격적으로 다룬 최초의 영어저작들 가운데 하나다).

Nelson, Janet L. *Charles the Bald.* London, 1992.

Newman, Charlotte A. *The Anglo-Norman Nobility in the Reign of Henry I: The Second Generation.* Philadelphia, 1988.

Newman, Martha G. *The Boundaries of Charity: Cistercian Culture and Ecclesia- stical Reform, 1098-1180.* Stanford, 1996.

Nichols, Stephen G., Jr. *Romanesque Signs: Early Medieval Narrative and Icono- graphy.* New Haven, 1983.

Painter, Sidney. *French Chivalry.* Baltimore, 1940.

Parisse, Michel. "La noblesse Lorraine, XIe-XIIe s." Diss., Université de Nancy II, 1975.

Paterson, Linda. "Knights and the Concept of Knighthood in the Twelfth-Century Occitan Epic." *Forum for Modern Language Studies* 17(1981), 115-30.

――――. *The World of the Troubadours: Medieval Occitan Society, c. 1100-c. 1300.* Cambridge, 1993.

Perroy, Edouard. "Les châteaux du Roannais du XIe au XIIIe siècle." *Cahiers de civilisation médiévale* 9(1966), 13-27.

Poly, Jean-Pierre, and Eric Bournazel. *The Feudal Transformation, 900-1200.* Trans. Caroline Higgitt. New York. 1991(원래의 프랑스어 판은 1980년에 출판되었다. 이 저서는 이전세대 프랑스 학자들의 연구들을 종합하고 있다).

Pounds. N.J. G. *An Economic History of Medieval Europe.* New York, 1974.

――――. *The Medieval Castle in England and Wales: A Social and Political History.*

Cambridge, 1990.

Quinn, Patricai A. *Better Than the Sons of Kings: Boys and Monks in the Early Middle Ages.* New York, 1989.

Reuter, Timothy, ed. and trans. *The Medieval Nobility: Studies on the Ruling Classes of France and Germany from the Sixth to the Twelfth Century.* Amsterdam, 1978(1960년대와 1970년대에 귀족의 개념을 재정립한 많은 유럽 학자들의 논문들을 번역하여 싣고 있다).

Reynolds, Susan. *Fiefs and Vassals: The Medieval Evidence Reinterpreted.* Oxford, 1994(봉토 보유의 성격과 역할을 재검토하고 있는 저서로서, 중세 전성기에 봉토는 이전에 생각했던 것보다 덜 중요했던 제도라고 논리정연하게 주장하고 있다).

――――. *Kingdoms and Communities in Western Europe, 900-1300.* Oxford, 1984('봉건제'라는 용어에 의존하지 않고, 왕에서 농민에 이르기까지 중세사회의 이론 틀을 창출하려고 노력하고 있는 저서로서, 일정한 성공을 거두고 있다).

Rivers, Theodore John. "The Manorial System in the Light of 'Lex Baiuvariorum' I, 13." *Frühmittelalterliche Studien* 25(1991), 89-95.

Robertson D.W. Jr. "The Concept of Courtly Live as an Impediment to the Unders- tanding of Medieval Texts." In F. X. Newman, ed. *The Meaning of Courtly Love.* Albany, 1968(이미 30여 년 전에 "궁정식 사랑"이라는 용어가 잘못된 것임을 주장한 논문인데, 이런 주장은 현재도 유효하다).

Rogers, R. *Latin Siege Warfare in the Twelfth Century.* Oxford, 1992.

Rösener, Werner. *Peasants in the Middle Ages.* Trans. Alexander Stützer. Cambridge, 1992.

Rosenwein, Barbara H. *Rhinoceros Bound: Cluny in the Tenth Century.* Philadelphia, 1982(이 저서와 그의 또 다른 저서인 *To Be the Neighbor of Saint Peter: The Social Meaning of Cluny's Property, 909-1049*는 초기 수도원 시대의 클뤼니에 다시 초점을 맞추고 있다).

――――. "St. Odo's St. Martin: The Uses of a Model." *Journal of Medieval History* 4(1978), 316-31.

――――. *To Be the Neighbor of Saint Peter: The Social Meaning of Cluny's Property, 909-1049.* Ithaca, N.Y., 1989.

Rosenwein, Barbara H., Thomas Head, and Sharon Farmer. "Monks and Their Ene- mies: A Comparative Approach." *Speculum* 66(1991), 764-96.

Scaglione, Aldo. *Knights at Court: Courtliness, Chivalry, and Courtesy from Ottonian Germany to the Italian Renaissance.* Berkeley, 1991.

Scammell, Jean. "The Formation of the English Social Structure: Freedom, Knights, and Gentry, 1066-1300." *Speculum* 68(1993), 591-618.

Schmid, Karl. "Zur Problematik von Familie, Sippe und Geschlecht, Haus und Dynastie beim mittelalterlichen Adel." *Zeitschrift für die Geschichte des Oberrheins* 105(1957), 1-62.

Schmid, Karl, and Joachim Wollasch. "Die Gemeinschaft der Lebenden und Verstor- benen in Zeugnissen des Mittelalters." *Frühmittelalterliche Studien* 1(1967), 365-405.

Schnell, Rüdiger. *Andreas Capellanus: Zur Rezeptions des römischen und kanonischen Rechts in "De Amore."* Munich, 1982.

Southern, R.W. *The Making of the Middle Ages.* New Haven, 1953.

Spiegel, Gabrielle M. *Romancing the Past: The Rise of Vernacular Prose Historio- graphy in Thirteenth-Century France.* Berkeley, 1993.

Ste. Croix, G.E.M. de. *The Class Struggle in the Ancient Greek World from the Archaic Age to the Arab Conquests.* Ithaca, N.Y., 1981.

Stephenson, Carl. *Feudalism.* Ithaca, N.Y., 1942.

Störmer, Wilhelm. *Früher Adel: Studien zur Politischen Führungsschicht im Fränkisch- Deutschen Reich vom 8. bis 11. Jahrhundert.* Stuttgart, 1973.

Strickland, Matthew. *War and Chivalry: The Conduct and Perception of War in England and Normandy, 1066-1217.* Cambridge, 1996.

Structures féodales et féodalisme dans l'occident méditerranéen(Xe-XIIIe siècles). Paris, 1980(중세귀족을 전공하는 주요 유럽 학자들 다수가 참가한 콜로키움에서 발표된 논문들을 싣고 있다).

Les structures sociales de l'Aquitaine, du Languedoc, et de l'Espagne au premier âge féodal. Paris, 1969(특히 남프랑스에 초점을 맞추고 있지만, 이 콜로키움에서 발표된 논문들은 광범한 분야에 대해 여러 가지 중요한 점들을 시사하고 있다).

Tabacco, Giovanni. "Su nobilità e cavalleria nel medioevo: Un ritorno a Marc Bloch?" *Rivista storica italiana* 91(1979), 5-25(기사신분과 귀족에 대한 1970년대의 연구들을 요약하고 있다).

Tabuteau, Emily Zack. *Transfers of Property in Eleventh-Century Norman Law.* Chapel Hill, N.C., 1988.

Tellenbach, Gerd. "Zur Erforschung des hochmittelalterlichen Adels(9.-12. Jahrhundert)." In Comité internationale des sciences historiques. *XIIe Congrès international des sciences historiques.* Vol. 1. Rapports, Grands thèmes. Vienna, 1965.

Thomas, Heinz. "Zur Kritik an der Ehe Heinrichs III. mit Agnes von Poitou." In Kurt-Ulrich Jäschke and Reingard Wenskus, eds. *Festschrift für Helmut Beumann zum 65. Geburtstag.* Sigmaringen, 1977.

Thompson, M.W. *The Rise of the Castle.* Cambridge, 1991.

Thompson, Sally. *The Founding of English Nunneries after the Norman Conquest.* Oxfrod, 1991.

Turner, Ralph V. "The Problem of Survival for the Angevin 'Empire': Henry II's and His Sons' Vision versus Late Twelfth-Century Realities." *AHR* 100 (1995), 78-96.

Van Engen, John. "The Christian Middle Ages as an Historiographical Problem." *AHR* 91(1986), 519-52.

———. "The 'Crisis of Cenobitism' Reconsidered: Benedictine Monasticism in the Years 1050-1150." *Speculum* 61(1986), 269-304.

Vauchez, André. "Lay People's Sanctity in Western Europe: Evolution of a Pattern(Twelfth and Thirteenth Centuries)." In Renate Blumenfeld- Kosinski and Timea Szell, eds. *Images of Sainthood in Medieval Europe.* Ithaca, N.Y., 1991.

———. *The Spirituality of the Medieval West: The Eighth to the Twelfth Century.* Trans. Colette Friedlander. Kalamazoo, Mich., 1993.

Venarde, Bruce L. *Women's Monasticism and Medieval Society: Nunneries in France and England, 890-1215.* Ithaca, N.Y., 1997.

Verdon, Jean. "Les moniales dans la France de l'ouest aux XIe et XIIe siècles: Étude d'histoire sociale." *Cahiers de civilisation médiévale* 19(1976), 247-64.

Warlop, E. *The Flemish Nobility before 1300.* 4 vols. Trans. J.B. Ross. Kortrijk, Belgium, 1975-76.

Weingerger, Stephen. "Cours judiciaires, justice, et responsabilité sociale dans la Provence médiévale, IXe-XIe siècle." *Revue historique* 542 (1982), 273-88.

———. "The Ennoblement of the Aristocracy in Medieval Provence." *Medievalia et humanistica* n.s. 20(1993), 1-14.

Wemple, Suzanne Fonay. *Women in Frankish Society: Marriage and the Cloister, 500 to 900.* Philadelphia, 1981.

Wenskus, Reinhard. *Sächsischer Stammesadel und fränkischer Reichsadel.* Abhand- lungen der Akademie der Wissenschaften, philogisch-historische Klasse 3, 93. Göttingen, 1976.

Werner, Karl Ferdinand. "Missus-Marchio-Comes: Entre l'administration centrale et l'administration locale de l'Empire carolingien." In Werner Paravicini and Karl Ferdinand Werner, eds. *Histoire comparée de l'administration (IVe-XVIIIe siècles)*. Munich, 1980.

——. "Die Nachkommen Karls des Grßen bis um das Jahr 1000(1.-8. Generation)." In Wolfgang Braunfels, ed. *Karl der Grosse, Lebenswerk und Nachleben*. Vol. 4. Dusseldorf, 1967(8세대에 걸친 샤를마뉴 자손들을 다루고 있는 논문으로, 상세하며 사료도 잘 뒷받침되고 있다).

——. "Untersuchungen zur Frühzeit des französischen Fürstentums(9.-10. Jahrhundert)." *Die Welt als Geschichte* 18(1958), 259-89; 19(1959), 146-93; 20(1960), 87-119(베르너의 모든 연구들을 고무한 주제들을 가장 명확하게 언급하고 있는 논문이다).

——. *Vom Frankenreich zur Entfaltung Deutschlands und Frankreichs*. Sigmaringen, 1984(베르너의 주요논문들 일부를 수록한 논문집이다).

White, Stephen D. *Custom, Kinship, and Gifts to Saints: The "Laudatio Parentum" in Western France, 1050-1150*. Chapel Hill, N.C., 1988(교회와 세속사회의 관계에 대한 여러 논쟁을 재검토하고 있는 사려 깊은 저서다).

——. "Feuding and Peace-Making in the Touraine around the Year 1100." *Traditio* 42(1986), 195-263.

——. "'Pactum ··· Legem Vincit et Amor Judicium': The Settlement of Disputes by Compromise in Eleventh-Century Western France." *American Journal of Legal History* 22(1978), 281-308.

Wickham, Chris. "The Other Transition: From the Ancient World to Feudalism." *Past and Present* 103(1984), 3-36.

Witt, Ronald G. "The Landlord and the Economic Revival of the Middle Ages in Northern Europe, 1000-1250." *AHR* 76(1971), 965-88.

Wollasch, Joachim. *Mönchtum des Mittelalters zwischen Kirche und Welt*. Munich, 1973.

——. "Parenté noble et monachisme réformateur: Observations sur les 'conver- sions' à la vie monastique aux XIe et XIIe siècles." *Revue historique* 535(1980), 3-24.

미 주

서 문

1) "The Coronation of Louis" 1, in *Guillaume d'Orange*, p.63.

2) Elizabeth B. Keiser and Bonnie Wheeler, "Teaching Chivalry: From Footnote to Foreground" in Howell Chickering and Thomas H. Seiler, eds., *The Study of Chivalry*, p.128.

제1장 귀족과 기사

1) Theodore Evergates, *Feudal Society in the Bailliage of Troyes under the Counts of Champagne*, pp.144~147. Martin Heinzelmann, "La noblesse du haut moyen âge." Gerd Tellenbach, "Zur Erforschung des hochmittelalterlichen Adels", pp.320~324. Léopold Genicot, "La noblesse médiévlaes: Pans de lumière et zones obscures." T.N. Bisson, "Nobility and Family in Medieval France."

2) Régine Le Jan-Hennebique, *"Domnus, illuster, nobilis"*, pp.439~448. Stephen Weinberger, "The Ennoblement of the Aristocracy in Medieval Provence." Theodore Evergates, "Nobles and Knights in Twelfth-Century France" in Thomas N. Bisson, ed., *Cultures of Power*, pp.11~17. Dominique Barthélemy, *La société dans le comté de Vendôme*, pp.508~509.

3) George Beech, "Prosopography", pp.206~207.

4) Jochim Bumke, *The Concept of knighthood in the Middle Ages*, pp.116~119. Johanna Maria van Winter, "The Knightly Aristocracy of the Middle Ages as a 'Social Class'" in T. Reuter(ed. and trans.), *The Medieval Nobility*, pp.313~329.

5) Jane Martindale, "The French Aristocracy in the Early Middle Ages." Régine Le Jan, *Famille et pouvoir dans le monde franc*, pp.9~12. Wilhelm Stömer, *Früher Adel*, pp.13~28. E. Warlop, *The Flemish Nobility before 1300*, 1:40, 101, 332. Stuart Airlie, "Bonds of Power and Bonds of Asso- ciation in the Court Circle of Louis the Pious", pp.191~204.

6) Karl Ferdinand Werner, "Adel: Fränkisches Reich, Imperium, Frankreich" in *Vom*

Frankenreich zur Entfaltung Deutschlands und Frankreichs, p.12. Léopld Genicot, "Recent Research on the Medieval Nobility" in Reuter, *The Medieval Nobility*, pp.23~24.

7) 12세기 프랑스의 소설 *Perceval*과 13세기 초에 쓰여진 독일의 *Parzival*에서, 퍼시벌은 그의 혈통덕택에 천박한 성장과정을 쉽게 극복할 수 있었다. Chrétien de Troyes, "The Story of the Grail(Perceval)" in *Arthurian Romances*, pp.399~402. Wolfram von Eschenbach, *Parzival*, pp.95~98. *The Quest of the Holy Grail*, p.47.

8) Adalbero, "Carmen ad Rotbertum regum", lines 23-25, p.2. *Lancelot* 1. 15, p.46.

9) Georges Duby, "French Genealogical Literature: The Eleventh and Twelfth Centuries" in *The Chivalrous Society*, pp.149~157. Fernand Vercauteren, "A Kindred in France in the Eleventh and Twelfth Centuries" in Reuter, *The Medieval Nobility*, pp.87~103. Léopold Genicot, Les généalogies. Idem, "Princes territoriaux et sang carolingien: La *Genealogia Comitum Bulon- iensium*" in *Études sur les principautés lotharingiennes*, pp.217~306.

10) Adalbero, "Carmen", line 22, p.2. Genicot, "La noblesse médiévale", p.343도 참조할 것.

11) 샤를마뉴의 자손들에 대한 최종연구는 Karl Ferdinand Werner, "Die Nach- kommen Karls der GroBen bis um das Jahr 1000", pp.403~482이다. 11세기에 카롤링 조상들의 중요성에 대해서는 Heinz Thomas, "Zur Kritik an der Ehe Heinrichs III. mit Agnes von Poitou", pp.224~235도 참조할 것.

12) Karl Ferdinand Werner, "Untersuchungen zur Frühzeit des französischen Fürstentums."

13) Paul Freedman, "Cowardice, Heroism, and the Legendary Origins of Catalonia", pp.14~19. 전반적인 사항에 대해서는 Éric Bournazel, "Mémoire et parenté" in Robert Delort and Dominique Iogna-Prat, eds., *La France de l'an mil*, pp.114~124를 참조할 것.

14) Constance B. Bouchard, "The origins of the French Nobility", Idem, "Con- sanguinity and Noble Marriage in the Tenth and Eleventh Centuries." 중세후기 귀족들은 오랜 가계도를 가진 자들만이 진정한 귀족이라는 사실을 입증하는 방법을 찾으면서도 새로운 성원들을 끊임없이 받아들였다. Howard Kaminsky, "Estate, Nobility, and the Exhibition of Estates in the Later Middle Ages", pp.695~698을 참조할 것.

15) 예를 들어 아봉(Abbon)의 유언장을 보면, 그가 739년에 노발레사(Novalesa) 수도원에 상당한 재산을 남겼으며, 그리고 비데라우스(Wideradus)의 유언장을 보면, 717년에 그가 많은 재산을 기증하여 플라비뉴이(Flavigny) 수도원을 건립하도록 했음을 알 수가 있다. Patrick J. Geary, *Aristocracy in Provence*, pp.38~79; *The Cartulary of Flavigny*, pp.19~28, no.1.

16) Maride de France, *Lais* 3, p.62.

17) Karl Ferdinand Werner, "Missus-Marchio-Comes", pp.191~239.

18) Jean Dunbabin, *France in the Making*, pp.44~58, 226~232.

19) Patrick J. Geary, *Before France and Germany*, pp.88~95, 158~162.

20) Jean-Pierre Poly, *La Provence et la société féodale*, pp.41~43.

21) Raul Glaber, *Historia* 2·3·4, p.59. 다음 저작들도 참조할 것: Karl Fer- dinand Werner, "La genèse des duchés en France et en Allemagne" in *Vom Frankenreich zur Entfaltung Deutschlands und Frankreichs*, pp.278~310; idem, "Kingdom and Principality in Twelfth-Century France" in Reuter, *The Medieval Nobility*, pp.243~290; Benjamin Arnold, *Princes and Territories in Medieval Germany*, pp.88~95.

22) Karl Ferdinand Werner, "Quelques observations au sujet des débuts du 'duché' de Normandie" in *Droit privé et institutions régionales*, pp.691~709.

23) Janet L. Nelson, *Charles the Bald*, pp.248~249.

24) Tellenbach, "Zur Erforschung des hochmittelaltrerlichen Adels", p.331. Jean Pierre Poly and Eric Bournazel, *The Feudal Transformation*, pp.18~25.

25) Bisson, "Nobility and Family", pp.600~601. 10세기 말 백작권력의 분할은 조르주 뒤비(Georges Duby)의 저서인 *La société aux XIe et XIIe siècles dans la région mâconnaise*, pp.137~141에서 처음 제시되었다. 그 이후, 전부는 아니지만 많은 다른 지역에서도 이런 사실이 확인되었다. 앙주백작을 비롯한 일부 백작들은 오히려 이 시기에 그들의 권력을 강화시키기도 했다. Bernard S. Bachrach, *Fulk Nerra*를 참조할 것.

26) Patrick J. Geary, *Living with the Dead in the Middle Ages*, pp.125~160.

27) Jim Bradbury, "Geoffrey V of Anjou, Count and Knight" in Christopher Harper-Bill and Ruth Harvey, eds. *The Ideals and Practice of Medieval Knighthood* III, p.30.

28) Philippe Contamine, *War in the Middle Ages*, p.17.

29) 이것은 마르크 블로크의 견해다: Marc Bloch, *Feudal Society*, pp.293~355.

30) Evergates, *Feudal Society*, pp.113~127. Warlop, *The Flemish Nobility*, 1: 11-17. Bumke, *The Concept of Knighthood*, pp.22~45. Georges Duby, "La diffusion du titre chevaleresque sur le versant méditerranéen de la Chrétienté latine" in Philippe Contamine, ed. *La noblesse au moyen âge*, pp.39~70. Jean Flori, "Chevalerie, noblesse et lutte de classes au moyen âge." Jean Scammell, "The Formation of the English Social Structure." Léopold Genicot, "La noblesse médiévlae: Encore!" pp.184~187.

31) 귀족가계와 귀족지배가 카롤링거 시대부터 중세 전성기까지 단절없이 연속되었다고 주장하는 베르너조차도 기사의 등장을 '혁명적'이라고 말하고 있다: Karl Ferdinand Werner, "Important Noble Families in the Kingdom of Charlemagne" in Reuter, *The Medieval Nobility*, p.180. 아직도 극히 일부 역사가들은 귀족과 기사를 동일시하는데, 그 대표적인 인물인 바르텔르미는 기사들이 사회의 나머지 부분에 대해 권력을 행사한다는 점에서 그렇게 보고 있다. 그러나 심지어 그도 11세기 기사

들은 귀족들보다 낮은 신분출신이었다고 말하고 있다: Barthélemy, *La société dans le comté de Vendôme*, pp.507~513.

32) Richer, *Histoire de France* 4. 23, 2:180.

33) Jean Flori, *L'essor de la chevalerie*, p.6. 잉글랜드의 경우에 대해서는 Richard Barber, "When Is a Knight Not a Knight?" in Stephen Church and Ruth Harvey, eds., *Medieval Knighthood* V, pp.1~17; David Crouch, *The Image of the Aristocracy in Britain*, pp.120~168; Matthew Strickland, *War and Chivalry*, pp.19~28을 참조할 것.

34) Georges Duby, *La société mâconnaise*, pp.191~201. Idem, "The Origins of Knighthood" in *The Chivalrous Society*, pp.158~170. Lucien Musset, "L'aristo- cratie normande au XIe siècle" in Contamine, *La noblesse au moyen âge*, pp.71~96. Tony Hunt, "The Emergence of the Knight in France and England." Jean Flori, *L'idéologie du glaive*, pp.24~28.

35) Flori, *L'idéologie du glaive*, pp.55~57. John B. Freed, *Noble Bondsmen*, pp.30~32. Benjamin Arnold, "Instrument of Power: The Profile and Profession of *Ministeriales* within German Aristocratic Society, 1050~1225" in Bisson, ed., *Cultures of Power*, pp.36~55.

36) 이제 학자들은 등자가 8세기에 서유럽에 도입되었다는 주장이나, 등자의 도입과 더불어 "봉건제가 탄생했다"는 주장을 더 이상 믿지 않는다. Bernard S. Bachrach, "Charles Martel, Mounted Shock Combat, the Stirrup, and Feudalism." Idem, "*Caballus et Caballarius* in Medieval Warfare" in Howell Chickering and Thomas H. Seiler, eds., *The Study of Chivalry*, pp.183~198. 중세의 말 사육에 대해서는 Matthew Bennett, "The Medieval Warhorse Reconsidered" in Church and Harvey, eds., *Medieval Knighthood* V, pp.19~40을 참조할 것.

37) Kelly DeVries, *Medieval Military Technology*. 매우 정교하게 제작된 검(劍)에 대해서는 Ian Peirce, "The Development of the Medieval Sword. c.850~1300" in Harper-Bill and Harvey, *Ideals and Practice of Knighthood* III, pp.139~158을 참조할 것.

38) Adalbero, "Carmen", lines 295-96, p.22. Georges Duby, *The Three Orders*.

39) Monique Gramain, "'Castrum,' structures féodales et peuplement en Biterrois au XIe siècle" in *Structures féodales et féodalisme dans l'Occident méditer- ranéen*, pp.119~134.

40) Joachim Bumke, *Courtly Culture*, pp.103~119. Gabriel Fournier, *Le château dans la France médiévale*, p.65. 관저(palace)는 심지어 성이 등장한 이후에도 특히 주교들을 위한 별개의 건물로서 존속했다.

41) Xavier Barral I Altet, "Le paysage architectural de l'an mil" in Delort and Iogna-Prat, eds., *La France de l'an mil*, pp.174~176. 프랑스 북부지방에 비해 그 발전이 늦었다고 오랫동안 여겨져 왔던 남부지방에서도 마찬가지였다. José-Maria Font Ruis, "Les modes de détention de châteaux dans la 'Vielle Catalogne' et ses marches extérieures du début du IXe au XIe siècles" in *Les structures sociales de l'Aquitaine, du*

Languedoc, et de l'Espagne au premier âge féodal, pp.63~72; Richard Landes, *Relics, Apocalypse, and the Deceits of History*, pp.25~28; Charles Higounet, "Structures sociales, 'castra', et castelnaux dans le sud-ouest aquitain(Xe-XIIIe siècles)" in *Structures féodales et féodalisme*, pp.104~116.

42) 오르데릭 비탈리는 12세기 초에 이런 전략을 지적하였으며, 그의 결론들은 오늘날 고고학에 의해서도 입증되고 있다. Ordelic Vitalis, *The Ecclesiastical History* 4, 2: 218. Richard Eales, "Royal Power and Castles in Norman England" in Harper-Bill and Harvey, *Ideals and Practice of Knighthood* III, pp.49~78. N.J.G. Pounds, *The Medieval Castle in England and Wales*, pp.3~8.

43) Poly and Bournazel, *The Feudal Transformation*, pp.26~28.

44) Dominique Barthélemy, "Dominations châtelaines de l'an mil" in Delort and Iogna-Prat, eds., *La France de l'an mil*, pp.101~113.

45) M.W. Thompson, *The Rise of the Castle*, pp.48~59. Fournier, *Le château*, pp.65~80.

46) 백작의 성 축조계획에 대한 한 가지 예에 대해서는 Bernard S. Bachrach, "The Angevin Strategy of Castle Building in the Reign of Fulk Nerra"를 참조할 것. 또한 Robert Hajdu, "Castles, Castellans, and the Structure of Politics in Poitou"와 Jim Bradbury, *The Medieval Siege*, pp.60~66도 참조할 것.

47) Charles Higounet, "En Bordelais: Principes castellas tenentes" in Contamine, *La noblesse au moyen âge*, pp.97~104. Idem, "Le groupe aristocratique en Aquitaine et en Gascogne(fin Xe-début XIIe siècle)" in *Les structures sociales*, pp.221~229. Olivier Guillot, *Le comte d'Anjou et son entourage au XIe siècle*, pp.325~351. Edouard Perroy, "Les Châteaux du Roannais du XIe au XIIIe siècle."

48) 11세기가 급격한 변화의 시기라는 우리들의 관점은 부분적으로 당시 연대기 작가들에 의해 형성되었다. 중세전기의 정보들은 이들 연대기 작가들에 의해 제공되며, 이들은 자신들의 시대를 전환기로 보았다. Patrick, J. Geary, *Phantoms of Remembrance*.

49) Poly, *La Provence*, pp.96~97. Stephen Weinberger, "Cours judiciaires, justice, et responsabilité sociale dans la Provence médiévale." Fournier, *Le château*, pp.109~114.

50) Elisabeth Magnou-Nortier, "The Enemies of the Peace: Reflections on a Vocabulary, 500~1100" in Thomas Head and Richard Landes, eds., *The Peace of God*, pp.58~59. Stephen D. White, "Feuding and Peace-Making in the Touraine around the Year 1100", pp.202, 262~63.

51) Jane Martindale, "Peace and War in Early Eleventh-Century Aquitaine" in Christopher Harper-Bill and Ruth Harvey, eds., *Medieval Knighthood* IV, pp.147~176. André Debord, "The Castellan Revolution and the Peace of God in Aquitaine" in Head

and Landes, *The Peace of God*, pp.135~164.

52) Hans-Werner Goetz, "Protection of the Church, Defense of the Law, and Reform: On the Purposes and Character of the Peace of God, 989~1038" in Head and Landes, *The Peace of God*, pp.259~261. *Landes, Relics, Apocalypse, and the Deceits of History*, pp.28~37. Flori, *L'idéologie du glaive*, pp.135~157. H.E.J. Cowdrey, "The Peace and Truce of God in the Eleventh Century." Jean-François Lemarignier, "Paix et réforme monastique en Flandre et en Normandie autour de l'année 1023" in *Droit privé*, pp.443~461. 서약과 그 기원에 대해서는 Elisabeth Magnou-Nortier, *La société laïque et l'église dans la province ecclésiastique de Narbonne*, p.304를 참조할 것.

53) Georges Duby, "Guerre et société dans l'Europe féodale", pp.449~482. Contamine, *War in the Middle Ages*, pp.270~280.

54) 클레르보의 성 베르나르(Bernard of Clairvaux)는 1125년에 신전 기사단에 참가한 트루와(Troyes) 백작에게 쓴 서간에서 그 백작이 부유한 사람에서 가난한 사람이, 백작에서 기사가 되었다고 기술하였다. 그는 이렇게 기사를 백작보다 훨씬 하위에 있는 가난한 사람과 동일한 범주에 포함시켰다. Letter 31, *Opera* 7:85.

55) Georges Duby, "The Diffusion of Cultural Patterns in Feudal Society" in *The Chivalrous Society*, pp.171~177. Flori, *L'essor de la chevalerie*, pp.223~235. Brigitte Bedos Rezak, "Medieval Seals and the Structure of Chivalric Society" in Chickering and Seiler, *The Study of Chivalry*, pp.330~334. Lutz Fenske, "Adel und Rittertum im Spiegel früher heraldischer Formen und deren Entwicklung" in Josef Fleckenstein, ed., *Das ritterliche Turnier im Mittelalter*, pp.75~160. Suger, *The Deeds of Louis the Fat* 2, p.30.

56) W. Mary Hackett, "Knights and Knighthood in *Girart de Roussillon*" in Christopher Harper-Bill and Ruth Harvey, eds., *The Ideals and Practice of Medieval Knighthood* II, pp.40~45. Linda Paterson, "Knights and the Concept of Knighthood in the Twelfth-Century Occitan Epic."

57) Georges Duby, "The Transformation of the Aristocracy: France at the Beginning of the Thirteenth Century" in *The Chivalrous Society*, pp.178~185. Bumke, *Concept of Knighthood*, pp.72~73. Giovanni Tabacco, "Su nobilita e cavalleria nel medioevo."

58) Judith W. Hurtig, *The Armored Gisant before 1400*, pp.2, 188~214.

59) Matthew Bennett, "The Status of the Squire: The Northern Evidence" in Christopher Harper-Bill and Ruth Harvey, eds., *The Ideals and Practice of Medieval Knighthood*, pp.1~11. Linda W. Paterson, "The Occitan Squire in the Twelfth and Thirteenth Centuries" in ibid., pp.133~151. Barthélemy, *La société dans le comté de Vendôme*, pp.942~947.

제2장 귀족과 사회

1) Adalbero, "Carmen ad Rotbertum Regum", lines 295-96. Georges Duby, *The Three Orders*. Claude Carozzi, "Les fondements de la tripartition sociale chez Adalbéron de Laon." Jean Flori, *L'idéologie du glaive*, pp.158~165.

2) Giles Constable, "The Structure of Medieval Society according to the *Dictatores* of the Twelfth Century", p.255. Suger, *The Deeds of Louis the Fat* 2. p.29. Andreas Capellanus, *The Art of Courtly Love*.

3) 아벨베롱의 세 위계론이 심지어 13세기 말에도 일반적으로 받아들여진 것은 아니었다. Susan Reynolds, *Kingdoms and Communities in Western Europe*, pp.316~317.

4) Karl Ferdinand Werner, "Kingdom and Principality in Twelfth-Century France" in Timothy Reuter, ed. and trans., *The Medieval Nobility*, pp.243~290.

5) Jean Dunbabin, *France in the Making*, pp.133~140, 162~169, 256~268. Gabrielle M. Spiegel, *Romancing the Past*, pp.11~13.

6) Geoffrey Koziol, *Begging Pardon and Favor*, pp.109~173. Andrew W. Lewis, *Royal Succession in Capetian France*, pp.122~123. Marc Bloch, *The Royal Touch*. Jean-Pierre Poly, "Le capétien thaumaturge: Genèse populaire d'un miracle royal" in Robert Delort and Dominique Iogna-Prat, eds., *La France de l'an mil*, pp.282~308. Jean-Pierre Poly and Éric Bournazel, *The Feudal Transformation*, pp.337~339. Jean-François Lemarignier, *Le gouvernement royal aux premieres temps capétiens*.

7) Elizabath M. Hallam, Capetian France, pp.111~203. 1200년경 프랑스왕권의 강화에 대해서는 John Baldwin, *The Government of Philip Augustus*를 참조할 것. 왕들이 강력한 백작들의 지위에 도전하는 예에 대해서는 Michel Bur, *La formation du comté de Champagne*를 참조할 것.

8) Léopold Genicot, "La noblesse médiévale: Pans de lumière et zones obscures", p.351.

9) Benjamin Arnold, *Princes and Territories in Medieval Germany*.

10) 전체적으로 볼 때 중세사회와 정치에서 봉토보유가 차지하는 범위가 협소하다는 점은 Susan Reynolds, *Fiefs and Vassals*에 의해 최근에 가장 잘 강조되고 있다.

11) Elizabeth A.R. Brown, "The Tyranny of a Construct."

12) 예를 들면 마르크스주의 역사가인 G.E.M. de Ste Croix는 농노제를 '봉건제'로 특징짓는 것을 거부하고 있다: G.E.M. de Ste Croix, *The Class Struggle in the Ancient Greek World*, pp.267~269. Chris Wickham은 생산양식으로서의 봉건제에 대한 변형된 마르크스주의적 정의를 제안한 바 있는데, 그의 정의에 따르면 차지농들－반드시 농노가 아닌－이 독점적인 지주계급에 지대를 납부했다; Chris Wickham, "The Other Transition."

13) 폴리(Poly)와 부르나젤(Bournazel)은 다음 저서에서 '봉건제'를 이런 의미로 사용하였다: *The Feudal Transformation*, pp.1~3, 351~357. 수잔 네이놀즈(Susan Reynolds)는 '공동체'라는 개념으로 중세 '봉건제'라는 상투적 문구를 대치시키려 했다: *Kingdoms and Communities*.

14) 이것은 예를 들면 Dominique Barthélemy의 구분이다: Dominique Barthélemy, "Dominations châtelains de l'an mil," in Delort and Iogna-Prat, eds., *La France de l'an mil*, pp.101~113. Pierre Toubert, "Les féodalités méditer- ranéen: Un problème d'histoire comparée," in *Structure féodales et féodal- isme dans l'Occident méditerranéen*, pp.1~14도 참조할 것.

15) Pierre Bonnassie, "Les conventions féodales dans la Catalogne du XIe siècle," in *Les structures sociales de l'Aquitaine, du Languedoc, et de l'Espagne au premier âge féodal*, pp.187~208. Dominique Barthélemy, *La société dans le comté de Vendôme*, pp.615~618.

16) Marc Bloch, *Feudal Society*, pp.59~71.

17) 서기 1000년에 중점을 두는 지난 한 세대 동안의 새로운 모델은 다음 저작들에서 비롯된 것이다: Georges Duby, *La société aux XIe et XIIe siècles dans la région mâconnaise*: Jean-Francois Lemarignier, "Political and Monastic Structures in France at the End of the Tenth and Beginning of the Eleventh Century." 이에 대한 연구사로는 Dominique Barthélemy, "La mutation féodale a-t-ell eu lieu?" 참조. 단절을 강조하는 입장에 대한 반발로 연속성을 강조하는 주장도 제기되었지만, T.N. Bisson은 최근에 근본적 변화라는 주장을 옹호하였다: T.N. Bisson, "The 'Feudal Revolution.'"

18) Fulbert of Chartres, Letter 51, in *The Letters and Poems*, pp.91~93. David Bates, *Normandy before 1066*, p.52도 참조할 것.

19) 그 이전은 아니라도 샤를마뉴의 궁전에서 '봉건제'를 발견한 기존저작들의 예로는 Carl Stephenson, *Feudalism*과 F.L. Ganshof, *Feudalism*을 참조할 것.

20) Heinrich Fichtenau, *Living in the Tenth Century*, pp.152~156.

21) Reynolds, *Fiefs and Vassals*, pp.84~105. Jean-Pierre Poly, *La Provence et la société féodale*, p.143~147. Poly and Bournazel, *Feudal Transfor- mation*, pp.48~49.

22) Constance B. Bouchard, "The Origins of the French Nobility", p.531, n. 91. Theodore Evergates, *Feudal Society in the Bailliage of Troyes under the Counts of Champagne*, p.152.

23) Pierre Bonnassie, *From Slavery to Feudalism in South-western Europe*, pp.104~131. Hideyuki Katsura, "Serments, hommages, et fiefs dans la seig- neurie des Guilhem de Montpellier."

24) Poly and Bournazel, *Feudal Transformation*, pp.202~210.

25) Emily Zack Tabuteau, *Transfers of Property in Eleventh-Century Norman Law*, pp.51~63, 95~112. *Bates, Normandy before 1066*, pp.122~124.

26) Jean Scammell, "The Formation of the English Social Structure." 잉글랜드에서 1066 년 이후 봉토보유의 유형이 변하는 복잡한 과정에 대해서는 Robin Fleming, *King and Lords in Conquest England*, pp.107~231을 참조할 것.

27) Ralph V. Turner, "The Problem of Survival for the Angevin 'Empire'."

28) Baldwin, *Government of Philip Augustus*, pp.259~263. Reynolds, *Fiefs and Vassals*, pp.115~118.

29) John F. Benton, "Written Records and the Developments of Systematic Feudal Relations" in *Culture, Power and Personality in Medieval France*, pp.275~290. Evergates, *Feudal Society*, pp.80~95. Thomas Bisson, "Feudalism in Twelfth-Century Catalonia" in *Structure féodales et féodalisme*, pp.173~192. Reynolds, *Fiefs and Vassals*, pp.260~276.

30) Alexander Teulet, ed., *Layettes du trésor des chartes*, 1:193-94, no. 470. 샬롱과 옥손의 백작인 Stephen에 대해서는 Constance Brittain Bouchard, *Sword, Miter and Cloister*, pp.278, 314를 참조할 것.

31) 그 의식의 가장 명확한 묘사들 가운데 하나가 1120년대 말에 등장했는데, 이 때는 플랑드르의 신임 백작이 그의 봉신으로부터 신서를 받은 시기였다. Galbert of Bruges, *The Murder of Charles the Good* 56, pp.206~207. Ganshof, *Feudalism*은 12세기의 신서의 식과 봉신의 의무에 대한 묘사에 있어서는 아직도 유용하다.

32) *Raoul de Cambrai* 143, p.177.

33) 이전의 신서는 봉신이 주군 딸의 결혼식 비용과 주군 아들의 몸값을 지불하는 데 도움을 주어야 한다는 점을 규정했던 것 같다. Tabuteau, *Transfers of Pro-perty*, p.56.

34) Joachim Bumke, *The Concept of knighthood in the Middle Ages*, pp.40~41.

35) 영국에서 역사가들은 봉신의 군사적 봉사를 군역대납금으로 대치함으로써 '의사(擬似)봉건제(bastard feudalism)'가 등장했다고 한때 가정했다. '의사봉건제'라는 용어의 난제와 용병의 초기 사용에 대한 사려 깊은 논의에 대해서는 J.M.W. Bean, *From Lord to Patron*, pp.1~8을 참조할 것.

36) *Raoul de Cambrai* 113, p.143.

37) *The Quest of the Holy Grail*, p.120.

38) Elisabeth Magnou-Nortiers는 충성의 서약이 11세기에 랑그독의 정치질서에서 핵심적 역할을 한 반면에, 봉토는 그 곳에서는 11세기 말까지 사료에서 발견되지 않는다고 주장했다; Elisabeth Magnou-Nortiers, "Fidelité et féodalité meridionales d'après les serments de fidelité(Xe-début XIIe siècle)" in *Les Structures sociales*, pp.115~135. 보다 일반적인 사항에 대해서는 Reynolds, *Fiefs and Vassals*, pp.118~123을 참조할 것.

39) *Raoul de Cambrai* 33-34, pp.43~45. "The Coronation of Louis" 7, in *Guil-laume d'Orange*, p.65.

40) D'Arcy Jonathan Dacre Boulton, *The Knights of the Crown*, pp.1~26.

41) Thomas N. Bisson, "Medieval Lordship."

42) 지난 40여 년 동안 중세 프랑스 농촌경제에 대한 가장 훌륭한 연구는 여전히 뒤비의 다음 저서이다: Georges Duby, *Rural Economy and Country Life in the Medieval West*. 농민에 대한 최근의 저작들 가운데 Robert Fossier, *Peasant Life in the Medieval West*는 프랑스에 초점을 맞추고 있으며, Werner Rösener, *Pea- sants in the Middle Ages*는 독일을 다루고 있다.

43) Linda W. Paterson, *The World of the Troubadours*, pp.130~133. 반면에 Paul Freedman이 지적했듯이, 농민들의 극빈과 겸손은 기독교적 미덕의 축도로 묘사될 수 있었다: Paul Freedman, "Sainteté et sauvagerie."

44) Rösener, *Peasants in the Middle Ages*, pp.16~19, 211~118. N.J.G. Pounds, *An Economic History of Medieval Europe*, pp.51~54.

45) Theodore John Rivers, "The Manorial System in the Light of 'Lex Baiu- variorum' I, 13."

46) Poly, *La Provence*, pp.99~106.

47) Georges Duby, *The Early Growth of the European Economy*. Ronald G. Witt, "The Landlord and the Economic Revival of the Middle in Northern Europe."

48) Rösener, *Peasants in the Middle Ages*, pp.218~222. Pounds, *An Economic History*, pp.209~211.

49) Karl Bosl, "Freiheit und Unfreiheit."

50) Hans-Werner Goetz, "Serfdom and the Beginnings of a 'Seigneurial System' in the Carolingian Period." Poly and Bournazel, *Feudal Transformation*, pp.119~121.

51) 로마제국 말기에 농업노예와 자유농의 사회가 농노의 사회로 변하는 것에 대해서는 Ste, Croix, *Class Struggle*, pp.205~259를 참조할 것.

52) Goetz, "Serfdom", pp.37~38. Fichtenau, *Living in the Tenth Century*, pp.359~378도 참조할 것.

53) 이러한 예속적 부과금에 대해서, William Chester Jordan, *From Servitude to Freedom*, pp.20~26과 Barthélemy, *La société dans le comté de Vendôme*, pp.474~483을 참조할 것.

54) Alain Boureau, *Le droit de cuissage*. 이 저서는 어떻게 '초야권' 신화가 아무런 학술적 근거도 없이 민중문화에서 발전했고 또 '근대' 이전의 과거를 묘사하는 데 이용되었는가에 대해 논의하고 있다.

55) Paul Freedman, *The Origins of Peasant Servitude in Medieval Catalonia*, pp.56~88. Poly and Bournazel, *Feudal Transformation*, pp.126~127.

56) 12세기 초에 프랑스에서 농노제가 사라졌음은 지역사 연구들에서 처음 지적되었고, 이제는 일반적으로 받아들여지고 있다. 예를 들면 다음 저작들을 참조할 것; Duby, *La société mâconnaise*, pp.201~212; Evergates, *Feudal Society*, pp.16~20, 13

7~144; Barthélemy, *La société dans le comté de Vendôme*, pp.502~504.

57) 일부 학자들은 로마노예제와 상당히 유사한 농노제가 10세기 내내 존속했고, 11세기에 명확한 단절 뒤에 새로운 형태의 농노제가 이후의 시기에 시행되었다고 주장했지만, 도미니크 바르텔르미는 12세기 초에 소멸한 농노제가 5세기 이상 동안 꾸준히 그러나 점진적으로 변하고 있었던 제도였지 새로운 것이 아니라고 최근에 설득력있게 주장했다; Dominique Barthélemy, "Qu'est-ce que le servage, en France, au XIe siècle?."

58) Galbert of Bruges, *The Murderer of Charles the Good* 7-8, pp.96~102. Suger, *The Deeds of Louis the Fat* 30, p.138.

59) Paul R. Hyams, *Kings, Lords, and Peasants in Medieval England*, pp.162~200. Freedman, *The Origins of Peasant Servitude*, pp.89~118. John B. Freed, "The Formation of the Salzburg Ministerialage in the Tenth and Eleventh Centuries." Idem, *Noble Bondsmen*. Karl Bosl, "Noble Unfreedom: The Rise of the *Ministeriales* in Germany" in Reuter, *Medieval Nobility*, pp.291~311. Bumke, *Concept of Knighthood*, pp.46~71, 85~86.

60) Léopold Genicot, *Rural Communities in the Medieval West*, pp.62~89. Dominique Barthélemy, *L'ordre seigneurial*, pp.93~99, 140~143.

61) Poly and Bournazel, *Feudal Transformation*, pp.28~34, 260~261.

62) Elisabeth Magnou-Nortier, "Les mauvaises coutumes en Auvergne, Bour- gogne mèridionale, Languedoc, et Provence au XIe siècle: Un moyen d'an- alyse sociale" in *Structures féodales et féodalisme*, pp.135~163. Duby, *Rural Economy and Country Life*, pp.187~190, 224~231. Freedman, *Origins of Peasant Servitude*, pp.29~30.

63) 이전세대의 역사가들은 다소 멜로드라마처럼 11세기 초를 과거의 자유롭고 평등했던 자영농들이 새로이 억압받게 된 시기로 특징짓기도 했다. 이 점에 대해서는 Reynolds, *Kingdoms and Communities*, p.109.

64) Jordan, *From Servitude to Freedom*, p.30.

65) 이런 내적 식민은 농민들과 영주에 의해, 그리고 수도사들과 평수사들에 의해 수행되었다. 예를 들면 프로방스를 비롯한 프랑스의 다른 지역들에 있는 시토교단 소속의 수도원들은 오래 전부터 경작되고 있던 토지를 주로 획득했지만, 부르고뉴의 시토 교단은 개간사업의 선두주자였다. Pounds, *An Economic History*, pp.170~174. Constance Brittain Bouchard, *Holy Entrepreneurs*, pp.97~106.

66) Jean Gimpel, *The Medieval Machine*, pp.76~77.

67) Arnold, *Princes and Territories*, pp.153~160. Rösener, *Peasants in the Middle Ages*, pp.34~42. Pounds, An Economic History, pp.175~180.

68) 이런 농촌의 '자유'에 대해서는 Reynolds, *Kingdoms and Communities*, pp.130~136을 참조할 것.

69) Pounds, *An Economic History*, p.202.

70) Galbert of Bruges, *The Murder of Charles the Good* 2, p.86.
71) Peter S. Noble, "Knights and Burgesses in the Feudal Epic" in Chris- topher Harper-Bill and Ruth Harvey, eds., *The Ideals and Practice of Medieval Knighthood*, pp.104~110.
72) Otto of Freising, *The Deeds of Frederick Barbarossa* 2. 13, p.128. Poly, *La Provence*, pp.297~310.
73) 예를 들면 H. Miyamatsu, "Les premiers bourgeois d'Angers aux XI et XIIe siècles"을 참조할 것.
74) 이런 다소 기묘한 이미지는 최근에 다음 저작에 의해 반박되었다: R.H. Hilton, *English and French Towns in Feudal Society*.
75) Reynolds, *Kingdoms and Communities*, pp.155~218. Pounds, *An Economic History*, pp.225~228. Barthélemy, *L'ordre seigneurial*, pp.116~119.
76) Hugh of Poitiers, *The Vézelay Chronicle*, pp.173~174.
77) Constance Brittain Bouchard, *Spirituality and Administration*, pp.85~86.
78) Guibert de Nogent, *Memoirs* 3.7-11, pp.144~173.
79) Robert-Henri Battier, "Les foires de Champagne."

제3장 귀족가문과 가족생활

1) Constance B. Bouchard, "The Structure of a Twelfth-Century French Family", pp.41~43. Charlotte A. Newman, *The Anglo-Norman Nobility in the Reign of Henry I*, pp.35~59. Dominique Barthélemy, *La société dans le comté de Ven- dôme*, pp.517~518. Sally McKee, "Households in Fourteenth-Century Venetian Crete", pp.27~28. Anitia Guerreau-Jalabert, "Sur les structures de parenté dans l'Europe médiévale", pp.1030~1031. David Herlihy, *Medieval House- holds*, pp.2~4.
2) T.N. Bisson, "Nobility and Family in Medieval France", pp.602~605. Karl Schmid, "Zur Problematik von Familie, Sippe und Geschlecht, Haus und Dyna- stie beim mittelalterlichen Adel."
3) 이 문제들에 대한 존 프리드의 다음 논의를 참조할 것. John B. Freed, "Reflec- tions on the German Nobility", pp.560~564. 최근에 Régine Le Jan, *Famille et pouvoir dans le monde franc*, pp.414~427은 규모가 크고 비정형적인 친척(kindred)에서 종족으로의 이행은 11세기가 아니라 9세기에 발생했다고 주장하고 있다.
4) 이 문제에 대한 논쟁에 대해서는 Constance B. Bouchard, "Family Structure and Family Consciousness among the Aristocracy in the Ninth to Eleventh Centuries"; idem, "The Bosonids"; K. Leyser, "The German Aristocracy from the Ninth to the

Early Twelfth Century"; Benjamin Arnold, *Princes and Territories in Medieval Germany*, pp.135~151.

5) Barthélemy, *La société dans le comté de Vendôme*, pp.527~535. Ralph V. Turner, "The Problem of Survival for the Angevin 'Empire'", pp.83~84. Amy Livingstone, "Kith and Kin."

6) Gilbert Crispin, "The Life of Herluin" in Sally N. Vaughn, *The Abbey of Bec and the Anglo-Norman State*, p.71.

7) Le Jan, *Famille et pouvoir*, pp.45~52. 이탈리아의 경우에 대해서는 Cinzio Violante, "Quelques charactéristiques des structures familiales en Lom- bardie, Emille, et Toscane aux XIe et XIIe siècles" in Georges Duby and Jacques Le Goff, eds., *Famille et parenté dans l'Occident médiéval*, pp.93~94.

8) Barthélemy, *La société dans le comté de Vendôme*, pp.629~642. Joachim Bumke, *Courtly Culture*, p.103. Davis Bates, *Normandy before 1066*, pp.113~114. Bouchard, "Structure of a Twelfth-Century Family", pp.44~47.

9) George T. Beech, "Les noms de personne poitevins du 9e au 12e siècle." Jean-Pierre Poly and Eric Bournazel, *The Feudal Transformation*, pp.90~91. Karl Schmid, "'De regia stirpe Waiblingensium': Remarques sur la conscience de soi des Staufen" in Duby and Le Goff, *Famille et parenté*, pp.53~54.

10) Bouchard, "Family Structure and Family Consciousness", p.655. Le Jan, *Famille et pouvoir*, pp.193~200. 독일의 경우에 대해서는 Reinhard Wenskus, *Sächsischer Stammesadel und fränkischer Reichsadel*, pp.42~48.

11) Karl Ferdinand Werner, "Liens de parenté et noms de personne: Un problème historique et méthodologique" in Duby and Le Goff, *Famille et parenté*, pp.13~18, 25~34. Wilhelm Störmer, *Früher Adel*, pp.29~69. Jean Dunbabin, "What is a Name?"

12) Alexandre Teulet, ed., *Layettes du trésor des chartes*, 1:100-102, no. 257.

13) Constance Brittain Bouchard, *Sword, Miter, and Cloister*, pp.340~351. *Liber instumentorum memorialium: Cartulaire des Guillems de Montpellier.*

14) Constance B. Bouchard, "The Geographical, Social, and Ecclesiastical Origins of the Bishops of Auxerre and Sens in the Central Middle Ages", pp.290~291. Idem, "Patterns of Women's Names in Royal Lineages", p.4.

15) 대부모제도는 카롤링거 시대 말기에 처음으로 일반화되었다. Joseph H. Lynch, *Godparents and Kinship in Early Medieval Europe*, pp.172~173.

16) E. Warlop, *The Flemish Nobility before 1300*, I: 43-44. Constance B. Bouchard, "The Origins of the French Nobility", pp.505~508.

17) Sylvia Konecny, *Die Frauen des karolingeschen Köngishauses*, pp.112~113, 139~142, 158~159.

18) Guerreau-Jalabert, "Sur les structures de parenté", p.1031. Karl Schmid, "Heirat,

Familienfolge, Geschlechtenbewusstein" in *Il matrimonio nella società altomedievale*, pp.103~137.

19) Teulet, ed., *Layettes du trésor des chartes*, 1: 100-102, no. 257.

20) Constance B. Bouchard, "The Migration of Women's names in the Upper Nobility", pp.1~2. Idem, "Family Structure and Family Consciousness", p.641.

21) 성 마거릿에 대해서는 다음 저작들을 참조할 것; André Vauchez, "Lay People's Sanctity in Western Europe", p.30: Adam, *Magna Vita Sancti Hugonis*, 1:6.

22) Peter Abelard, "Historia calamitatum" in *The Letters of Abelard and Heloise*, pp.66~67.

23) Bumke, *Courtly Culture*, pp.339~341.

24) Penelope D. Johnson, *Equal in Monastic Profession*, pp.15~18.

25) Marie de France, *The Lais* 1, p.43. *Raoul de Cambrai* 26, p.31.

26) Baroul, *The Romance of Tristan* 2, p.51. 외숙부들의 역할에 대해서는 John B. Freed, *Noble Bondsman*, pp.104~108을 참조할 것.

27) Suger, *The Deeds of Louis the Fat* 1, p.25.

28) Gilbert Crispin, "The Life of Herluin" in Vaughn, *The Abbey of Bec*, p.71. Gilo, "Vita Sancti Hugonis Abbatis" 1. 2-3, in H.E.J. Cowdrey, ed., "Two Studies in Cluniac History", pp.49~50.

29) William of St.-Thierry, *Vita Prima Sancti Bernardi* 1. 1, PL 185: 228.

30) Guibert de Nogent, *Memoirs* 1. 4-5, pp.13~19.

31) *Raoul de Cambrai* 18, p.25. Jean Flori, "Les origines de l'adoubement chevaleresque", p.214.

32) Georges Duby, "Youth in Aristocratic Society: Northwestern France in the Twelfth Century" in The Chivalrous Society, pp.112~122. Jane K. Beits- cher, "'As the Twig is Bent.'"

33) Marie de France, *The Lais* 1, p.43.

34) 윌리엄 마샬은 학자들 사이에 인기 있는 인물이 되었다. 최근의 연구에 대해서는 Georges Duby, *William Marshal*과 David Crouch, *William Marshal*을 참조할 것.

35) Peter the Venerable, Letter 173, *The Letters*, 1: 410-13.

36) Jean Richard, "La féodalité de l'Orient latin et le mouvement communal: Un état des question" in *Structures féodale et féodalisme dans l'Occident méditerranéen*, pp.651~665. 십자군 원정 동안의 군사기술 발전에 대해서는 R. Rogers, *Latin Siege Warfare in the Twelfth Century*를 참조할 것.

37) 파국적인 제2차 십자군에 대해서는 Odo of Deuil, *De Profectione Ludovici VII in Orientem*을 참조할 것.

38) Suger, *The Deeds of Louis the Fat* 8, p.40. Herman of Tournai, *The Resto- ration of the Monastery of Saint Martin of Tournai* 33, p.47.

39) Edward Peters, ed., *The First Crusade*, pp.2~5. Marcus Bull, *Knightly Piety and the Lay Response to the First Crusade*. Bernard of Clairvaux, "De laude novae militiae" in Opera, 3: 213-39; trans. Conrad Greenia, "In Praise of the New Knighthood" in *Treatises* III, pp.127~167. Jean Flori, *L'essor de la chevalerie*, pp.209~214. 성당 기사단에 대한 가장 최근의 저작으로는 Malcolm Barber, *The New Knighthood*가 있다.

40) "The Coronation of Louis" 22, in *Guillaume d'Orange*, pp.83~85.

41) The Song of Roland, line 8, p.29. "The Coronation of Louis" 21, in *Guil- laume d'Orange*, p.82.

42) *The Song of Rolland*, lines 899, 960, 3248-53, pp.57, 59, 132.

43) "The Conquest of Orange" 61, in *Guillaume d'Orange*, pp.194~195. *Auca- ssin and Nicolette*, p.4. *The Song of Roland*, line 3674, p.146. 또한 Sarah Kay, *The "Chanson de geste" in the Age of Romance*, pp.30~31을 참조할 것.

44) Herman of Tournai, *The Restoration of Saint Martin of Tournai* 12-13, pp.26~27. Suger, *The Deeds of Louis the Fat* 25, p.109. Bertran de Born, *The Poems of the Troubadour Poet Bertran de Born* 2, p.118.

45) Suger, *The Deeds of Louis the Fat* 8, p.40.

46) *Raoul de Cambrai* 254, p.339.

47) J.A. Crook, *Law and Life of Rome*, pp.102~103.

48) Barthélemy, *La société dans le comté de Vendôme*, pp.543~549. 신부대에서 과부재산으로의 이행에 대해서는 Jo Ann McNamara and Suzanne Wemple, "The Power of Women through the Family in Medieval Europe", pp.83~101을 참조할 것.

49) Teulet, ed., *Layettes du trésor des chartes*, 1:226-27, no. 613. 이 결혼에 대해서는 John W Baldwin, *The Government of Philip Augustus*, p.270도 참조할 것.

50) Penny Schine Gold, *The Lady and the Virgin*, pp.125~130.

51) *Le cartulaire de Marcigny-sur-Loire*, p.104, no.175. 또한 Bouchard, *Sword, Miter, and Cloister*, p.59도 참조할 것.

52) *Raoul de Cambrai* 10, p.17.

53) Teulet, ed., *Layettes du trésor des chartes*, I: 119-20, no. 289.

54) Guibert of Nogent, *Memoirs* 1.12, pp.34~39.

55) Constance B. Bouchard, "Consanguinity and Noble Marriages in the Tenth and Eleventh Centuries", pp.279, 286. *Aucassin and Nicolette*, p.6. 독일의 유사한 경우에 대해서는 Freed, *Noble Bondsmen*, pp.99~104를 참조할 것.

56) Anselm, *Letter* 4. 84, PL 159: 243. R.W. Southern, *The Making of the Middle Ages*, pp.79~80.

57) Bouchard, "Origins of the Nobility", p.524.

58) Bouchard, "Consanguinity and Noble Marriages", pp.269~271. Jean Gaude- met, "Le legs du droit romain en matière matrimoniale" in *Il matrimonio nella società*

altomedievale, pp.139~179.

59) 이것은 잭 구디의 견해다; Jack Goody, *The Development of the Family and Marriage in Europe*, pp.39~47, 123~125. James A. Brundage, *Law, Sex, and Christian Society in Medieval Europe*, pp.606~607도 참조할 것.

60) Violante, "Quelques caractéristiques des structures familiales", pp.90~92. Ivo of Chartres, Letter 211, PL 162: 215-16.

61) Bouchard, "Consanguinity and Noble Marriage", pp.284~286. Léopold Genicot, "La noblesse médiévale: Encore!" p.181. Donold C. Jackman, *The Konradiner*, p.139은 대귀족가문들이 6촌 이내 친척들과의 결혼을 피하려고 한 것처럼 보이지만, 부계와 모계 모두를 고려하면 그들은 실제로는 더 가까운 친족관계에 있는 사람들과 결혼했을 것이라고 주장했다. 이런 주장의 곤란함은 당시 귀족들이나 오늘날의 역사가들이나 모두 이런 더 가까운 친족관계를 알지 못한다는 것이다. 일부 인식하지 못한 혈연관계가 분명히 존재하고 있었지만, 그런 혈연관계는 배우자의 선택에 영향을 끼치지 못했다. Le Jan, *Famille et pouvoir*, p.322도 유사한 사실을 지적하고 있다. 그러나 그녀가 근친 사이의 결혼을 보여주기 위해 인용하고 있는 대부분의 가계도들은 귀족들이 근친혼에 관심을 기울이게 되기 이전인 9세기의 것이거나 공백이 있어 친척관계를 유추해야만 하는 것들이다.

62) Jane Bishop, "Bishops as Marital Advisors in the Ninth Century", pp.55~63. Suzanne Fonay Wemple, *Women in Frankish Society*, pp.75~123.

63) 종교행사로서의 결혼식이라는 개념의 발전에 대해서는 John Boswell, *Same-Sex Unions in Premodern Europe*, pp.162~217을 참조할 것.

64) Brundage, *Law, Sex, and Christian Society*.

65) Herman of Tournai, *The Restoration of Saint Martin of Tournai* 33, p.48.

66) *The Life of Christina of Markyate*. 크리스티나에 대해서는 Christopher, J. Holdsworth, "Christina of Markyate", pp.185~204도 참조할 것. Marie de France, *Lais* 3, p.67.

67) John W. Baldwin, Masters, Princes, and Merchants, 1:332-37. Georges Duby, *The Knight, the Lady, and the Priest*, p.209.

68) 12세기의 차남 이하 아들들에 대해서는 Theodore Evergates, "Nobles and Knights in Twelfth-Century France" in Thomas N. Bisson, ed., *Cultures of Power*, pp.17~28을 참조할 것. 뒤비는 귀족가문들이 이전보다 12세기 말에 더 유동적인 재산을 가졌고, 따라서 여러 상속자가 더 가능하게 되었다고 주장하고 있다: G. Duby, *The Knight, the Lady, and the Priest*, pp.274~278.

69) 프리드는 독일의 미니스테리알레스(ministeriales)에서도 유사한 패턴을 발견하였다; Freed, *Noble Bondsmen*, pp.133~145.

70) David Herlihy, "The Medieval Marriage Market."

71) 이 점도 프리드에 의해 주장되었다. Freed, *Noble Bondsmen*, pp.146~150.

72) 뒤비는 상이한 결혼모델들을 제시했다. Georges Duby, *Medieval Marriage*; idem, *The Knight, the Lady, and the Priest.* 뒤비는 귀족들이 교회의 근친혼 금지를 받아들이지 않았다고 생각하고 있는 점에서 필자와 의견을 달리한다. 그리고 그가 교회모델과 대비되는 것으로 제시한 '귀족결혼' 모델은 정치적 관심과 개인감정을 바탕으로 한 관심을 구분하지 않고 있다.

73) 중세 성에서의 생활에 대한 생생한 설명으로는 Joseph Gies and Frances Gies, *Life in a Medieval Castle*을 참조할 것.

74) Orderic Vitalis, *The Ecclesiastical History* 12.10, 6:212-14.

75) *The Life of Christina of Markyate*, p.93. Constance Brittain Bouchard, *Life and Society in the West*, pp.199~200. Georges Duby, "Women and Power" in Bisson, *Cultures of Power*, pp.80~84.

76) M.W. Thompson, *The Rise of the Castle*.

77) Mark Girouard, *Life in the English Country House*.

78) Bumke, *Courtly Culture*, pp.178~273.

제4장 귀족과 기사도

1) Howell Chickering, Introduction to Howell Chickering and Thomas H. Seiler, eds., *The Study of Chivalry*, p.3. 기사도의 이데올로기에 관한 최근의 가장 중요한 책은 Jean Flori, *L'essor de la chevalerie*이다.

2) Jean Flori, "La notion de chevalerie dans les chansons de geste du XIIe siècle."

3) 이러한 가정이 오랫동안 유행한 것에 대해서는 Joachim Bumke, *The Concept of Knighthood in the Middle Ages*, pp.3~5를 참조할 것.

4) Maurice Keen, *Chivalry*, pp.6~15.

5) Sarah Kay, *The "Chansons de geste" in the Age of Romance*, pp.1~5. 심지어 서사시 중에서도 적어도 두 개의 다른 운율이 사용되었다. Joachim Bumke, *Courtly Culture*, p.92. 알도 스카그리온은 로망스를 '정의하기 어려운 장르'라고 말하고 있다. Aldo Scaglione, *Knight at Court*, p.115.

6) Evelyn Mullally, *The Artist at Work*, p.5.

7) Flori, "La notion de chevalerie."

8) 켈리는 등장인물의 목소리일 수도 있고 아닐 수도 있는 작가의 목소리를 발견할 필요와 어려움을 주장하고 있다; Douglas Kelly, *The Art of Medieval French Romance*, pp.4~7.

9) Chrétien de Troyes, "Cligés" in *Arthurian Romances*, p.125.

10) Chrétien de Troyes, "The Story of the Grail(Perceval)" in *Arthurian Romance*,

pp.387~390, 402, 420~421.

11) Gottfried von Strassburg는 13세기 초에 독일어로 『트리스탄(Tristan)』을 쓰면서, 정확한 판본이 토마스(Thomas)라는 그가 만들어낸 가공인물로 보이는 사람에 기인한다고 기술했다. Gottfried von Strassburg, "Prologue", p.43. Constance B. Bouchard, "The Possible Non-existence of Thomas, Author of Tristan and Isolde." 마찬가지로, Wolfram von Eschenbach는 『파르치발(Parzival)』의 그의 판본에 대한 영감을 키요트(Kyot)라는 미지의 인물에서 받았다고 말했다. Wolfram von Eschenbach, Parzival 9, p.232.

12) "The Knight with the Sword" in Three Arthurian Romances, p.87.

13) John F. Benton, "Nostre Franceis n'unt talent de fuïr: The Song of Roland and the Enculturation of a Warrior Class" in Culture, Power, and Personality in Medieval France, pp.152~155. Flori, "La notion de chevalerie."

14) '예법'에 대해서는 Scaglione, Knights at Court 참조.

15) 『카라독(Caradoc)』이라는 로망스에서 젊은 주인공이 기사수업을 시작할 때 가장 먼저 배운 것이 사냥이었다. "Caradoc" in Three Arthurian Romances, p.8. 사냥을 위해 필요한 기술과 스포츠에 관련된 우아한 의식에 대해서는 John Cummins, The Hound and the Hawk 참조.

16) Lancelot of the Lake, p.52.

17) C. Stephen Jaeger, The Origins of Courtliness.

18) John F. Benton, "The Court of Champagne as a Literary Center" in Culture, Power, and Personality in Medieval France, pp.3~43. 그러나 독일에서 이런 관념들이 바로 왕실에서 처음으로 유행하였다; William Henry Jackson, "Knight- hood and the Hohenstaufen Imperial Court under Frederick Barbarossa(1152~1190)" in Christopher Harper-Bill and Ruth Harvey, eds., The Ideals and Practice of Medieval Knighthood III, pp.102~104. 독일의 기사도에 대해서는 Jill p.McDonald, "Chivalric Education in Wolfram's Parzival and Gott- fried's Tristan" in Chickering and Seiler, Study of Chivalry, pp.473~485.

19) 최근의 주장으로는 Gabrielle M. Spiegel, Romancing the Past를 참조할 것. 그녀는 이런 위협에 대한 가장 첨예한 반응은 13세기 플랑드르에서 속어로 씌어진 역사에서 찾아볼 수 있다고 주장한다.

20) Jim Bradbury, "Geoffrey V of Anjou, Count and Knight" in Harper-Bill and Harvey, The Ideals and Practice of Knighthood III, pp.21~38.

21) Tony Hunt, "The Emergence of the Knight in France and England." Bumke, Concept of Knighthood, p.120. 스토로베리 힐(Strawberry Hill) 학술회의-이 학술회의의 발표문들은 Christopher Harper-Bill과 Ruth Harvey에 의해 편집되어 출판되었다-는 이상과 현실 사이의 긴장에 초점을 맞추고 있다.

22) 이 점에 대해서는 C. Stephen Jaeger, "Courtliness and Social Change" in Thomas

부 록 311

N. Bisson, ed., *Cultures of Power*, pp.287~309를 참조할 것.

23) 이것은 제디의 제안이다. Z.P. Zaddy, "The Courtly Ethic in Chrétien de Troyes,' in Harper-Bill and Harvey, *The Ideals and Practice of Knighthood* III, pp.159~180.

24) Beroul, *The Romance of Tristan* 11, p.96.

25) Chrétien de Troyes, "Erec and Enide" in *Arthurian Romances*, pp.67~68, 72, 74, 83, 97. 릴리안 뒤락은 이 이야기의 등장인물들이 심리적으로 시종일관하다고 보기보다는 그 이야기의 이중성과 모순의 구조에 초점을 맞추면 훨씬 더 사리에 맞는다고 최근에 주장했다. Liliane Dulac, "Peut-on comprendre les rela- tions entre Erec et Enide?"

26) Chrétien de Troyes, "The Knight of the Cart(Lancelot)" in *Arthurian Romances*, pp.211-212, 260~262. 크래티앵은 아서왕에 관한 이야기들에 란슬롯을 등장시킨 첫 번째 작가이며, 여러 점에서 볼 때 『트리스탄과 이졸데』에서 착상을 얻었던 것으로 보인다.

27) 이 점에서 나는 Stephen G. Nichols Jr., *Romanesque Signs*, pp.148~203과 견해를 달리한다. 그는 그 이야기에서 지혜와 용기 사이의 갈등을 다소 사소한 불화로 치부하고, 그 어느 것도 모범적인 영웅인 롤랑의 순교자적 죽음의 필연성과 인과관계가 없다고 보고 있다. 특히 p.170을 참조할 것.

28) *The Death of King Arthur*, p.111.

29) The Song of Roland, lines 1188~1337, pp.67~71. The Death of King Arthur, p.116.

30) Beroul, *The Romance of Tristan* 4, p.75. *Raoul de Cambrai* 115, 318, pp.145, 441. *The Death of King Arthur*, p.107.

31) Jim Bradbury, *The Medieval Archer*, pp.1~3. Jean Renart, *The Romance of the Rose or Guillaume de Dole*이라는 로망스에서 황제 콘라트는 '로마 보물의 절반을 쥐도' 활을 사용하여 사람을 죽이지 않겠다고 말했다(p.19). 그러나 '능숙한 궁수'가 되는 것은 사냥을 할 때는 귀족에게 적절한 기술인데, 이런 점은 베룰(Beroul)이 트리스탄을 묘사할 때 분명히 드러난다. *The Romance of Tristan* 5, p.76.

32) Ian Peirce, "The Knight, His Arm and Armour in the Eleventh and Twelfth Centuries" in Christopher Harper-Bill and Ruth Harvey, eds., *The Ideals and Practice of Medieval Knighthood*, p.155는 숙련된 직인도 호버크 한 벌을 제작하는 데 적어도 수주일 걸렸을 것이라고 추산하고 있다. Philippe Contamine, *War in the Middle Ages*, pp.184~188과 Bumke, *Courtly Culture*, pp.155~168도 참조할 것.

33) "Aliscans" 1, in *Guillaume d'Orange*, p.197.

34) Jean Flori, "Les origines de l'adoubement chevaleresque", Idem, *L'essor de la chevalerie*, pp.9~115.

35) *Raoul de Cambrai* 22-25, 29, pp.27~29. Chrétien de Troyes, "Cligés" in *Arthurian Romances*, p.124.

36) Bumke, The Concept of Knighthood, pp.85~87. Flori, "La notion de chevalerie."

37) Chrétien de Troyes, "The Story of the Grail", pp.401~402.

38) "Caradoc", pp.10~11에 13세기 초 기사서임식이 낭만적으로 상세하게 묘사되어 있다.

39) Keen, *Chivalry*, pp.64~82.

40) John of Salisbury, *Policraticus* 6.7-8, pp.114~117. Flori, *L'essor de la chevalerie*, pp.280~289도 참조할 것.

41) Barbara H. Rosenwein, *Rhinoceros Bound*, pp.66~72. Idem, "St. Odo's St. Martin." 10세기 전반기의 클뤼니 수도원장이었던 오도(Odo)는 오리악의 제르베르(Gerald of Aurillac)의 전기를 썼는데, 이 전기에서 그는 그 귀족을 세속세계에서의 성인의 모델로 만들려고 했다: Odo, "The Life of St. Gerald of Aurillac", 그리고 Jean Flori, *L'idéologie du glaive*, pp.108~112도 참조할 것.

42) Bumke, *The Concept of Knighthood*, pp.89~91.

43) *The Death of King Arthur*, p.24.

44) Michel Parisse, "Le tournoi en France, des origines à la fin du XIIIe siècle" in Josef Fleckenstein, ed., *Das ritterliche Turnier im Mittelalter*, pp.175~211. Helmut Nickel, "The Tournament: An Historical Sketch" in Chickering and Seiler, *The Study of Chivalry*, pp.213~262. Keen, *Chivalry*, pp.83~101. *The Death of King Arthur*, p.24.

45) Galbert of Bruges, *The Murder of Charles the Good* 4, pp.91~92.

46) Herman of Tournai, *The Restoration of the Monastery of Saint Martin of Tournai* 17, pp.34~35.

47) Council II of Clermont, canon 9, in J. D. Mansi, ed., *Sacrorum cnciliorum nova et amplissima collectio*, vol. 21, col, 439. *Aucassin and Nocolette*, p.6.

48) Galbert of Bruges, *The Murder of Charless the Good* 4, p.92. Suger, Letter 72 RHGF 15:511. Walter Map, *De nugis curialium* 1.20, pp.59~61. "The Knight Who Prayed Whilst Our Lady Tourneyed in His Stead" in *Aucassin and Nicol- ette*, pp.207~210.

49) 13세기 초 토너먼트를 가장 세밀하게 묘사한 것들 가운데 하나가 Jean Renart, *The Romance of the Rose or Guillaume de Dole*, pp.55~57이다. 플랑드르 백작의 책략에 대해서는 David Crouch, *William Marshal*, p.178을 참조할 것.

50) Chrétien de Troyes, "The knight of the Cart", p.278.

51) Adrian Ailes, "The Knight, Heraldry, and Armour: The Role of Recognition and the Origins of Heraldry" in Christopher Harper-Bill, and Ruth Harvey, eds., *Medieval Knighthood* IV, pp.1~21. Keen, *Chivalry*, pp.125~142. 잉글랜드의 비슷한 경우에 대해서는 David Crouch, *The Image of the Aristocracy in Britain*, pp.226~240을 참조할 것.

52) Chrétien de Troyes, "The Knight of the Cart", pp.252~253. *The Death of King Arthur*, p.30. Wolfram von Eschenbach, *Parzival*, p.61. 마상시합에서 찢어진 소매에

대한 다른 예에 대해서는 "Caradoc", p.26을 참조할 것.

53) Robert Bartlett, *Trial by Fire and Water*, pp.113~126. *The Song of Roland*, lines 2850-3933, pp.152~154. *Raoul de Cambrai* 263, p.353. 그리고 Matthew Strickland, *War and Chivalry*, pp.58~60도 참조할 것.

54) *The Death of King Arthur*, p.98.

55) 존 보스웰은 12세기가 되어서야 낭만적 사랑이, 사회가 사랑에 강박관념을 가졌다고 말할 수 있을 정도로 민중문화의 아주 두드러진 부분이었다는 점을 지적하고 있다. John Boswell, *Same-Sex Unions in Premodern Europe*, pp.xix~xx.

56) 오크 사회에 대한 최근저작으로는 Linda W. Paterson, *The World of the Troubadours*가 있다.

57) Jean Renart, *The Romance of the Rose or Guillaume de Dole*, pp.22~23.

58) John W. Baldwin, *The Language of Sex*, pp.20~25. Peter L. Allen, *The Art of Love*, pp.46~58.

59) Marie de France, *Lais* 3, p.65.

60) Bumke, *Courtly Culture*, p.325. Mullally, *Artist at Work*, p.20. Chrétien de Troyes, "The Story of the Grail", p.438.

61) Bumke, *Courtly Culture*, pp.131~152.

62) "The Knight with the Sword", p.87.

63) Guillaume de Lorris and Jean de Meun, *The Romance of the Rose* 2, pp.59~61. Betran de Born, *The Poems of the Troubadour Betran de Born* 15, p.218. Odo of Deuil, *De Profectione Ludovici VII in Orientem* 5, p.95.

64) Marie de France, *Lais* 1, p.48. Chrétien de Troyes, "Cligés", p.129. Guil- laume de Lorris and Jean de Meun, *The Romance of the Rose* 2, pp.63, 72.

65) Bumke, *The Concept of Knighthood*, pp.82~83. Marie de France, *Lais* 2, p.58.

66) Chrétien de Troyes, "The Knight of the Cart", p.262. C. Stephen Jaeger, *The Envy of Angels*, pp.319~322도 참고할 것.

67) Penny Schine Gold, *The Lady and the Virgin*, pp.121~131. Constance Brit- tain Bouchard, *Holy Entrepreneurs*, pp.161~163. Jean Renart, *The Romance of the Rose or Guillaume de Dole*, p.60.

68) Chrétien de Troyes, "The Knight of the Cart", pp.224~226; "Cligés", p.142.

69) "The Knight with the Sword", p.101.

70) '궁정식 사랑'의 오늘날 모델은 C.S. Lewis, *The Allegory of Love*, pp.1~43에 의해 근본적으로 창조되었다. 그 용어가 폐기되어야 한다는 로버트슨의 아주 현명한 제안은 결코 채택되지 않고 있다: D.W. Robertson, "The Concept of Courtly Love as an Impediment to the Understanding of Medieval Texts", pp.1~18. 궁정식 사랑이라는 개념은 유감스럽게도 여전히 학자들의 상상력에 강하게 남아 있다. 심지어는 뒤비 같은 훌륭한 역사가도 궁정식 사랑을 입증된 사실로 받아들였다. 그리고 그는 오크

시들에 등장하는 풍조를 북 프랑스의 사회구조와 결합시켜 그 기원을 논하였다: Duby, "The Courtly Model". 같은 생각이 R. Howard Bloch, *Medieval Misogyny and the Invention of Western Romantic Love*, pp.165~197에 상술되어 있다.

71) Don A. Monson, "The Troubadour's Lady Reconsidered Again." Baldwin, *Language of Sex*, pp.xvi, xxii도 참조할 것; 발디윈은 세련된 '궁정식 사랑'에 집중하는 것은 학자들로 하여금 12·13세기 사랑과 성에 대한 논의에 다양하게 접근하는 것을 막는 다고 설득력있게 주장하고 있다.

72) Jane Martindale, " 'Cavalaria et Orgueil': Duke William IX of Aquitaine and the Historian" in Christopher Harpher-Bill and Ruth Harvey, eds., *The Ideals and Practice of Medieval Knighthood* II, pp.87~116. John F. Benton, "The Evidence of Andreas Capellanus Re-examined Again" in *Culture, Power, and Personality*, pp.81~88.

73) '기사도'라는 단어에 대한 플로리의 저작은 어떤 단 하나의 12세기의 이상적 기준이 없었다는 점을 입증하는 데 크게 공헌했다. 그런데 이상하게도 그는 마리 드 프랑스 의 시에서 발견되는 육감적 사랑과 대비되는 순결한 '궁정식 사랑'이 존재했었다고 여전히 가정하고 있다: Jean Flori, "Armour et société aristocratique au XIIe siècle." 흥미롭게도 블로크는 마리 드 프랑스의 시를 궁정식 사랑의 원형적 표현으로 여기고 있고, 이런 용어의 사용이 어떻게 이해를, 심지어 의사소통을 방해할 수 있는가를 입증하고 있다; Bloch, *Medieval Misogyny*, p.166.

74) Wolfram von Eschenbach, *Parzival*, pp.46~59. Betran de Born, *The Poems* 4, p.132.

75) *The Quest of the Holy Grail*, p.86. Chrétien de Troyes, "Cligés", p.161. Marie de France, *Lais* 2,p.60. 트리스탄의 이야기에 대해서는 Joan M. Ferrante, *The Conflict of Love and Honor* 참조; 그녀는 이런 갈등을 트리스탄 이야기에 독특한 것으로 보고 있지만, 그것은 사실상 중세 로망스에서 흔히 등장하는 것이다.

76) Chrétien de Troyes, "The Story of the Grail", pp.405~417. Wolfram von Eschenbach, *Parzival*, pp.104~110.

77) Andreas Capellanus, *The Art of Courtly Love*. John F. Benton, "Clio and Venus: A Historical View of Medieval Love" in *Culture, Power, and Person- ality*, pp.110~115.

78) Andreas Capellanus, *The Art of Courtly Love* 1.6, 1.9, pp.100, 150.

79) 이런 '궁정들'의 상상적 성격에 대해서는 Benton, "The Court of Champagne" in *Culture, Power, and Personality*, pp.33~34와 Rüdiger Schnell, *Andreas Capellanus*, pp.81~85를 참조할 것.

80) Andreas Capellanus, *The Art of Courtly Love* 1. 6, pp.122~123. Paolo Cherchi, *Andreas and the Ambiguity of Courtly Love*, pp.31~32도 참조할 것.

81) 이런 견해들의 검토에 대해서는 Douglas Kelly, "Courtly Love in Perspec- tive"와 Toril Moi, "Desire in Language", pp.13~15를 참조할 것.

82) Schnell, *Andreas Capellanus*, pp.14, 127~130. Baldwin, *Language of Sex*, pp.16~25. Bumke, *Courtly Culture*, pp.361~62. 심지어 앙드레의 모델인 오비디우스도 *Ars amatoria*와 *Remedia amortis*를 썼다. Allen, *Art of Love*, p.13을 참조할 것.

83) Don A. Monson, "Andreas Capellanus and the Problem of Irony."

84) 이것이 Sidney Painter, *French Chivalry*의 접근방식이었다.

제5장 귀족과 교회

1) Constance Brittain Bouchard, *Sword, Miter, and Cloister*, pp.24~26. John Howe, "The Nobility's Reform of the Medieval Church."

2) Jean Dunbabin, "From Clerk to Knight: Changing Orders" in Christopher Harper-Bill and Ruth Harvey, eds., *The Ideals and Practice of Medieval Knighthood* II, pp.26~39. Marcus Bull, *Knightly Piety and the Lay Response to the First Crusade*, pp.115~203.

3) André Vauchez, *The Spirituality of the Medieval West*, pp.75~143. John Van Engen, "The 'Crisis of Cenobitism' Reconsidered."

4) 성 마르탱(Saint Martin)의 진정한 계승자들이 그를 제도적으로 계승한 주교들이냐, 그 성인이 세운 수도원의 수도사들이냐, 아니면 그 성인이 묻힌 성당의 참사회원들이냐를 둘러싸고 투르에서 벌어진 갈등에 대해서는 Sharon Farmer, *Community of Saint Martin* 참조.

5) Herbert Grundmann, *Religious Movements in the Middle Ages*.

6) John Van Engen, "The Christian Middle Ages as an Historiographical Problem." Bouchard, *Sword, Miter, and Cloister*, p.46.

7) 미쉘 파리스는 각 세대마다 적어도 한 명의 아들이 교회에 들어가는 것을 '고전적 법칙'이라고 불렀다. 그러나 그 자신이 제시한 증거는 많은 가문들이 전혀 성직자들을 배출하지 않았음을 보여주고 있다: Michel Parisse, "La noblesse Lorraine", pp.340, 403. Joachim Wollasch, "Parenté noble et monachisme réformateur", pp.7~11과 Theodore Evergates, "Nobles and Knights in Twelfth-Century France" in Thomas N. Bisson, ed., *Culture of Power*, pp.17~19도 참조할 것.

8) Penelope D. Johnson, *Equal in Monastic Profession*, pp.13~34.

9) Adam, *Magna Vita Sancti Hugonis*, 1:6-7, 18.

10) 이런 동자수도사들의 수련과 교육에 대해서는 Patrica A. Quinn, *Better Than the Sons of Kings*를 참조할 것.

11) Maria Lahaye-Geusen, *Das Opfer der Kinder*.

12) John F. Benton, "Suger's Life and Personality" in *Culture, Power, and Personality in Medieval France*, pp.387~391.

13) Herman of Tournai, *The Restoration of the Monastery of Saint Martin of Tournai* 62, p.90. Joseph H. Lynch, *Simoniacal Entry into Religious Life*.

14) Bouchard, *Sword, Miter, and Cloister*, pp.60~63. Bull, *Knightly Piety*, pp.116~125. 존 보스웰은 동자수도사의 특징을 묘사하기 위해 '포기'라는 용어를 사용하여, 불행히도 이런 판에 박힌 생각을 했다. 그는 어린이를 출가시키는 행위의 이면에 있는 중요한 정신적·사회적 이유들이 가족규모와는 관계없음을 분명히 알고 있는데도 불구하고 그러했다: John Boswell, *The Kindness of Strangers*, pp.228~229. 이 점에 대해서는 Mayke De Jong, *In Samuel's Image*, pp.1~15도 참조할 것.

15) Lynch, *Simoniacal Entry into Religious Life*, p.43. Alexander Murray, *Reason and Society in the Middle Ages*, pp.346~347.

16) Milo Crispin, "The Lives of William and Boso" in Sally N. Vaughn, *The Abbey of Bec and the Anglo-Norman State*, p.126. Herman of Tournai, *The Restoration of Saint Martin of Tournai* 61. p.87.

17) Adam, *Magna Vita Santi-Hugonis*, 1;6. 최근의 한 연구는 딸을 수녀원에 보낼 때 기증하는 재산도 그녀가 평생 쓸 경비에 해당할 정도로 상당했음을 시사하고 있다; Sharon K. Elkins, *Holy Women of Twelfth-Century England*, p.98.

18) Peter the Venerable, Letter 168, The Letters, 1:401-2; translated in *The Letters of Abelard and Heloise*, pp.286~287.

19) Guibert de Nogent, *Memoirs* 1.4, p.14.

20) Gilo, "Vita Sancti Hugonis Abbatis" 1. 2-3, in H.E.J. Cowdrey, "Two Studies in Cluniac History", pp.49~50. Hugh, "Epistola ad Domnum Pontium Clunia- censem abbatem", ibid., pp.113~114.

21) Guibert of Nogent, *Memoirs* 1.11, p.33.

22) Louis J. Lekai, *The Cistercians*.

23) Orderic Vitalis, *The Ecclesiastical History* 8. 26, 4: 327.

24) William of St.-Thierry, *Vita Prima Sancti Bernardi*, 1.3, PL 185: 235-36. Walter Map, *De nugis Curialium* 1. 24, pp.77~79. Bouchard, *Sword, Miter, and Cloister*, pp.329~331.

25) *The Life of Christina of Markyate*, esp. pp.59, 69, 93.

26) 욜란다(Yolanda) 이야기는 Joachim Bumke, *Courtly Culture*, pp.355~356에 실려 있다.

27) Gilbert Crispin, "Vita Santi Herluini", PL 150: 699, 703; trans. Vaughn, *Abbey of Bec*, pp.68, 74. 귀족부부가 함께 출가하는 예에 대해서는 Herman of Tournai, *The Restoration of Saint Martin of Tournai* 57, p.81을 참조할 것.

28) Walter Map, *De nugis curialium* 1. 13, pp.37~39. "William in the Monastery" 2, in *Guillaume d'Orange*, p.282. Hugh of Cluny, Letter 7, in Cowdrey, "Two Studies", pp.15 3~154. 보죄의 영주 기샤르에 대해서는 Bouchard, *Sword, Miter, and Cloister*, pp.29

2~293을 참조할 것.

29) Bruce L. Venarde, *Women's Monasticism and Medieval Society*, pp.11~13. Johnson, *Equal in Monastic Profession*, p.34. Sally Thompson, *The Founding of English Nunneries after the Norman Conquest*, pp.167~179. *Lancelot of the Lake*, p.23. Marie de France, *Lais* 12, p.125.

30) Adam, *Magna Vita Sancti Hugonis*, 1: 7.

31) Penelope D. Johnson, *Prayer, Patronage, and Power*, p.40.

32) Bouchard, *Sword, Miter, and Cloister*, pp.65~67. Wilhelm Strömer, "Früher Adel", pp.311~381. 중세 전성기에 성인들도 보통 귀족출신이었다. André Vauchez. "Lay People's Sanctity in Western Europe", pp.21~32.

33) Ivo of Chartres, Letter 59, PL 162:70.

34) Constance B. Bouchard, "The Geographical, Social, and Ecclesiastical Origins of the Bishops of Auxerre and Sens in the Central Middle ages." Jean-Pierre Poly, *La Provence et la société féodale*, pp.269~271.

35) Jean Verdon, "Les moniales dans la France de l'Ouest aux Xe et XIIe siècles", pp.249~250. Elkins, *Holy Women*, pp.2, 99. Herman of Tournai, *The Restoration of Saint Martin of Tournai* 56, p.78. *The Letters of Abelard and Heloise*, p.202.

36) Johnson, Prayer, *Patronage, and Power*, p.44. Bouchard, *Sword, Miter, and Cloister*, pp.67~78.

37) Constance Brittain Bouchard, *Spirituality and Administration*, pp.54~55.

38) 백작과 주교의 기능들의 결합은 독일에서 더 일반적이었다. 독일에서는 주교들이 중요한 영역 제후령의 지배자가 되었다. Benjamin Arnold, *Count and Bishop in Medieval Germany*를 참조할 것. 이탈리아에서도 주교가 영역 제후의 역할을 하였으나, 백작이 아니라 그 지역 코뮌으로부터 격렬한 저항을 받았다. C. Miller, *The Formation of a Medieval Church*, pp.142~174.

39) Bouchard, *Spirituality and Administration*, pp.13~15, 109~114, 141~144.

40) Barbara H. Rosenwein, *Rhinoceros Bound*. Idem, *To Be the Neighbor of Saint Peter*. Constance B. Bouchard, "Merovingian, Carolingian, and Cluniac Monasticism."

41) Raoul Glaber, *Historia* 3.4.13, pp.115~117.

42) Niethard Bulst, *Untersuchungen zu den Klosterreform Wilhelms von Dijon*. 클뤼니 수도원이 모든 11세기 수도원 개혁의 원천이었다는 낡은 견해는 오래 전부터 폐기되어 왔다. 지역마다 다른 수도원들이 개혁의 중심지가 되었는데, 카시우스 할링거(Kassius Hallinger)가 1950년에 처음으로 로렌지방을 대상으로 하여 이런 점을 입증했다(*Gorze-Kluny*).

43) Bouchard, *Sword, Miter, and Cloister*, pp.87~89. Joachim Wollasch, *Mönchtum des Mittelalters zwischen Kirche und Welt*.

44) Bernard Chevalier, "Les restitutions d'églises dans les diocèse de Tours du Xe au

XIIe siècles", pp.129~143. Jacques Boussard, "Les évêques en Neutrie avant le réforme grégorienne."

45) Constance Brittain Bouchard, *Holy Entrepreneurs*, pp.165~177. 영국 수녀원들의 경우에 대해서는 Elkins, *Holy Women*, p.61을 참조할 것.

46) Johnson, *Prayer, Patronage, and Power*, pp.69~102. Bouchard, *Holy Entrepreneurs*, pp.160~182. "William in the Monastery" 11, in *Guillaume d'Orange*, p.288.

47) Hugh of Poitiers, *The Vézelay Chronicle*, pp.165~166.

48) 수도사들과 이들의 강력한 이웃들 사이의 유대관계에 대한 최근의 연구로는 Martha G. Newman, *The Boundaries of Charity*, pp.171~190을 참조할 것.

49) C. Stephen Jaeger, *The Origins of Courtliness*, pp.211~235.

50) Guibert of Nogent, *Memoirs* 1. 11, pp.33~34.

51) Joseph Avril, "Observance monastique et spiritualité dans les préam- bules des actes", pp.5, 17~27. Bouchard, *Sword, Miter, and Cloister*, pp.190~192.

52) Megan McLaughlin, *Consorting with Saints*, pp.138~165, 247~249. Constance B. Bouchard, "Community." Rosenwein, *To Be the Neighbors of Saint Peter*, pp.47~48.

53) Adam, *Magna Vita Sancti Hugonis*, 2:1.

54) Jean-Pierre Poly and Eric Bournazel, *The Feudal Transformation*, p.312.

55) Bouchard, *Sword, Miter, and Cloister*, pp.192~197. Idem, *Holy Entre- preneurs*, pp.73~74, 121~122. Bull, *Knightly Piety*, pp.146~153. 영국의 경우에 대해서는 Brian Golding, "Anglo-Norman Knightly Burials" in Chris- topher Harpher-Bill and Ruth Harvey, eds., *The Ideals and Practice of Medieval Knighthood*, pp.35~48을 참조할 것. 도시민들은 종종 귀족들을 모방해서 그들의 영혼을 위하여 기진하였다. 12~13세기에 카스티유와 아라곤에서 유언 법령은 재산의 20%를 기증할 것을 규정하였다. James W. Brodman, "What is a Soul Worth?"

56) McLaughlin, *Consorting with Saints*, pp.44~54, 117~126.

57) *Lancelot of the Lake*, p.23. Karl Schmid and Joachim Wollasch, "Die Gemeinschaft der Lebenden und Verstorbenen in Zeugnissen des Mittelalters." McLaughlin, *Consorting with Saints*, pp.90~101.

58) Bouchard, "Community." Idem, *Sword, Miter, and Cloister*, pp.142~148.

59) Bouchard, *Sword, Miter, and Cloister*, pp.220~223. Idem, *Holy Entre- preneurs*, pp.31~65.

60) Suger, *The Deeds of Louis the Fat* 6, p.36.

61) *Raoul de Cambrai* 66, p.87.

62) 예를 들면 *The Book of Saints Foy*를 참조할 것.

63) 이런 저주에 대한 최근의 저서로서는 Lester K. Little, *Benedictine Maledictions* 참조. 이런 특별한 저주는 36쪽에 실려 있다.

64) Patrick J. Geary, *Living with the Dead in the Middle Ages*, pp.95~124.

65) Stephen D. White, "'Pactum … legem vincit et amor judicium.'" Stephen Weinberger, "Cours judiciaries, justice, et responsabilité sociale dans la Provence médiévale."

66) Barbara H. Rosenwein, Thomas Head, and Sharon Farmer, "Monks and Their Enemies." Bouchard, "Community", pp.1037~1038. Stephen D. White, *Custom, Kinship, and Gifts to Saints*, pp.172~176.

67) Thomas Head, *Hagiography and the Cult of Saints*.

68) White, Custom, *Kinship, and Gifts*, pp.46~54. Emily Zack Tabuteau, *Transfer of Property in Eleventh-Century Norman Law*, pp.113~195. Bouchard, *Holy Entrepreneurs*, pp.135~140.

69) *Raoul de Cambrai* 239, pp.315~317. 연대기와 문서들에 등장하는 예들에 대해서는 Geoffrey Koziol, "Monks, Feuds, and the Making of Peace in Eleventh- Century Flanders" in Thomas Head and Richard Landes, eds., *The Peace of God*, pp.239~258; Geary, *Living with the Dead*, pp.125~160; Stephen D. White, "Feuding and Peace-Making in the Tournai around the Year 1100", pp.204~209를 참조할 것.